MATTHIAS P. GIBERT

Pechsträhne

KAPITALVERBRECHEN Neben seinem ebenfalls erschossenen Hund wird die Leiche des Bankmanagers Sven Vontobel gefunden. Wegen seiner Wertschöpfungsmethoden war er selbst bei seinen Kollegen äußerst umstritten. Als der Kasseler Hauptkommissar Paul Lenz und sein junger Kollege Thilo Hain noch ganz am Anfang der zähen Ermittlungen stehen, gibt es zwei weitere Tote, ebenfalls Mitarbeiter der Nordhessenbank. Gegen alle Widerstände aus den Reihen der Geldmafia und in einer für sie fremden, abstoßenden Welt fahnden die Beamten nach einem Täter, der ihnen immer einen Schritt voraus zu sein scheint und dem nicht beizukommen ist. Als zwei weitere Menschen sterben, entwickelt sich der Fall dramatisch …

Matthias P. Gibert, 1960 in Königstein im Taunus geboren, lebt seit vielen Jahren mit seiner Frau in Nordhessen. Nach einer kaufmännischen Ausbildung baute er ein Motorradgeschäft auf. 1993 kam der komplette Ausstieg, anschließend die vollständige Neuorientierung. Seit 1995 entwickelt und leitet er Seminare in allen Bereichen der Betriebswirtschaftslehre und ist seit 2003 zudem mit einem zusammen mit seiner Frau entwickelten Konzept zur Depressionsprävention sehr erfolgreich für mehrere deutsche Unternehmen tätig. Seit 2009 ist er hauptberuflich Autor.

Bisherige Veröffentlichungen im Gmeiner-Verlag:
Höllenqual (2012)
Menschenopfer (2012)
Zeitbombe (2011)
Rechtsdruck (2011)
Schmuddelkinder (2010)
Bullenhitze (2010)
Zirkusluft (2009)
Eiszeit (2009)
Kammerflimmern (2008)
Nervenflattern (2007)

MATTHIAS P. GIBERT

Pechsträhne

Lenz' elfter Fall

GMEINER *Original*

Besuchen Sie uns im Internet:
www.gmeiner-verlag.de

Im Ehnried 5, 88605 Meßkirch
Telefon 0 75 75/20 95-0
info@gmeiner-verlag.de

1. Auflage 2013

Lektorat: Claudia Senghaas, Kirchardt
Herstellung: Mirjam Hecht
Umschlaggestaltung: U.O.R.G. Lutz Eberle, Stuttgart
unter Verwendung der Fotos von: © Andreas Jung, Stuttgart
Druck: GGP Media GmbH, Pößneck
Printed in Germany
ISBN 978-3-8392-1422-0

Personen und Handlung sind frei erfunden.
Ähnlichkeiten mit lebenden oder toten Personen
sind rein zufällig und nicht beabsichtigt.

1

Martha Zacharias sah in die Gesichter der drei Menschen, die mit ihr gemeinsam das Abendessen einnahmen.

Alte Gesichter, dachte sie, *wiewohl noch nicht bereit für den letzten Schritt.*

»Willst du noch etwas von dem Aufschnitt, Martha?«, wollte Horst Breiter, der Mann ihr gegenüber wissen. »Der ist wirklich sehr gut.«

»Nein, vielen Dank, Horst«, erwiderte die 76-jährige Frau kopfschüttelnd. »Ich will nicht mehr so viel Fleisch essen, das weißt du doch.«

»Aber das ist Wurst, Martha! Wurst, kein Fleisch!«

»Ja, ja«, gab sie mit einem gütigen Nicken zurück, »ich weiß.«

»Du gefällst mir heute ganz und gar nicht, Martha«, bemerkte Herbert Anselm, der Mann zu ihrer Rechten, leise. »Es geht dir doch nicht immer noch schlecht wegen dieser vermaledeiten Sache?«

Sie schüttelte schnell den Kopf.

»Nein, nein, darüber bin ich soweit hinweg, Herbert. Ich habe ein wenig Kopfschmerzen, aber sonst geht es mir nicht schlecht.«

»Du sagst Bescheid, wenn ich etwas für dich tun kann, ja?«

Die Frau blickte ihm lang in die Augen, bevor sie antwortete.

»Das mache ich, versprochen.«

Damit tupfte sie sich die Lippen ab, stand auf und nickte in die Runde.

»Ich bin müde und lege mich hin. Den Fernsehabend lasse ich heute aus, und es kann gut sein, dass wir uns erst wieder zum Frühstück sehen.«

Damit drehte sie sich um und verließ den Raum.

»Ich mache mir ernsthaft Sorgen um sie«, sinnierte Herbert Anselm kurz darauf murmelnd.

»Um Martha?«, fragte Elli Beselich, die ihm gegenüber saß, mit vollem Mund.

Er nickte.

»Um die brauchst du dir nun wirklich keine Sorgen zu machen«, fuhr die Frau fort. »Das alte Schlachtschiff geht schon nicht unter, und überleben wird die uns alle hier sowieso.«

Während Elli Beselich diesen Satz sprach, bewegte die Frau, von der sie redete, sich mit gemächlichen Schritten auf ihr kleines Appartement im zweiten Stock des Seniorenstifts im Kasseler Stadtteil Wilhelmshöhe zu. Als die Tür hinter ihr ins Schloss gefallen war, lehnte sie sich mit dem Rücken gegen das Holz, atmete tief durch, lächelte kurz und machte sich im Anschluss auf den Weg ins Bad. Dort öffnete sie den Badewasserhahn, gab ein wenig des sündteuren Badegels, das sie sich seit einigen Jahren gönnte, ins Wasser, und nahm danach an dem kleinen Schreibtisch Platz, der vor dem Wohnraumfenster stand. Dort griff sie nach einem vorbereiteten Briefbogen, legte ihn vor sich zurecht, nahm einen schwarzen Füllfederhalter in die rechte Hand und begann zu schreiben.

Liebe Mitarbeiter des Hauses,

was genau hinterlässt man in solch einer Situation? Ich weiß es nicht, denn dies ist, offen gestanden, mein erster

Suizid. Und ich wäre sehr erleichtert, wenn ich erfolgreich und es damit auch mein letzter wäre.

Zunächst entschuldige ich mich für die Unannehmlichkeiten, die ich Ihnen allen mit meinem Handeln bereite. Ich vermute, Sie werden schockiert und auch verärgert sein, bitte Sie jedoch, meinen Wunsch nach dem Tod zu respektieren (dies nur für den Fall, dass ich vor dem letzten Atemzug aufgefunden werden sollte). Und um es noch einmal so deutlich wie möglich auszudrücken: Ja, ich möchte nicht mehr leben. Ich möchte es einfach nicht mehr.

Sicher ist es tröstlich für alle Übriggebliebenen, wenn sie etwas zu den Beweggründen meines Ausscheidens aus dem Leben erfahren, deshalb hier eine kurze Erläuterung.

Nach den unglücklichen Ereignissen, die für mich und einige der Menschen hier im Stift zu großen finanziellen Einbußen geführt haben, ja die teilweise, wie in meinem Fall, ruinös waren, war meine Existenz geprägt von großer Angst und noch mehr Scham. Scham denjenigen gegenüber, die ich durch mein Verhalten und mein sinnloses Handeln in entsetzliche Schwierigkeiten gebracht habe. Jedoch, und das ist ein ebenso unverrückbares wie tragisches Faktum, sind diese Ereignisse nicht zu revidieren.

Aus diesem Grund bitte ich alle, die ich in diese peinliche Situation gebracht habe, aus tiefstem Herzen um Verzeihung. Ebenso möchte ich meinen Neffen Moritz dafür um Verzeihung bitten, dass ich seine Ausbildung nicht weiter finanzieren kann, und dass er das bekömmliche Erbe, auf das er sich vermutlich seit vielen Jahren gefreut hat, nun nicht in Empfang wird nehmen können, denn mit dem heutigen Tag sind alle meine Ersparnisse aufgebraucht, alle Konten auf Null.

Zu guter Letzt möchte ich darauf hinweisen, dass mir ein schönes Leben vergönnt war, das ich in weiten Teilen sehr, sehr genießen konnte. Ich hatte einen erfüllenden Beruf, einen großen, unterhaltsamen Bekanntenkreis und konnte viele Winkel der Welt sehen, die vermutlich den meisten anderen Menschen verborgen bleiben werden.

Als Atheistin verkneife ich es mir, von einem Wiedersehen zu sprechen, jedoch wünsche ich allen, die mir zweifellos folgen werden, dass sie es mit so viel Freude im Herzen tun können wie ich.

Nach der Unterschrift überflog sie die Zeilen noch einmal, nickte zufrieden, faltete das Blatt und ging damit ins Badezimmer, wo der Wasserstand sich bedrohlich der Oberkante der Wanne genähert hatte. Mit ein paar schnellen Bewegungen schloss sie den Hahn, ließ etwas Wasser ab, atmete erneut tief und zufrieden durch und stellte ihren Abschiedsbrief gut sichtbar auf der Fliesenreihe vor dem Spiegel ab. Danach entkleidete sie sich langsam und betrachtete eine Weile ihren faltigen, jedoch noch immer braun gebrannten Körper im Spiegel.

Die besten Jahre sind ja nun endgültig vorüber, dachte sie ohne irgendwelche Reue, wandte sich zur Seite und legte einige Tabletten und eine Rasierklinge in das Handtuch auf dem Wäschekorb. Danach füllte sie einen Zahnbecher mit Leitungswasser auf und stellte ihn auf dem Badewannenrand ab. Mit vor der Brust verschränkten Armen sah sie aus dem Fenster, wo die Arbeiter auf der Baustelle gegenüber schon wieder Überstunden machten.

Eine Minute darauf hatte sie durch das Hinzugeben von kaltem Wasser die perfekte Temperatur in der Badewanne gefunden und ließ ihren Körper langsam in den wohlig duftenden Schaum gleiten.

Die beiden ASS-Tabletten, die sie zwei Stunden zuvor eingenommen hatte, sollten ihre volle Wirkung bereits erreicht haben, wobei es Martha Zacharias dabei mehr auf die Verdünnung ihres Blutes als den schmerzlindernden Effekt ankam. Nun legte sie sich drei 10-Milligramm-Tabletten des Schlafmittels Zolpidem auf die Zunge, kippte Wasser nach und schluckte. Den gleichen Vorgang wiederholte sie mit drei Tabletten des Schmerzmittels Transtec.

Es ist unglaublich, was man heutzutage alles aus dem Internet erfahren kann, dachte sie, und exakt im gleichen Augenblick, in dem der Gedanke ihre Hirnwindungen durchlief, wurde ihr Körper von einem Schauer überrollt. Von einem kalten, Angst auslösenden Schauer.

Nur ruhig bleiben, Martha.

Sie lehnte sich zurück, schloss die Augen, spürte den weichen Schaum auf ihrer Haut und ließ sich in einen Tagtraum fallen. Einen Tagtraum, den sie schon eine Million mal geträumt hatte, und der sie doch immer wieder ebenso zufrieden wie traurig stimmte.

In diesem Tagtraum tauchte Günter auf; Günter ohne h, wie er sich beim ersten Aufeinandertreffen in der Schule vorgestellt hatte. Der erste Tag nach den endlos langen Sommerferien, der erste Tag in der Oberstufe und der Tag, an dem sie sich Hals über Kopf unsterblich in Günter verliebt hatte. Er war zwei Klassen über ihr, fuhr ein schwarzes Fahrrad und beeindruckte ebenso mit seinem Körper wie mit seiner charmanten Art.

Allerdings blieb Marthas Liebe das ganze Schuljahr über unerwidert, was vor allem daran lag, dass sie mit niemandem darüber sprach, vor allem nicht mit Günter. Doch im folgenden Sommer, während der Kirchweih in der fränkischen Kleinstadt, in der sie lebten, funkte es plötzlich auch bei ihm. Sie trafen sich heimlich, meist weit draußen im Wald, wo sie sich wild küssten und er ihr schließlich an einem lauen Spätsommerabend die Unschuld nahm.

Den technischen Akt hatte sie sich in ihrer Fantasie eigentlich wärmer, weicher und liebevoller vorgestellt, doch dieser kleine Schönheitsfleck wurde von dem alles überstrahlenden Gefühl dominiert, dass sie und Günter nun für alle Zeit miteinander verbunden wären.

Wie anders sich die Dinge doch manchmal entwickeln. Günter war in den Tagen und Wochen, nachdem er sie am Waldrand abgesetzt hatte, ein völlig anderer Mensch, der sich nicht mehr im Geringsten für sie zu interessieren schien. So oft Martha auch versuchte, ihn zu treffen oder zu besuchen, er war nicht zu Hause oder ließ sich einfach verleugnen. Und als sie sich in ihrer Verzweiflung nachts aus dem Elternhaus geschlichen hatte, um an sein Fenster zu klopfen und ihn zur Rede zu stellen, wurde sie Zeugin, wie er es mit einem anderen Mädchen trieb. Wie er dieses Mädchen in seinem Bett nahm, ebenso roh, wild und ungestüm, wie er es ein paar Wochen zuvor mit ihr getan hatte. In dieser Nacht wollte sie sterben, am besten vor dem Zug oder im nahen Waldsee, doch dafür hatte ihr Mut nicht gereicht.

Allerdings hielt das Schicksal einen weiteren Schlag für sie parat, denn als sie nach dieser endlos langen Nacht im Morgengrauen von der Toilette über den Hof gehen wollte, erkannte sie an der Haustür Helga, ihre ältere Schwester, die in Günters Armen lag, ihm einen innigen Abschiedskuss gab, und danach leise im Haus verschwand. Sechs Monate später heirateten die beiden, wobei sich Helgas kugelförmiger Bauch schon deutlich unter dem Brautkleid abzeichnete.

Günter und Martha hatten seitdem nie mehr über ihre Liebelei gesprochen, und manchmal hatte sie das Gefühl, dass all das, was sich in diesem Spätsommer 1954 zwischen ihnen beiden abgespielt hatte, ein Traum gewesen sein musste.

Kein Traum allerdings war, dass Martha Zacharias von diesem Tag an nie wieder etwas mit einem Mann angefangen hatte. Nicht während ihrer Zeit an der Universität, wo sie zur Lehrerin ausgebildet wurde, und auch danach nicht, obwohl es an Gelegenheiten nicht gemangelt hätte.

Sie schreckte so abrupt hoch, dass sich ein großer Schwall Wasser über den Badewannenrand hinweg auf den Boden ergoss. Intuitiv wollte Martha etwas dagegen unternehmen, doch dann begann sie zu lächeln. Mit einem schnellen Blick auf ihre Armbanduhr nahm sie wahr, dass die Einnahme der Schlaf- und Schmerzmittel mehr als 20 Minuten zurücklag.

Dann los, bringen wir es hinter uns, dachte sie merkwürdig entspannt, griff zu der Rasierklinge links von ihr und nahm sie in die rechte Hand.

Immer mit der Ader, nie quer, Martha!

Sie hatte das Gefühl, dass die Welt um sie herum in Watte gepackt war. Alles war ruhig, entschleunigt, und merkwürdig friedlich. Ein wenig fürchtete sie sich schon vor den Schmerzen, die vielleicht gleich kommen würden, aber sie wusste, dass die vorübergehen würden. Sie würden gemeinsam mit ihrem Leben verschwinden.

*

Der erste Schnitt fühlte sich merkwürdig an. Gerade so, als ob Papier gerissen würde. Sie hatte nur leichte Schmerzen, und als das Blut warm über ihre linke Hand zu rinnen begann, schloss sie für ein paar Sekunden die Augen.

Ich werde sterben, dachte sie, und trotz der Medikamente in ihrem Körper hatte der Gedanke etwas Aufregendes.

Meine Güte, was hätten wir für ein schönes Leben haben können, Günter.

Die Rasierklinge wanderte mit geschlossenen Augen in die andere Hand, wo sie die Prozedur wiederholte. Ab der Mitte des Armes hatte Martha stärkere Schmerzen, und als sie mit der Klinge an der Handwurzel angekommen war, schrie sie leise auf und öffnete unwillkürlich die Finger.

Die meisten schneiden sich vermutlich ein paar Sehnen durch, schoss es ihr durch den Kopf.

Dann jedoch ließ sie beide Arme in das warme Wasser gleiten, was ein leichtes Brennen verursachte, das allerdings ein paar Augenblicke später wieder verschwand. Auch die Übelkeit, die sich kurz meldete, konnte sie einfach hinunterschlucken.

Es fühlt sich genauso an, wie ich es vermutet habe. Als ob gemeinsam mit dem Blut das Leben den Körper verlässt.

Martha Zacharias öffnete kurz die Augen, um sich zu vergewissern, dass sie noch bei Bewusstsein war, doch mittlerweile war sie einfach nur noch müde. Sie war müde und freute sich auf den Schlaf, der bald, sehr bald einsetzen würde. Ihr Blick fiel auf eine freie Stelle zwischen dem Badeschaum, und als sie das rot verfärbte Wasser sah, erschrak sie ein wenig.

Aber ja, so ist es nun einmal, wenn man sich in der Badewanne die Pulsadern aufschneidet.

Die Badezimmerdecke, die sie mit den Augen fixieren wollte, verschwamm zu einem surrealen Muster. Sie schluckte, schloss ein letztes Mal die Augen und holte dabei tief Luft. Während ihr Kopf langsam zur Seite fiel und sie bis zu den Schultern ins Wasser eintauchte, befand sie sich in einem Stadium zwischen wachen und schlafen, das allerdings nur kurz andauerte.

Das Letzte, was Martha Zacharias in ihrem Leben wahrnahm, war ein geträumtes Bild von Günter, wie er sie am ersten Schultag in der Oberstufe angestrahlt hatte. Dann sank sie weiter in die Badewanne, und ein paar Minuten später hörte ihr Herz auf zu schlagen.

2

»Das wurde nun auch wirklich Zeit«, meinte Maria vielsagend, als Thilo Hain seine frisch angetraute Ehefrau zum Hochzeitstanz aufs improvisierte Parkett vor der Grillhütte bat. Die knapp zweijährigen Zwillinge der beiden standen mit offenen Mündern daneben und verstanden, wie es den Anschein hatte, nichts von dem, was sich da gerade vor ihren Augen abspielte. Aber sie hatten auf jeden Fall ihren Spaß an der Sache.

Später, als die Fete in vollem Gang war, saßen Thilo und Paul Lenz, sein Boss und Freund, etwas abseits und sahen in die Runde der gut gelaunten und ausgelassen feiernden Menschen.

»Hast du Angst, dass sich was ändern wird?«, wollte der Hauptkommissar wissen.

»Wegen dieses einen Wortes?«, lachte der junge Bräutigam laut auf. »Das nun wirklich nicht. Die Kohle reicht schon jetzt hinten und vorn kaum, aber das hab ich ja schon geahnt, bevor ich die beiden Jungs ins Leben gesetzt hab.« Er betrachtete ebenso verliebt wie stolz das Treiben seiner Frau, die mit ein paar alten Freundinnen einen Tisch gekapert hatte und lautstark alte Geschichten austauschte.

»Und mit Carla wird es auch mit Ring laufen, da bin ich mir sicher. Warum auch nicht? Immerhin hatten wir ein paar Jahre Zeit zum Üben.«

»Das stimmt wohl«, bestätigte Lenz. »Und was ist mit eurem Traum vom Häuschen im Grünen?«

Hain warf ihm einen irritierten Blick zu.

»Hatte ich nicht eben erwähnt, dass die Kohlefrage recht schmallippig zu beantworten ist?«, feixte er. »Und kann man das so verstehen, dass Geld für ein Häuschen im Grünen da ist?«

Nun fing Lenz an zu lachen.

»Hör auf, du Spaßvogel. Ich weiß ganz genau, dass ihr am Suchen seid.«

»Wie? Woher willst du das denn haben?«

Der Hauptkommissar wies mit dem Kopf auf Maria, seine Frau.

»Ein Vögelchen hat es mir gezwitschert.«

»Dass diese Tussis auch nie etwas für sich behalten können«, stellte Hain mit resigniertem Gesichtsausdruck fest.

»Also ist es wahr?«

»Ja, klar ist es wahr, aber etwas Konkretes zu vermelden gibt es wirklich noch nicht. Wir suchen, haben aber noch nicht das Richtige gefunden.«

»Und finanzieren könntet ihr es auch, oder?«

Der Oberkommissar setzte ein verschmitztes Lächeln auf.

»Vermutlich ja. Carla hat ein paar Bausparverträge, die wir einsetzen können. Mit so was kann ich leider nicht dienen, aber dafür bin ich immerhin Beamter auf Lebenszeit und sitze hoffentlich bald auf deinem Sessel als Leiter der Mordkommission Kassel.«

»Freu dich nicht zu früh, Junge. Ich habe leider, für dich zumindest, auch noch ein paar reichliche Jahre vor mir, bevor du dich um mein Erbe bewerben kannst.«

»Vielleicht gibst du ja doch dem Werben des Polizeipräsidenten nach und fällst auf der Karriereleiter so steil nach oben, dass dein Posten neu zu besetzen ist.«

»Und du meinst, die geben den einem Strolch wie dir?«

»He, he, was ist denn an mir auszusetzen?«

»Eigentlich gar nichts. Allerdings bist du erst Oberkommissar, was die Sache mit dem Leiter des 11 ziemlich unmöglich macht. Außerdem kannst du dir dein Traumhaus nicht leisten, weil du früher deine ganze Kohle in Haschisch und was weiß ich sonst noch für Drogen gesteckt hast.«

Hain nippte an seinem Bier.

»Bei der Sache mit dem Oberkommissar gebe ich dir recht, da steht erst mal die Beförderung zum Hauptkommissar an. Aber dass ich in grauer Vorzeit mal gekifft hab, weiß außer dir im Präsidium niemand. Und du bist nicht als Zeuge zu verwenden, weil wir praktisch Blutsbrüder sind, weil ich damals die Kugel für dich gefangen habe.«

Er spielte auf einen Vorfall ein paar Jahre zuvor an, bei dem er schwer verletzt wurde.

»Ich lach mich scheckig«, prustete Lenz los.»Blutsbrüder! Geht’s noch?«

»Na, ihr habt aber Spaß miteinander«, erklang es aus dem Hintergrund, wo Maria mit einem Sektglas in der Hand auftauchte.

»Ja, wir besprechen gerade ein paar von Thilos Fehltritten in der Vergangenheit.«

Sie betrachtete belustigt das Gesicht des jungen Kommissars, dessen Züge im flackernden Kerzenschein ein wenig verschwammen.

»Und, Thilo, gibt es viel, was besser unter der Oberfläche bleiben sollte?«

»Ach, dein Kerl übertreibt mal wieder maßlos. Ein bisschen Kifferei, das war’s aber auch schon.«

»Kiffen? Haben wir das nicht alle gemacht, als wir noch jünger waren?«

Lenz warf seiner Frau einen irritierten Blick zu.

»Wie darf ich das bitte verstehen, Maria, dass *wir das alle gemacht haben, als wir noch jünger waren*? Zählst du dich selbst auch zu *alle*?«

»Klar«, erwiderte sie selbstbewusst. »Klar habe ich früher gekifft, sogar als ich schon mit Erich verheiratet war. Irgendwann allerdings habe ich am Tag danach immer rasende Kopfschmerzen bekommen, also habe ich es einfach sein gelassen und mich dem Rotwein zugewandt.«

Sie betrachtete das Glas in ihrer Rechten.

»Und dem Sekt. Aber der zählt ja eigentlich nicht.«

»Ich bin zutiefst schockiert, Maria«, murmelte Lenz.

»Ach, hör doch auf, Paul«, mischte sich Hain ein. »Ihr wart früher auch keine Waisenknaben, und wenn du mir jetzt erzählen willst, dass du noch nie in deinem Leben einen Docht geraucht hast, lache ich dich ganz gepflegt aus.«

»Ich könnte es ja machen wie Bill Clinton«, konterte Lenz schmunzelnd, »der hinterher behauptet hat, er habe zwar am Joint gezogen, aber nicht inhaliert.«

»Davon hab ich auch gehört, glaube es jedoch genauso wenig wie du. Oder?«

»Nein, das ist schon ein klein bisserl unglaubwürdig, da gebe ich dir uneingeschränkt recht.«

»Und«, wollte Maria von der Seite wissen, während sie sich an ihn presste. »Hast du oder hast du nicht?«

»Dazu gebe ich keinen Kommentar ab.«

»Kein Kommentar heißt eindeutig ja.«

»Gegen diese Unterstellung verwahre ich mich in aller Form.«

»Man kann es so sehen oder so«, warf Hain ein, »und es ist mir auch wirklich ziemlich egal, ob du in deiner sowieso Lichtjahre zurückliegenden Jugend mal gekifft hast, aber mich treibt ein ganz anderes Problem um. Nämlich was ich mache, wenn einer von meinen Jungs mal kommt und danach fragt. Was sage ich dem? Oder was mache ich, wenn ich ihn beim Kiffen erwische? Das sind echte Dilemmen. Oder heißt es Dilemmata? Egal, es macht mir auf jeden Fall Kopfzerbrechen.«

»Das kann ich gut verstehen«, stimmte Lenz seinem Kollegen zu. »Und ich vermute, so wie dir geht es vielen Hunderttausend Menschen da draußen, die sich nicht vorstellen können, mit ihren Kindern so etwas besprechen zu müssen.«

»Vermutlich hab ich noch ein paar Jahre Zeit, bevor das auf mich zukommt, was meint ihr?«

»Davon ist glücklicherweise auszugehen«, gab Maria schmunzelnd zurück.

3

Zwei Tage später waren alle Beschwerden und Zipperlein, die eine rauschende Ballnacht verursachen konnte, vergessen. Lenz und Hain saßen in einem Vernehmungszimmer einem Mann im T-Shirt und mit verschränkten Armen gegenüber, der an allen sichtbaren Hautpartien Tätowierungen aufwies.

»So kommen wir nicht weiter, Herr Bromeis«, sprach Hain den im Rockermilieu beheimateten Verdächtigen an. »Entweder Sie reden jetzt mit uns, oder wir lassen Sie zurück in Ihre Zelle bringen.«

»Ich könnte auch deine Mutter ficken und dich dabei zugucken lassen«, fauchte der muskelbepackte Hüne.

»Ich kann mir ganz und gar nicht vorstellen, dass das ein Vergnügen für dich wäre«, murmelte der Oberkommissar genervt, stand auf und nickte einem neben der Tür stehenden Uniformierten zu.

»Bring ihn weg. Ich bin heute nicht in der Stimmung, über das Geschlechtsleben meiner Mutter zu philosophieren.«

Lenz erhob sich ebenfalls.

»Schönes Leben noch«, raunte er dem Mann mit den Handschellen hinterher.

»Ich bin urlaubsreif«, fuhr er fort, nachdem sich die Tür geschlossen hatte und er mit seinem Kollegen allein war. »Und solche Arschgeigen machen es mir verdammt leicht, ein paar Wochen auszusetzen.«

»Habt ihr schon irgendwas gebucht?«

»Nein. Aber Maria ist in solchen Dingen immer ganz findig. Die macht das schon.«

»Ja, das weiß ich. Und dann kommt immer eine Fernreise dabei heraus, die allen Umstehenden den puren Neid ins Gesicht treibt.«

»Wir haben uns …«, wollte Lenz etwas erwidern, wurde jedoch vom Klingeln seines Mobiltelefons unterbrochen. Mit einer umständlichen Bewegung kramte er das Gerät aus der Sakkotasche, nahm den Anruf an und hörte ein paar Sekunden zu.

»Ist gut, RW. Hölderlinstraße 8, wir sind unterwegs.«

Damit schob er das Telefon zurück in die Jacke.

»Irgendwas Größeres?«, fragte Hain.

»Sieht ganz so aus. RW sagt, dass er noch nie einen so übel zugerichteten Menschen gesehen hat.«

Hain schluckte.

»Was für ein scheiß Tag und was für ein scheiß Wochenstart.«

Das Haus in der Hölderlinstraße lag hinter einer hohen, abweisend wirkenden hellbraunen Mauer, die in der Mitte von einem elektrischen Rolltor unterbrochen wurde, das im geschlossenen Zustand vermutlich ebenfalls keinen Blick auf das dahinterliegende Grundstück zuließ. Nun stand die schwere Stahlkonstruktion zur Hälfte offen, sodass Hain mit seinem Kombi ohne Schwierigkeiten auf das Anwesen fahren konnte.

»Nobel, nobel«, bemerkte Lenz mit gekräuselter Stirn und öffnete die Beifahrertür.

»Ja, hier lebt mit an Sicherheit grenzender Wahrscheinlichkeit kein Hartz-IV-Empfänger«, stimmte sein Kollege ihm zu, ließ den Motor absterben und stieg ebenfalls aus dem Wagen.

Die Größe des Hauses, oder besser des Bungalows, vor dem die Polizisten nun standen, war von der Straße nicht zu erkennen. Die Front des modernen Baus war fast zur Gänze verglast, wobei den Beamten sofort die Stärke der grünlich schimmernden Scheiben auffiel.

»Schusssicheres Glas«, resümierte Hain. »Und das gleich tonnenweise.«

Der Rest der Fassade wurde dominiert von glatt geschliffenem, matt glänzendem Sichtbeton. Auf der linken Seite gab es die ebenfalls grünlich schimmernde gläserne Eingangstür, vor der ein uniformierter Kollege der beiden stand, der kurz grüßte.

»Einfach durch, bis es nicht mehr weiter geht, dann sehen Sie es schon.«

Die beiden bedankten sich, zogen sich blaue Füßlinge über die Schuhe, betraten das Haus und waren sofort beeindruckt von der fast schon unangenehmen Kälte, die ihnen entgegenschlug.

»Meine Fresse, hier halte ich es nicht länger aus als notwendig«, knurrte Lenz. »Bei der Temperatur kann ich die Erkältung mit jedem Atemzug näherkommen sehen.«

»Stimmt«, nickte Hain. »Die Klimaanlage schuftet vermutlich auf Vollgas. Aber vielleicht kann ich sie ja überreden, sich ein wenig zu mäßigen.«

»Dafür würde ich dich lieben.«

Sie ließen den Eingangsbereich hinter sich und betraten den weiß gestrichenen, schwarz gefliesten Flur, von dem auf jeder Seite drei Türen abgingen. Am Ende kamen sie zu einem riesigen, lichtdurchfluteten Raum, dessen schiere Größe die beiden Polizisten anerkennend die Augen rollen ließ.

Links an der Wand stand eine Stereoanlage zwischen Lautsprecherboxen, mit denen man vermutlich auch ein Stadion hätte beschallen können, die gegenüberliegende

Seite war bis zur Decke mit Bücherregalen verstellt, und hinter den Polizisten befand sich ein riesiges Terrarium, in dem zusammengerollt eine Riesenschlange döste. In der Mitte des Raumes umrahmte eine Sitzgruppe aus weißem Leder einen Glastisch mit Chromgestell. Auf einem der Sessel saß vornübergebeugt ein blutverschmierter Mann, vor seinen Füßen lag der Kadaver eines Hundes.

»Sie haben sich recht viel Zeit gelassen, meine Herren«, wurden sie von Dr. Franz, dem Rechtsmediziner begrüßt, der sich mit einem Thermometer in der Hand an dem Toten zu schaffen machte.

»Hallo, Doc«, erwiderte Lenz, während bei Hain eine kurze Bewegung mit dem Kopf in Richtung des Arztes ausreichen musste.

»Moin, Männer«, kam es von der Terrassentür, in der Rolf-Werner Gecks, der dienstälteste Kommissar der Abteilung, auftauchte.

»Hallo, RW.«

»Schöner Start in die Woche, was?«

»Ja, das kann man so sagen«, erwiderte Lenz mit Blick auf den Toten. »Weißt du schon was Genaueres?«

»Hmm. Er heißt Sven Vontobel, so viel ist sicher, weil ich seinen Personalausweis in seiner Brieftasche gefunden habe. 38 Jahre alt, ledig, geboren in Frankfurt.«

»Und gestorben an einer Überdosis Blei«, setzte Dr. Franz die Aufzählung des Polizisten fort. »Allem Anschein nach zumindest. Obwohl, was er vor seinem Tod durchgemacht hat, dürfte auch nicht von schlechten Eltern gewesen sein.«

»Wie meinen Sie das?«, wollte Hain wissen.

»Er ist nicht einfach so erschossen worden«, bemerkte der Rechtsmediziner mit einer Handbewegung in Richtung der Schusswunde, die den halben Hinterkopf weggerissen hatte. »Der oder die Täter haben sich offenbar einen Spaß daraus gemacht, ihn noch etwas leiden zu lassen. Zuerst ein Schuss ins Bein, der vermutlich richtig wehgetan haben dürfte, eine ganze Weile später dann die Erlösung.«

Er deutete auf den toten Hund.

»Und wenn ich mich, natürlich ohne vertiefte veterinärmedizinische Kenntnisse, nicht völlig täusche, ist der Hund vor seinen Augen erschossen worden.«

»Da hat die Schlange ja richtig Glück gehabt«, brummte Hain mit Blick auf das Terrarium.

»Ja, ich habe nachgeschaut, das Vieh lebt noch.«

»Wann ist es denn ungefähr passiert?«, wollte Lenz wissen.

»Vermutlich gestern. Vielleicht in der Nacht auf heute. Im Augenblick ist die genaue Bestimmung ein wenig schwierig, weil die Klimaanlage das Bild vermutlich zu sehr verfälscht. Da benötige ich noch ein paar weiterführende Untersuchungen für die genaue Bestimmung.«

Klimaanlage war das Stichwort für Thilo Hain, der den Raum verließ und sich nach der Steuerung umsah.

»Wer hat ihn gefunden?«

»Die Putzfrau«, erklärte Gecks. »Sie wollte wie jeden Montag die Bude sauber machen, und da saß er hier.«

»Wo ist sie?«

»Bei einer Nachbarin, zu der sie in ihrer Panik gerannt ist. Die Arme ist völlig durch den Wind.«

Lenz deutete auf den toten Mann im Ledersessel.

»Und ihn hat niemand vermisst?«

»Das weiß ich noch nicht, Paul. Die Nachbarin, bei der die Putzfrau untergekommen ist, wusste eigentlich gar nichts über ihn. Nur, dass er wohl bei einer Bank gearbeitet hat und sich um Kohle keine Sorgen machen musste.«

»Was stimmen könnte, wenn man sich hier so umschaut.«

»Der oder die Täter haben auf jeden Fall ein verdammt großes Kaliber benutzt, das kann ich Ihnen schon jetzt sagen«, warf Dr. Franz ein. »Eine Eintrittswunde in dieser Größenordnung habe ich schon seit ewigen Zeiten nicht mehr zu sehen bekommen.«

»Ein Banker, der mit einem großen Kaliber hingerichtet wird, nachdem man ihn gefoltert und seinen Hund abgeknallt hat«, sinnierte Lenz. »Das bringt Kassel ja mal wieder richtig in die Schlagzeilen. Allerdings leider die falschen.«

»So, die Kühlung ist runtergedreht«, rief Hain von der Tür her. »Und die Medien sind auch schon in Mannschaftsstärke draußen versammelt.«

»Vergiss die Spurensicherung nicht«, donnerte es aus dem Flur, wo Heini Kostkamp und zwei seiner Mitarbeiter auftauchten. »Und bewegt schleunigst eure Ärsche hier raus, das ist nämlich ab jetzt und so lang unser Tatort, bis wir euch wieder rufen.«

»Ja, der ewige Kampf Gut gegen Böse«, philosophierte Lenz.

»Nicht zu gewinnen für die einen, nicht zu gewinnen für die anderen. Aber trotzdem einen schönen guten Morgen, Heini.«

»Guten Morgen ist gut«, gab der rotgesichtige, übergewichtige Mann zurück, während er einen großen, silbernen Koffer neben die linke Lautsprecherbox stellte. »Hast du mal auf die Uhr gesehen?«

»Habe ich, ja. Und jetzt viel Vergnügen an *deinem* Tatort.«

Damit schob Lenz sich an ihm vorbei und betrat den Flur.

»Gibt es in den anderen Zimmern irgendwas von Interesse, RW?«, fragte er seinen Kollegen, der mit Hain im Schlepptau neben ihm auftauchte.

»Nein. Küche, Schlafzimmer, Büro, Fitnessraum und so was wie ein Kinderzimmer, allerdings recht spärlich möbliert. Dazu ein riesiges Badezimmer und eine Kammer, in der die Waschmaschine, der Trockner und der Rest der Reinigungsutensilien untergebracht sind. Außerdem findet dort die Steuerung der Haustechnik statt.«

»Kein Keller?«

»Ich habe keinen gefunden.«

»Nein, es gibt keinen«, mischte Hain sich in das Gespräch ein. »Die Hütte wurde ohne Keller gebaut.«

Als die drei Polizisten vor das Haus traten, wurden sie von der Hitze des Sommertages förmlich erschlagen.

»Lasst uns mal nachsehen, was der Mann für einen Fuhrpark unterhalten hat«, schlug Lenz mit Blick auf die ausladende, frei stehende Dreifachgarage gegenüber vor.

»Gute Idee«, erwiderte Hain, überquerte den Hof und kam ein paar Sekunden später vor dem mächtigen Tor zum Stehen.

»Alles funkgesteuert«, ließ er die Kollegen nach einer kurzen Inaugenscheinnahme wissen, wandte sich ab und verschwand hinter der linken Ecke des hellen Baus.

»Bingo«, kam es gedämpft, danach klapperte eine Tür, und kurz darauf fuhr das Tor nahezu lautlos nach oben.

»Herrje«, pfiff Lenz durch die Zähne. »Das kann man getrost als Fuhrpark bezeichnen.«

Nebeneinander aufgereiht standen eine Porsche-Limousine neuester Baureihe, ein beeindruckend breites Cabriolet, ebenfalls aus Zuffenhausener Produktion, und ein chromglänzender Mercedes-Oldtimer. Vor den drei Fahrzeugen parkte jeweils quer ein Motorrad.

»Voilà, meine Herren«, fand Hain als Erster die Sprache wieder. »Was Sie hier an Wert sehen, sprengt deutlich die Investitionsmöglichkeiten eines deutschen Kripobeamten.«

Er bewegte sich nach rechts und lugte wie ein kleiner Junge durch die Scheibe des alten Mercedes.

»Das hier ist eine Legende, Jungs.«

»Ich weiß«, stimmte Lenz ihm zu. »Ein 300 SL Flügeltürer. 215 PS, sechs Zylinder und eine Spitze von bis zu 260 Stundenkilometern, je nach Übersetzung.«

Der Oberkommissar bedachte ihn mit einem völlig perplexen Blick.

»Autoquartett, Thilo. So was haben wir früher gespielt, und in einem von meinen war der 300 SL der Supertrumpf.«

»Du schaffst es immer wieder, mich zu überraschen, Paul.«

»Wenigstens was.«

»Supertrumpf hin oder her«, warf Gecks ein, »wenn einem so ein Fuhrpark gehört, hat man sicher reichlich Kohle auf dem Konto.«

»Oder Kredite und Leasingverträge am Hacken«, entgegnete Lenz, der ins Innere der Garage vorgedrungen war und sich umsah. »Was ich mir in diesem Fall allerdings nicht so recht vorstellen kann.«

Außer den Fahrzeugen gab es in der Halle nichts zu sehen. Keine Gartenwerkzeuge, die irgendwo herumstanden, keine Winterreifen, die an den Wänden hingen, und auch keine Mülltonnen oder Ähnliches. Absolut nichts. Selbst die auf den Bodenfliesen sonst üblichen Spuren von nassen Reifen gab es nicht.

»Auf jeden Fall hat er es gern ordentlich gehabt«, stellte Lenz lakonisch fest. »Aber das hat sich ja im Haus schon angedeutet. Wir sollten …«

Der Hauptkommissar brach ab, weil von der anderen Seite des Hofs Stimmengewirr laut wurde. Dort standen zwei Männer und wollten den Streifenpolizisten vor der Tür offenbar in eine Diskussion verwickeln.

»Lasst uns mal rüber gehen«, schlug Hain vor und setzte sich, ohne eine Antwort abzuwarten, in Bewegung. Lenz und Gecks folgten ihm.

»… geht hier um die Interessen der Nordhessenbank. Wenn Sie es nicht überreißen, dass …«

»Morgen, die Herren«, rief Hain den Männern aus etwa fünf Metern Entfernung zu, die weder ihn noch seine Kollegen bisher wahrgenommen hatten, was zu einer sofortigen Unterbrechung des Redeschwalls führte und den Uniformierten erleichtert durchatmen ließ.

»Darf ich fragen, wer Sie sind?«, wollte der junge Oberkommissar wissen.

»Darf ich zurückfragen, wer das wissen will?«, gab der ältere der beiden Männer ärgerlich zurück.

Hain kramte seinen Dienstausweis aus der Sakkotasche und stellte sich und seine Kollegen vor.

»Das trifft sich gut, dass Sie hier sind, meine Herren«, fuhr der Mann fort. »Wir sind gekommen, um die Interessen des Arbeitgebers von Herrn Vontobel zu wahren.«

»Ja«, mischte Lenz sich leise ein, »das haben wir schon verstanden. Allerdings möchten wir zunächst wissen, wer genau Sie sind.«

Der Blick, der ihn traf, sollte vermutlich gehöriges Einschüchterungspotenzial haben.

»Mein Name ist van Roon. Willem van Roon. Ich bin

Justiziar der Nordhessenbank und habe den Auftrag, jene Dinge aus dem Besitz des Herrn Vontobel, die eindeutig meinem Arbeitgeber gehören, sicherzustellen.«

»Schön«, erwiderte Lenz, und wandte sich an den Begleiter des Justiziars. »Und wer sind Sie?«

»Mein Name ist Markus Specht. Ich bin Mitarbeiter in der Abteilung von Herrn Vontobel.«

»Ach, das ist ja interessant. Dann können Sie uns bestimmt ein paar Fragen zu Ihrem Boss beantworten.«

Der etwa 32-jährige Mann warf seinem Begleiter einen unsicheren Blick zu.

»Ich weiß nicht ... Eigentlich kenne oder kannte ich Herrn Vontobel gar nicht so gut. Da gibt es bestimmt welche in der Abteilung, die Ihnen besser helfen können als ich.«

»Herr Specht«, mischte der Justiziar sich streng ein, »ist nicht befugt, über Interna der Bank zu sprechen. Ich bitte Sie, das zu respektieren.«

»Es lag mir fern«, erwiderte Lenz mit unverhohlenem Sarkasmus in der Stimme, »Herrn Specht über Interna seines Arbeitgebers zu befragen. Allerdings gebe ich zu bedenken, dass sich im Inneren dieses Hauses ein Mensch befindet, dessen Leben auf eine nicht sehr geschmackvolle, dafür aber überaus gewalttätige Art beendet wurde. Also versuchen wir, wie es unser Job ist, möglichst viel über diesen Menschen zu erfahren, um so schnell wie möglich einen Ermittlungserfolg erzielen zu können. Oder, vulgo, den Mörder dingfest zu machen.«

»Das mag alles zutreffen, Herr Kommissar, jedoch ist es mein vorrangiges Ziel, die Interessen der Bank zu wahren. Und dazu gehört, unverzüglich einen Computer und einen Laptop sicherzustellen.«

Lenz kratzte sich am Kinn und schüttelte dabei den Kopf.

»Vielleicht habe ich mich nicht klar genug ausgedrückt, Herr van Roon, aber aus diesem Haus wird niemand, ich wiederhole, *niemand* ohne meine Zustimmung auch nur die kleinste Kleinigkeit wegschaffen. Nicht das Geringste. Haben Sie das nun verstanden?«

»Das war nicht falsch zu verstehen. Allerdings gebe ich zu bedenken, dass die Dinge, um die es mir geht, sich lediglich im Haus des Herrn Vontobel befanden. Eigentümer ist die Nordhessenbank, und aus diesem Grund muss ich darauf bestehen, dass mir die angesprochenen Geräte auf der Stelle ausgehändigt werden. Es ist von größter Wichtigkeit, dass die Daten, die sich darauf befinden, nicht in die falschen Hände gelangen.«

»Ach«, machte Hain. »Sie wollen damit sagen, die Polizei wäre *die falschen Hände*?«

»Das will ich natürlich nicht. Aber dass es auch in Ihren Reihen Menschen gibt, die es mit der Diskretion nicht so genau nehmen, muss ich sicher nicht explizit erwähnen.«

Er wandte sich wieder Lenz zu.

»Also bekomme ich nun besagte Geräte?«

»Nein«, erwiderte Lenz völlig ruhig. »Was Sie aber tun können, ist, nun das Gelände zu verlassen; immerhin handelt es sich hier um einen Tatort. Auf Wiedersehen.«

So eindeutig die Ansage des Hauptkommissars war, so wenig wollte van Roon sich offenbar davon beeindrucken lassen.

»Es könnte zu weitreichenden, für viele Menschen unschönen Konsequenzen führen, wenn Sie auf Ihrem Standpunkt beharren. Davon abgesehen bin ich mir nicht sicher, ob der geschätzte Herr Polizeipräsident Ihre Eigenmächtigkeit tolerieren wird. Vom Innenminister will ich an dieser Stelle noch gar nicht sprechen, um die Sache nicht gar so hoch zu hängen. Also seien Sie vernünftig und händigen Sie uns das Eigentum der Bank aus.«

Hain und Gecks waren den Ausführungen des Juristen mit immer größer werdenden Augen gefolgt, und beide sahen nun ihren Chef an. Der wandte sich völlig unbeeindruckt an den Uniformierten, der sich etwas zur Seite begeben hatte.

»Würden Sie die beiden Herren bitte zum Ausgang begleiten, Herr Kollege? Und für den Fall, dass sie sich weigern sollten, Sie zu begleiten, nehmen Sie sie einfach fest. Ob wegen Behinderung oder Widerstand überlasse ich ganz Ihrer Einschätzung.«

»Ich protestiere auf das Allerschärfste«, echauffierte sich van Roon lautstark, »so können Sie mit mir nicht umspringen. Das wird böse Folgen haben für Sie, das verspreche ich Ihnen.«

Lenz nickte ihm zu und hatte sich schon ein paar Meter zur Seite bewegt, blieb dann jedoch stehen und drehte sich noch einmal um.

»Könnte ich Sie kurz unter vier Augen sprechen, Herr Specht?«, fragte er den Bankmitarbeiter, der augenblicklich den Blickkontakt mit seinem Begleiter suchte und dabei überaus unsicher wirkte. »Nur ein paar Fragen, deren Beantwortung garantiert keine Interna Ihres Arbeitgebers berühren wird.«

Van Roon beugte sich kurz nach rechts, flüsterte Specht etwas ins Ohr und nickte.

»Auch wenn andere meine Fragen Ihrer Meinung nach besser beantworten könnten«, begann Lenz vorsichtig, nachdem die beiden ein paar Schritte gegangen waren und sich außer Hörweite der Gruppe um van Roon und den Polizisten befanden. »Wie war Ihr Verhältnis zu Herrn Vontobel?«

»So wie es nun einmal ist zwischen Boss und Mitarbeiter. Dienstlich, würde ich sagen.«

»Sie haben also nie etwas privat zusammen unternommen?«

»Nein, nie. Herr Vontobel hätte das auf keinen Fall gewollt. Er hat anders getickt als die meisten anderen Menschen.«

»Ich weiß, dass er nicht verheiratet gewesen ist. Aber vielleicht gab es ja eine Freundin?«

Lenz sah, wie Specht einen dicken Kloß herunterschlucken musste.

»Oder vielleicht einen Freund?«

»Oh nein, das bestimmt nicht. Er hatte, wie man sich erzählt, manchmal was mit Frauen, aber von etwas Festem weiß ich nichts.«

Ein kurzes Zögern.

»Er hat eigentlich niemanden so richtig nah an sich herangelassen.«

Lenz' Blick wandte sich den Fahrzeugen in der Garage zu.

»Aber ein PS-Junkie ist er schon gewesen, was?«

»Stimmt, das kann man so sagen. Darüber hat natürlich jeder in der Abteilung geredet, das können Sie sich bestimmt vorstellen.«

»Apropos Abteilung. Was genau machen Sie da, in dieser Abteilung?«

»Wir sind in der Anlageberatung tätig.«

»Das heißt, Sie geben den Kunden Tipps, was sie mit ihrem Geld machen sollten, damit es sich vermehrt.«

»So in etwa, ja.«

Über das Gesicht des Mannes lief der Schweiß nun in Strömen.

»Und läuft es gut?«

»Ich kann nicht klagen.«

»Und Herr Vontobel offensichtlich auch nicht, wenn man das alles hier so sieht?«

»Nein, vermutlich nicht. Aber ich weiß natürlich nichts über die Ausgestaltung seines Arbeitsvertrags. Er hat ja auch nur mit den sehr guten, eher großen Kunden zu tun gehabt. Also denen, die über ein größeres Portfolio verfügen.«

»Sind Sie gut mit ihm zurechtgekommen?«

»Wie meinen Sie das?«

»Na, ob Sie ein gutes Verhältnis hatten, der Herr Vontobel und Sie.«

»Wie gesagt, es war eigentlich immer sehr dienstlich. Er hat uns, ich meine, mir Aufträge gegeben, und ich habe sie umgesetzt. Also erfüllt.«

»Wie würden Sie Herrn Vontobel beschreiben?«

»Ich verstehe nicht.«

»War er ein eher harter Boss oder eher von der nachgiebigen Sorte, was würden Sie sagen?«

Specht machte eine längere Pause, bevor er antwortete.

»Nachgiebig war er bestimmt nicht. Er hat von jedem immer das Maximale gefordert.«

»War er gerecht?«

Der junge Mann sah Hilfe suchend in Richtung des Justiziars, der jedoch, geleitet von dem Uniformierten, dabei war, das Gelände zu verlassen.

»Was ist heute schon gerecht? Oder wer ist noch gerecht?«

»Also hat er es mit der Gerechtigkeit nicht so genau genommen, der Herr Vontobel?«

»Das haben Sie jetzt gesagt.«

»Stimmt«, gab Lenz freimütig zu und ließ erneut den Blick über den imposanten Fuhrpark gleiten.

»Hatte Herr Vontobel so etwas wie Feinde, von denen Sie wissen? Irgendwelche Menschen, die schlecht auf ihn zu sprechen waren, mit denen er Streit hatte?«

»Nein«, erwiderte Specht hastig, »davon weiß ich auf keinen Fall etwas.«

»Also auch nichts Erwähnenswertes, das mit seiner Arbeit zu tun gehabt haben könnte? Ein schlecht beratener Kunde vielleicht?«

»Das kann ich Ihnen wirklich nicht sagen, dazu habe ich viel zu geringen Einblick in seine Arbeit und kenne seine Kunden zu wenig. Natürlich ist in den letzten Jahren, in diesem wirklich schwierigen Finanzumfeld, manchmal etwas schiefgegangen, also hat sich nicht so entwickelt, wie man das prognostiziert hatte, aber das ist doch kein Grund, jemanden umzubringen.«

Lenz streckte die Rechte nach vorn, um sich bei dem Mann zu bedanken und ihn zu verabschieden, zog sie jedoch wieder zurück und hob den Kopf.

»Eine letzte Frage hätte ich noch, Herr Specht, dann sind wir auch schon fertig. Und zwar würde mich interessieren, was sich so Wichtiges auf den Computern befindet, dass Ihr Herr van Roon solch einen Aufstand macht?«

Specht schluckte erneut deutlich sichtbar.

»Das fällt jetzt aber wirklich in den Bereich Bankinterna, wie Herr van Roon es schon angesprochen hat. Und außerdem weiß ich es wirklich nicht. Unser Bereichsleiter ist vor etwa einer Stunde zusammen mit Herrn van Roon bei uns in der Abteilung aufgetaucht, hat auf mich gedeutet und gesagt, ich solle ihm alle Unterstützung geben, die er braucht. So bin ich hierher gekommen. Und Sie können mir glauben, dass ich mich nicht darum gerissen habe, ganz sicher nicht.«

»Tja, das kenne ich«, machte Lenz auf mitfühlend. »Wenn der Vorgesetzte ruft, sollte man besser keinen anderen Termin haben.«

»Genau.«

Eine Minute später hatte der Anlageberater das Gelände verlassen und saß beim Justiziar der Nordhessenbank in dessen schwerem Geländewagen, und nicht nur ein unbeteiligter Beobachter hätte durchaus den Verdacht haben können, dass er sich für das Gespräch mit dem Polizisten rechtfertigen musste.

»So, Thilo«, knurrte Lenz, nachdem er sich wieder zu seinen Kollegen gesellt und sie kurz über das informiert hatte, was aus Markus Specht herauszulocken gewesen war. »Ich will, dass alles, was in diesem Haus auch nur nach Computerdatei riecht, aufs Präsidium gebracht wird. Jede Festplatte, jeder Stick und jede Speicherkarte. Dieser Herr Jurist hat mir nämlich wirklich Appetit darauf gemacht zu erfahren, was da alles drauf zu finden ist.«

»Geht klar«, bestätigte der junge Oberkommissar.

»Und du, RW, besorgst uns alles, was wir an Bankdaten und so weiter über ihn kriegen können. Festgelder, Kredite, Immobilien, jedes Detail müssen wir wissen. Und wenn du schon dabei bist, versuch gleich mal rauszufinden, ob die BaFin was über ihn hat.«

»Das ist aber schon ein großes Kaliber, zu dem du da greifst, Paul. Außerdem ist das Bundesamt für Finanzdienstleistungsaufsicht nicht sehr gesprächig, wie du weißt. Und immerhin ist er das Opfer, nicht der potenzielle Täter.«

»Ich weiß. Aber irgendwas tief in mir drin schreit furchtbar laut, dass der Schlüssel zur Aufklärung des Falles mit seinem Job verknüpft ist.«

»Na, wenn du meinst. Dann mache ich mich am besten gleich auf den Weg, zumal es hier im Augenblick sowieso nichts zu tun gibt für mich.«

»Wenn's geht, kannst du auch mal deinen Kumpel vom Finanzamt anzapfen, was der so über Vontobel weiß.«

»Ja, auch das mache ich«, stöhnte Gecks gekünstelt auf, verabschiedete sich und war kurz darauf durch das Tor und hinter der Mauer verschwunden.

»Dann geh ich mal rein und sehe, was ich so an Datenträgern finde«, meinte Hain und verduftete ebenfalls.

Lenz ging erneut zur Garage, betrachtete noch einmal jeden der drei Wagen, danach die Motorräder und blieb schließlich vor dem Mercedes-Oldtimer stehen.

Was für ein Auto, dachte er, und ein klein wenig Neid spielte bei dieser Überlegung schon eine Rolle, während er seine Finger über die ungewöhnlichen Türen des Wagens gleiten ließ.

Einfach nur geil, das Ding.

Mit bedächtigen Schritten ging er rückwärts, ohne jedoch den Blick von dem Auto zu nehmen.

Egal, aus welcher Position man ihn betrachtet, er ist immer schön.

»Wow, so was könnte mir auch gefallen«, kam es von hinten, wo Dr. Franz mit seiner Tasche in der Hand stand. »Ist das ein echter?«

»Davon gehe ich aus, ja.«

»Als Kind war er der Supertrumpf in meinem Autoquartett«, bemerkte der Mediziner anerkennend.

»Ach, in Ihrem auch«, murmelte Lenz leise, um gleich darauf laut und deutlich »gibt es etwas Neues wegen des Todeszeitpunktes?« hinterher zu schieben.

»Ich würde mich auf gestern Abend festlegen, irgendwann zwischen 17:00 und 23:00 Uhr. Genauer geht es leider noch nicht, aber wenn ich mit meinen Untersuchungen fertig bin, bekommen Sie die Ergebnisse als Erster in die Hand.«

»Ja danke, Doc.«

Der Rechtsmediziner nickte grußlos und wandte sich zum Gehen.

»Ach ja, bevor ich es vergesse, Herr Lenz. Ich habe veranlasst, dass die Schlange heute Nachmittag abgeholt wird. Bis es so weit ist, sollten Sie sich von dem Vieh fernhalten, diese Dinger kann man immer schlecht einschätzen. Wenn sie satt sind, geht von ihnen eher keine Gefahr aus, wenn dem aber nicht so ist, können sie ganz schön unangenehm werden. Und das eine vom anderen zu unterscheiden, ist nahezu unmöglich.«

»Ich werde Ihren Rat beherzigen, vielen Dank. Aber es besteht keine Gefahr, dass die Schlange und ich uns auf dem Flur begegnen, oder?«

»Nein, das garantiert nicht. Das Terrarium ist erstklassig gepflegt und perfekt gesichert. Darüber habe ich mich schon aus reinem Eigennutz informiert, bevor ich meine Arbeit aufgenommen habe.«

Damit verließ Dr. Franz endgültig das Gelände. Lenz ging langsam auf den Eingang zu, betrat das Haus und fand Thilo Hain im Büro unter einem Schreibtisch liegend.

»Na, was gefunden?«

»Ja, so einiges. Bin gerade dabei, das Zeug freizulegen.«

»Gut. Wie lang brauchst du noch?«

»Höchstens fünf Minuten. Nehmen wir den Krempel gleich mit?«

»Das wäre mir das Liebste, ja.«

»Dann such schon mal nach einem Karton oder etwas Ähnlichem.«

»Mach ich.«

Bevor der Hauptkommissar den Auftrag seines Mitarbeiters ausführte, schaute er bei Heini Kostkamp und dessen Mitarbeitern vorbei.

»Na, Männer, schon was rausgefunden?«, wollte er freundlich wissen.

»Ja«, erwiderte der Mann von der Spurensicherung. »Der oder die Täter sind nicht mit Gewalt ins Haus eingedrungen. Wie es aussieht, muss der Ermordete sie hereingelassen haben.«

Er schnaufte tief durch.

»Und er oder sie haben ein verdammt dickes Kaliber benutzt bei ihrer Untat.«

»Sonst noch was?«

»Nichts, worüber wir schon reden sollten. Du kannst mich heute Nachmittag anrufen, dann wissen wir sicher schon mehr.«

»DNA-Spuren?«

Kostkamp funkelte ihn an.

»Nuschel ich oder was? Frag heute Nachmittag an. Oder warte, lass mir besser Zeit bis morgen früh.«

»Ist ja schon gut, Heini, krieg dich wieder ein.«

»Fällt mir schwer bei dir.«

»Ja, ich weiß.«

Lenz verließ kopfschüttelnd das Zimmer und stapfte zum Reinigungsraum, wo er neben der Waschmaschine einen Wäschekorb aus Kunststoff fand.

»Der ist gut«, wurde er von Hain gelobt, der einen PC, einen Laptop, einen Tablet-PC und mehrere externe Festplatten in das giftgrüne Behältnis packte.

»Ein paar USB-Sticks habe ich auch noch gefunden, die transportiere ich in der Jackentasche.«

Damit schnappte er sich einen der Griffe und sah Lenz an, der allerdings keine Anstalten machte, ihn zu unterstützen.

»Nix im Ei, oder was?«, brummte er stattdessen.

»Fass an, los.«

Widerwillig griff der Hauptkommissar zu, und gemeinsam wuchteten sie unter dem Klicken mehrerer Kameras und den Rufen der Reporter nach einem kurzen Statement die komplette Datensammlung des ermordeten Sven Vontobel zu Hains Kombi. Dort packten sie alles in den Kofferraum und wollten gerade einsteigen, als sich von links ein älterer Mann näherte und ihnen zunickte.

»Guten Tag. Ich vermute, Sie sind von der Polizei.«

»Ja«, erwiderte Lenz, »das stimmt. Können wir etwas für Sie tun?«

»Ich glaube nicht. Aber vielleicht kann ich etwas für Sie tun.«

Er deutete auf ein versteckt liegendes Eckhaus in etwa 100 Meter Entfernung.

»Mein Name ist Heinz Lohrmann, ich wohne dort drüben in dem Haus.«

Lenz sah ihn fragend an.

»Ja, Herr Lohrmann. Haben Sie vielleicht etwas beobachtet, das uns weiterhelfen könnte?«

Der Mann schüttelte betreten den Kopf.

»Nein, das nicht. Und vielleicht ist es auch gar nicht so wichtig, wie ich gedacht habe.«

»Na, na«, mischte Hain sich aufmunternd ein. »Für uns ist alles wichtig.«

Damit zog er den Nachbarn sanft ein paar Meter hinter sich her, bis sie außerhalb der Hörweite der Journalisten waren.

»Also, was wollten Sie uns mitteilen?«, fragte Lenz, der nun sein Gegenüber etwas eingehender musterte. Kakifarbene Leinenhose, helles Hemd, lässige Bräune, insgesamt eine sehr gepflegte Erscheinung. Nur die Schuhe nach Art von Gesundheitstretern wollten dem Kommissar nicht recht gefallen.

»Es ist doch richtig, dass Herr Vontobel erschossen wurde, oder?«

Lenz legte bedauernd die Stirn in Falten.

»Ich bitte Sie um Verständnis dafür, Herr Lohrmann, dass wir zum Stand der Ermittlungen und zu den Einzelheiten darüber, was sich im Haus abgespielt hat, keine Angaben machen können.«

»Ja, das verstehe ich. Allerdings …«

»Was allerdings?«

»Es ist vielleicht ein wenig dumm von mir gewesen, so einfach hier aufzutauchen, aber …«

Er schluckte.

»Meine Frau hat mich übrigens auch davor gewarnt, es zu tun.«

»Okay«, nickte Hain sehr verständnisvoll. »Das ist alles gut und schön, aber es hilft uns nicht weiter, wenn wir nicht wissen, wovon Sie reden, Herr Lohrmann.«

Der Angesprochene zog ein sorgsam gefaltetes Stofftaschentuch aus der Hosentasche und tupfte sich damit die Stirn ab.

»Ich muss etwas weiter ausholen, wenn ich Ihnen das erzähle, worum es mir geht.«

»Bitte, nur zu.«

Der etwa 70-jährige Mann sammelte sich, wischte sich ein weiteres Mal über die Stirn, faltete das Taschentuch ordentlich zusammen und steckte es weg.

»Ich war bis zu meiner Pensionierung vor acht Jahren Filialleiter in einer Bank hier in Kassel, das muss ich vorausschicken. Ohne das Wissen über diese Tatsache können Sie mit meinen Informationen vermutlich nur bedingt etwas anfangen.«

Anfangen ist ein gutes Stichwort, dachte Lenz.

»Ich habe die komplette Bankkarriere hinter mir. Angefangen als Lehrbursche, so hieß das damals noch, und hochgearbeitet bis zum Filialleiter. Natürlich habe ich mich immer weitergebildet, anders wäre das ja gar nicht gegangen.«

Erneut kam das Taschentuch zum Vorschein und an der Stirn zum Einsatz.

»Wir haben zu meiner Zeit noch ehrliche Arbeit abgeliefert. Grundehrliche Arbeit. Das scheint heute jedoch vielfach nicht mehr der Fall zu sein. Und ein höchst unrühmliches Beispiel für den neuen Stil stellte Herr Vontobel dar. Das weiß ich aus erster Hand.«

»Hatten Sie dienstlich mit ihm zu tun?«, wollte Hain wissen.

»Oh nein, wo denken Sie hin! Dienstlich hatte ich niemals etwas mit ihm zu tun, aber als Anleger. Und was das angeht, hat er sich nicht mit Ruhm bekleckert, das kann ich Ihnen versichern.«

»Wie meinen Sie das? Können Sie ein wenig genauer werden?«

»Er hat mich letztes Jahr einmal auf der Straße angesprochen. Wir kannten uns vom Sehen, so wie man halt etwas entfernter wohnende Nachbarn kennt. Einmal«, wies er auf die Garage, »hatten wir uns über seinen Mercedes unterhalten, aber nicht sehr ausführlich. Und dann hat er mich angesprochen und mir eine angeblich wirklich gute Kapitalanlage angeboten. Und ich Hornochse war auch noch naiv genug, mich darauf einzulassen.«

»Und haben dabei Geld verloren?«

»Nicht nur Geld. Auch einiges von meinem Ansehen, denn ich war so verblendet, dass ich noch anderen Menschen zu diesem Investment geraten habe. Freunden und Bekannten.«

»Und die haben sich natürlich auf Ihren Rat verlassen und ebenfalls Geld verloren.«

»Genau, ja.«

»Was war das denn für ein Anlagetipp?«, wollte Lenz wissen.

Lohrmann sah skeptisch von einem der Polizisten zum anderen.

»Ich bin nicht sicher, ob das Ihren Sachverstand in Finanztransaktionen nicht überfordern würde, meine Herren. Aber vereinfacht ausgedrückt hat er uns allen Aktien empfohlen, die sich dann als veritable Blindgänger entpuppt haben.«

»Und Sie meinen«, legte der Hauptkommissar nach, »dass sich einer von den Leuten, die auf Vontobels Tipps gehört haben und dabei gerupft wurden, an ihm gerächt haben könnte? Für einen miesen Tipp?«

»Sehr richtig, exakt das meine ich.«

Nun warfen Lenz und Hain sich einen Blick der Marke *›geht's noch?‹* zu.

»Ja, schön, dass Sie uns gleich Ihre Vermutung mitgeteilt haben, Herr Lohrmann. Wir wissen das zu schätzen und werden bei unseren Ermittlungen natürlich auch in diese Richtung unsere Fühler ausstrecken.«

Er streckte dem Mann seine rechte Hand entgegen.

»Ansonsten haben Sie vermutlich nichts Ungewöhnliches oder Auffälliges rund um das Anwesen hier wahrgenommen? Ich meine, seit gestern Nachmittag?«

Lohrmann schüttelte mit hochgezogener Stirn den Kopf.

»Nein, akut habe ich nichts beobachtet, was von Interesse für Sie sein könnte.«

In seiner Stimme schwang unüberhörbar die Enttäuschung darüber mit, dass die Beamten nicht mehr zu den von ihm geschilderten Aktionen Vontobels wissen wollten.

»Aber wenn Sie Fragen haben zu seinem Verhalten als Bankmitarbeiter oder zu Finanzinvestments im Allgemeinen, können Sie sich natürlich vertrauensvoll an mich wenden. Ich bin da wirklich ein kompetenter Ansprechpartner und ohnehin meistens zu Hause.«

»Ja, wir kommen gern auf Ihr Angebot zurück, wenn es notwendig sein sollte, Herr Lohrmann. Und bis dahin noch einen schönen Tag.«

*

»Vermutlich gibt es auf der ganzen Welt nicht einen Banker oder Anlageberater«, meinte Hain ein wenig genervt, als die beiden endlich im Wagen saßen, »der primär das Wohl seiner Kunden im Blick hat und erst dann seinen Verdienst.

So viel Altruismus traue ich dieser Berufsgruppe einfach nicht zu. Ich vermute vielmehr, das schlechte Image, das diese Jungs und Mädels mit sich herumschleppen müssen, kommt nun mal nicht von ungefähr. Aber ich glaube weiterhin, dass wir Menschen alle irgendwie an den Futtertrögen ganz vorn stehen wollen. Du genau wie ich oder jeder x-beliebige Banker oder Anlageberater.«

Er steckte den Schlüssel ins Zündschloss und startete den Motor.

»Von daher kann ich es mir schon gut vorstellen, dass dieser Vontobel seine Kunden für eine gute Provision oder einen fetten Bonus über den Tisch gezogen hat, aber ich kann mir nun wirklich ganz und gar nicht vorstellen, dass ihn einer seiner Kunden mit einer großkalibrigen Waffe ins Jenseits befördert hat.«

»Das dachte ich bis eben auch, Thilo, aber gerade ist mir in den Sinn gekommen, dass er sich vielleicht mit den falschen Leuten eingelassen haben könnte. Ich meine die Sorte Leute, mit der man besser keine Geschäfte macht, und wenn, dann nur solche, aus denen sie als strahlende Gewinner hervorgehen.«

»Was meinst du genau? Mafia? Organisierte Kriminalität? Irgendwelche Russenbanden?«

»Keine Ahnung. Aber so ganz abwegig, wie wir beide mit dem Verdacht dieses Lohrmann umgegangen sind, ist er vielleicht gar nicht.«

»Na, dann ist es ja gut«, erwiderte Hain, während er an den Journalisten vorbeirollte, mit einem Wink Richtung Kofferraum, »dass wir zumindest seine Datenträger haben. Vielleicht finden wir auf denen etwas, das uns in dieser Richtung weiterhilft.«

Er überlegte einen kurzen Augenblick.

»Meinst du, wir sollten in der Bank vorstellig werden? Es ist doch anzunehmen, dass er auch dort einen Computer im Einsatz hatte.«

»Gute Idee. Dann können wir uns gleich ein wenig umhören und -sehen. Wer weiß, vielleicht treffen wir auf einen sehr nervösen Kollegen, der ihn wegen irgendeiner Tussi abgemurkst und bis heute Abend ein Geständnis abgelegt hat. Klappe zu, Affe tot.«

Hain verzog das Gesicht und bedachte seinen Boss mit einem strafenden Blick.

»Du wirst auf deine alten Tage ganz schön schrullig, mein Freund. Ich hoffe, du weißt das.«

»Ja, das sagt Maria auch ab und zu. Macht aber keinen Eindruck bei mir.«

»Ja, das ist typisch für diese Anwandlungen«, resümierte Hain kopfschüttelnd. »Fahren wir also direkt zur Bank, oder bringen wir zuerst den Krempel aufs Präsidium?«

»Zuerst zum Präsidium. Dort soll einer der EDV-Jungs von allen Datenträgern Kopien anfertigen, für den Fall, dass dieser komische Jurist seine Drohung mit dem Polizeipräsidenten oder dem Innenminister wahr machen sollte.«

4

Rudolph Gieger stand neben der Bronzeskulptur, die ihm ein renommierter Künstler zur Einweihung seines neuen Büros auf seinen Wunsch hin angefertigt hatte, sah hinaus auf das Treiben auf der Oberen Königstraße und nahm dabei einen Schluck Espresso aus der kleinen Tasse, die er in der rechten Hand hielt. Dann drehte er sich um, ging mit stockenden Schritten auf die Tür zu und öffnete sie langsam.

»Weber soll kommen«, gab er in ruhigem, aber bestimmtem Ton seiner Sekretärin auf, die nickte, sich streckte, und zum Telefonhörer griff. Keine halbe Minute darauf klopfte es leise an der Tür des Mannes, dessen Urgroßvater die Nordhessenbank vor mehr als 100 Jahren gegründet hatte, und der nun vom Schreibtisch aus deutlich vernehmbar »herein« ausstieß.

»Sie wollten mich sprechen, Herr Direktor?«

»Stimmt es, was ich gehört habe?«, entgegnete der Mann hinter dem Schreibtisch, ohne auf die Frage seines Besuchers einzugehen. »Vontobel wurde ermordet?«

»Das ist richtig, ja. Herr Vontobel wurde heute Morgen tot in seinem Haus aufgefunden.«

»Wie haben Sie davon erfahren?«

»Seine Putzfrau hat uns informiert.«

»Und? Was haben Sie in der Sache veranlasst?«

»Zunächst war mir wichtig, dass niemand auf eventuell vertrauliche Daten zugreifen kann, die sich, so meine Annahme, auf seinen Rechnern zu Hause befinden. Deshalb habe ich van Roon und den jungen Specht beauftragt, in der Sache aktiv zu werden.«

»Und?«

»Sie sind unverrichteter Dinge zurückgekehrt, leider. Die Polizei hat ihnen verboten, die besagten Gegenstände an sich zu nehmen.«

»Haben wir einen Schaden zu erwarten?«

»Das kann ich Ihnen beim besten Willen nicht beantworten, Herr Direktor. Wir wissen nicht, ob und was Vontobel von zu Hause aus bearbeitet hat. Und ob er vielleicht sogar Kopien von Bankinterna auf seinen Computern gelagert hatte.«

Gieger griff zu einem silbernen Etui, das auf dem Schreibtisch lag, fingerte bedächtig eine Zigarette daraus hervor und zündete sie an.

»Sie wissen, Weber, dass dieser Vontobel ein Anarchist war. Ein Mann, der sich an keine Regel hielt, immer gut für eine Volte.«

Weber nickte betreten.

»Im Gegenzug war er allerdings auch ein begnadeter Verkäufer. Ohne ihn würde es das Bankhaus vermutlich schon seit einiger Zeit nicht mehr geben. Oder zumindest nicht in der Form, wie wir es schätzen und lieben. Und er …«

Der Blick Giegers, der ihn traf, ließ ihn seinen Gedanken nicht zu Ende formulieren.

»Dieses Bankhaus war nicht von einem Mann wie Sven Vontobel abhängig, Herr Weber. Ganz und gar nicht, wie ich betonen möchte.«

So vehement der Bankdirektor diesen Standpunkt auch postulierte, so genau wusste er, dass er falsch war. Ohne die Ideen und Handlungen Vontobels würde die Nordhessenbank schon seit geraumer Zeit definitiv nicht mehr in der jetzigen Form existieren.

»Wir brauchen alles, was sich an Unterlagen in seinem Besitz befand«, schickte er hinterher. »Wir brauchen sie, weil wir nicht dulden können, dass durch die Eskapaden eines Mitarbeiters unser gesamtes Haus in Erklärungsnotstand gerät.«

Der Mann, der noch immer vor dem Schreibtisch stand, schluckte.

»Ich weiß nicht, was wir in dieser Sache noch tun könnten, Herr Direktor. Van Roon hat mir gegenüber sehr deutlich gemacht, dass es keine Möglichkeit gibt, in den Besitz des besagten Datenträgers zu kommen. Wobei es völlig unklar ist, ob es sich dabei um einen oder mehrere davon handelt.«

»Lassen Sie es gut sein«, winkte Gieger ab. »Ich werde mich persönlich um die Sache kümmern. Das ist nichts, was man auf der Dienstbotenebene zu klären versuchen sollte.«

»Selbstverständlich«, stimmte Weber kleinlaut zu und wandte sich Richtung Ausgang, weil er wusste, dass das Gespräch damit beendet war.

»Möchten Sie vielleicht noch wissen, was genau sich in Vontobels Haus abgespielt hat?«, fragte er, bevor er die Tür erreicht hatte. »Wie genau er gestorben ist?«

Gieger sah ihn angewidert an.

»Warum sollte mich das interessieren?«

»Ich dachte nur …«, antwortete Weber leise und verließ ohne weiteres Wort den Raum.

Der Mann hinter dem Schreibtisch nahm einen weiteren Zug aus seiner Zigarette, bevor er sie nachdenklich ausdrückte, dabei den Rauch ausstieß und zum Telefon griff, wo im gleichen Augenblick ein kleines rotes Lämpchen zu blinken begann.

»Ja, was gibt es, Frau Holm?«

Aus dem Lautsprecher an seinem Ohr drang ein gequältes Hüsteln, bevor er eine Antwort bekam.

»Hier sind zwei Herren von der Polizei, die Sie gern sprechen würden, Herr Direktor. Ich habe ihnen erklärt, dass das ohne Termin nicht möglich ist, sie bestehen jedoch darauf.«

»Worum geht es?«

Im Hintergrund wurde leise gemurmelt.

»Um Herrn Vontobels Tod, sagen sie.«

»Schicken Sie sie herein.«

Kurz darauf wurde die Tür von außen geöffnet, und Gisela Holm führte Lenz und Hain in das großzügige Eckbüro, wo die beiden sich dem Bankdirektor vorstellten und auf seine Aufforderung hin ihm gegenüber Platz nahmen.

»Heute Morgen«, begann Lenz, »wurde einer Ihrer Mitarbeiter tot in seinem Haus aufgefunden, Herr Gieger. Es handelt sich um Sven Vontobel.«

»Ich bin darüber informiert.«

»Kannten Sie Herrn Vontobel gut?«

»Ich kenne keinen unserer Mitarbeiter *gut*. Das würde meinen Vorstellungen vom Führen eines privaten Bankhauses widersprechen.«

»Interessant«, stellte der Hauptkommissar mit erstauntem Gesichtsausdruck fest. »Aber Sie wissen schon, dass er bei Ihnen gearbeitet hat?«

»Das natürlich.«

»Wie viele Menschen arbeiten insgesamt für die Bank?«, wollte Hain wissen.

»Ungefähr 450. Natürlich nicht alle hier am Stammsitz in Kassel; wir unterhalten unter anderem auch Büros in Frankfurt, London, Tokio und New York.«

»Und Ihre Bank verdient ihr Geld womit genau?«

Giegers Haltung spannte sich, während er sich Lenz zuwandte.

»Ich habe leider nicht die Zeit, Ihrem jungen Kollegen das Wirken und die Geschäfte einer Privatbank wie der Nordhessenbank zu erklären, Herr Hauptkommissar. Für diese Informationen möge er sich bitte an die IHK oder ein anderes Institut wenden, das in diesem Bereich Seminare anbietet.«

Über Hains Gesicht huschte der Anflug eines Lächelns, als Lenz zu seiner Erwiderung ansetzte.

»Ach, ich denke, mein *junger Kollege* hat gar keine tief greifenden Ausführungen erwartet. Einfach einen kurzen Abriss, womit die Nordhessenbank ihr Geld verdient.«

»Wir verwalten, erhalten und mehren die Vermögen unserer Kunden. Außerdem sind wir natürlich ein hervorragender Ansprechpartner, wenn es um die Beratung bei Firmenfusionen und Übernahmen geht.«

»Ah, ja, Mergers and Aquisitions«, warf Hain ein, ohne jedoch bei Gieger auch nur die geringste Aufmerksamkeit oder Anerkennung zu ernten.

»Aber eine Filiale, bei der man zum Beispiel Geld abheben könnte, haben Sie nicht«, fragte Lenz weiter.

»Nein, so etwas haben wir nicht.«

»Und Herr Vontobel war wofür genau zuständig?«

»Er war der Leiter unserer Anlageberatung. Persönlich betreut hat er natürlich nur eine überschaubare Anzahl an guten Kunden. Gute, langjährige Schlüsselkunden.«

»Der Leiter der Abteilung? Erstaunlich, wenn man sein Alter bedenkt.«

»Erfolg und Kompetenz ergeben sich nicht bei jedem Menschen erst im fortgeschrittenen Alter«, gab Gieger mit einem strengen Blick Richtung Hain zurück. »Auch junge Menschen stellen manchmal die richtigen Fragen und haben, wenn auch sehr selten, auf viele dieser Fragen die richtigen Antworten parat.«

»Dann könnte man sagen«, nahm Hain unbeeindruckt den Ball wieder auf, »dass Herr Vontobel einer dieser von Ihnen geschilderten, äußerst raren Überflieger war?«

»Das würde ich nicht in Abrede stellen.«

»Wie war sein Verhältnis zu den Kollegen?«, ergriff Lenz wieder das Wort. »War er beliebt bei denen?«

»Es ist nicht die Aufgabe einer Führungsperson, beliebt zu sein, Herr Kommissar.«

»Und was ist, Ihrer Meinung nach, die Aufgabe einer Führungsperson?«

»Seine Mitarbeiter spüren zu lassen, dass er alles für seinen und ihren Erfolg zu tun bereit ist. Ziele definieren, die Richtung vorgeben. Dazu braucht es Autorität, Durchsetzungskraft und Loyalität.«

Er sah dem Polizisten lang ins Gesicht.

»Wenn der Abteilungsleiter einer großen Privatbank geliebt werden möchte, sollte er sich einen Hund anschaffen.«

»Na, den hatte er ja wenigstens«, meinte Hain, während er sich Notizen in seinem kleinen Block machte.

»Wie meinen Sie das? Vontobel, … ich meine, Herr Vontobel hatte einen Hund? Davon ist mir nichts bekannt.«

»Zumindest hat ein toter Hund vor seinen Füßen gelegen, als wir ihn gefunden haben.«

»Das ist befremdlich.«

»Wie würden Sie Ihr persönliches Verhältnis zu Herrn Vontobel beschreiben?«, wollte Lenz wissen.

»Er war Mitarbeiter unseres Bankhauses. Mehr gibt es über mein Verhältnis zu ihm nicht zu sagen.«

»Haben Sie Herrn Vontobel eingestellt?«

»Ich hatte natürlich die letzte Entscheidung, ja. Ausgewählt und vorgeschlagen wurde er von einer Personalagentur.«

»Wann war das?«

»Da müsste ich, wenn Sie es ganz genau wissen wollen, nachsehen. Ich glaube, vor vier Jahren.«

»Und Sie waren mit seiner Arbeit zufrieden?«

»Sehr, ja. Außerdem wäre er sonst längst nicht mehr Mitarbeiter unseres Hauses gewesen.«

Lenz und Hain sahen sich kurz an und standen dann auf.

»Gut, das wäre dann alles, Herr Gieger. Wir würden uns gern noch Herrn Vontobels Arbeitsplatz ansehen, wenn Sie nichts dagegen haben.«

Der Bankdirektor hob den Kopf und bedachte Lenz mit einem Blick, als hätte der ihm ein unsittliches Angebot unterbreitet.

»Selbstverständlich habe ich dagegen Einwände, Herr Kommissar. Außerdem wüsste ich nicht, was es für Sie dort zu sehen geben könnte.«

Wieder trafen sich die Blicke der beiden Polizisten kurz.

»Wir ermitteln in einem Mordfall, Herr Gieger, da ist es eine Selbstverständlichkeit, sich auch am Arbeitsplatz des Opfers umzusehen und umzuhören.«

Giegers Gesichtsausdruck bekam eine brettharte Note, bevor er zu einer Replik ansetzte.

»So, wie es für Sie Selbstverständlichkeiten gibt, gibt es sie für uns natürlich auch. Und dazu gehört, dass es betriebsfremden Personen nicht gestattet ist, die einzelnen Abteilungen zu betreten. Wir haben Konferenzräume und Büros, in denen Berater ihre Kunden empfangen, aber weiter als dorthin gelangt niemand, auch Sie nicht, meine Herren.«

»Klingt ein bisschen, als sei dort nicht aufgeräumt«, stellte Hain sarkastisch fest, doch Gieger überging die Bemerkung einfach.

»Sie wissen vermutlich«, fuhr Lenz völlig ruhig fort, »dass wir uns das Recht, seinen Arbeitsplatz zu inspizieren, einfach nehmen könnten, Herr Gieger. Dazu benötigen wir nicht einmal eine richterliche Anordnung.«

Wieder verfinsterte Giegers Gesicht sich ein paar Nuancen mehr.

»Wenn Sie es nicht lassen könnten, würde ich mich Ihnen sicher nicht in den Weg stellen, meine Herren, jedoch sollten Sie sich darüber im Klaren sein, dass ich unverzüglich alle Rechtsmittel in Anspruch nehmen würde, um diesen Hausfriedensbruch ahnden zu lassen. Und wenn ich *alle* sage, dann meine ich *alle*.«

Er wies auf die Tür.

»Und nun leben Sie wohl, meine Herren. Sollten Sie weitere Fragen haben, wenden Sie sich bitte an unsere Pressestelle.«

5

Herbert Anselm positionierte die Arme neben dem Körper, holte tief Luft, schloss die Augen und nahm im gleichen Moment wahr, dass sich die Liege unter ihm in Bewegung setzte.

Das wievielte Mal ist es eigentlich, dass ich in dieses Wunderwerk der Technik einfahre?, fragte er sich ohne die geringste Emotion.

Um ihn herum entstanden die gewohnten Geräusche, und nach etwa 20 Minuten hatte er die Prozedur hinter sich gebracht.

»Es tut mir wirklich leid«, begann der junge Arzt eine Weile später das obligatorische Gespräch, »aber ich habe keine positiven Neuigkeiten für Sie, Herr Anselm. Das Wachstum des Primärtumors hat sich, entgegen unserer Erwartung, leider noch beschleunigt. Das gleiche gilt für die Metastasen. Dass die anderen relevanten Werte schlecht sind, wussten wir ja bereits.«

Er klappte die vor ihm liegende Akte auf und tat, als würde er die genauen Zahlen studieren.

»Lassen Sie mal, Herr Doktor«, erwiderte der hagere, aber dennoch drahtig wirkende Mann auf der anderen Seite des Schreibtischs. »Sagen Sie mir einfach, wie viel Zeit ich noch habe, das reicht schon.«

Dr. Scholz, der Onkologe, konnte ein Schlucken nicht unterdrücken.

»Eine solche Prognose ist immer sehr schwierig, Herr Anselm. Es gibt Menschen, die mit vergleichbarer Diagnose noch ein halbes Jahr gelebt haben, aber es gibt auch Menschen, die vier Wochen später gestorben sind.«

Über das Gesicht des ehemaligen Bundeswehroffiziers mit dem durchgedrückten Kreuz huschte die Andeutung eines Lächelns.

»Nun mal Butter bei die Fische, Herr Dr. Scholz. Ich weiß, dass ich auf der Liste von Gevatter Tod schon ziemlich weit nach oben gerutscht bin, also brauchen Sie mit der Wahrheit wirklich nicht hinter dem Berg zu halten. Ich hatte ein schönes Leben, zumindest die meiste Zeit davon, also werde ich dem Tod so entspannt wie möglich entgegentreten.«

Wieder musste der Arzt schlucken.

»Wir sprechen eher vom kürzeren Ende der Skala«, schickte er nach einer kurzen Pause hinterher.

»Das ist doch mal ein Wort. Ich gehöre übrigens nicht zu denen, die an eine Spontanheilung glauben oder sie erwarten. Es war mir immer klar, dass mein Leben endlich ist, und wenn jetzt bald der Punkt kommt, an dem es wirklich zu Ende ist, dann ist es so. Der Tod gehört nun einmal zum Leben.«

Dr. Scholz sah seinem Gegenüber lang in die Augen.

»Eine sehr bemerkenswerte Einstellung, Herr Anselm.«

»Danke.«

Damit wollte der Mann mit den schlohweißen Haaren sich erheben.

»Sie wissen, dass Sie sich immer an uns wenden können«, erklärte der Arzt und bat seinen Patienten mit einer vorsichtigen Geste, noch kurz Platz zu behalten.

»Wir kommen nicht umhin, über die anstehende Schmerztherapie zu sprechen, Herr Anselm. Bitte nehmen Sie sich noch einen Augenblick Zeit dafür.«

Während der nächsten Minuten folgte eine knappe Abstimmung des weiteren Vorgehens, um dem Pensionär die letzten Wochen seines Lebens so erträglich wie möglich zu machen, dann verabschiedeten sich die beiden voneinander.

Herbert Anselm verließ das Klinikum durch den Hauptausgang, überquerte die Mönchebergstraße, setzte sich auf der anderen Straßenseite auf die Terrasse eines Cafés und bestellte sich ein großes Bier, das er genüsslich leerte, bevor das Getränk auch nur den Hauch einer Chance hatte, sich zu erwärmen.

Während er ein weiteres Glas bestellte, fragte er sich, wann er zuletzt vor Feierabend ein Bier getrunken hatte, konnte sich jedoch auch nach längerem Nachdenken nicht erinnern. Vermutlich als Jugendlicher, dachte er schließlich zufrieden schmunzelnd.

Überhaupt wäre es dem ehemaligen Bundeswehroffizier während seiner aktiven Zeit niemals in den Sinn gekommen, so etwas zu tun. Undenkbar. Und nach seiner Pensionierung vor elf Jahren hatte er möglichst lang versucht, die gewohnten Routinen aufrechtzuerhalten. Er war genauso zeitig zu Bett gegangen und aufgestanden wie während seines Arbeitslebens, hatte weiterhin auf gesunde Ernährung und ausreichend Sport geachtet wie zuvor und war auch während der vielen Urlaubsreisen, die er unternahm, nicht von diesen Maximen abgewichen. Erst nachdem vor gut zwei Jahren bei ihm ein Leberkarzinom diagnostiziert worden war, hatte er ein wenig die letzte Konsequenz aufgegeben und war öfter mal morgens etwas später aufgestanden.

Weil er seit der lang zurückliegenden Scheidung von seiner Frau keine Partnerin mehr gesucht oder gefunden hatte, konnte er sein Leben gestalten, wie es ihm passte, was darin mündete, dass er drei Jahre zuvor in das vornehme Seniorenstift gezogen war, wohin er nach dem zweiten Glas Bier aufbrach.

Während die Straßenbahn der Linie 1 durch die Stadt rumpelte und er aus dem Fenster sah, dachte Herbert Anselm zum ersten Mal, seit er die Klinik verlassen hatte, über den Tod nach. Nicht, dass dieser Gedanke ihn in den letzten Monaten nicht stark beschäftigt hätte, nein, er war sich seit längerer Zeit sicher, dass sein Leben bald zu Ende gehen würde. Nun allerdings, mit dem doch recht überschaubaren Zeitrahmen bis zum endgültigen Termin, war offenbar eine Veränderung in seinem Denken eingetreten, wie er ein wenig irritiert feststellte. Gab es in den Monaten zuvor schwer einzugestehende Momente, in denen leise Anflüge von Furcht vor dem Unausweichlichen bei ihm aufgekommen waren, so hatte die Klarheit, die er nun hatte, etwas Beruhigendes, wirkte sich nahezu befreiend auf ihn aus. Und während sich diese Beruhigung breitmachte, tauchten vor seinem geistigen Auge Bilder aus seinem Leben auf.

Herbert Anselm als Kind, das, stolz wie Oskar, zum ersten Mal auf dem Fahrrad sitzt. Der erste Kuss. Das erste Mal mehr, immer mit der gleichen Frau, die er als 22-Jähriger heiratet, und die sich mit 47 von ihm scheiden lässt. Davor, dazwischen und danach nichts mit einer anderen. Niemals. Der Eintritt in die Bundeswehr, noch als Wehrpflichtiger. Die steile Karriere. Zu seinem Erstaunen nun die Bilder vom Mauerfall `89, den er nach einem Autounfall als Rekonvaleszent im Bundeswehrkrankenhaus in Koblenz erlebt. Die für ihn viel zu früh kommende Pensionierung.

Die vielen Orte, an die ihn sein Beruf geführt hat, die vielen Kasernen, die er gesehen hat. Martha Zacharias, die zweite Frau, der er seine Liebe gestand, und die ihn, wenn auch mit warmen, einfühlsamen Worten, zurückgewiesen hatte. Wie sie mit diesem zufriedenen Gesichtsausdruck in der Badewanne gelegen hatte.

Ein laut geplärrtes »Fahrkartenkontrolle« und ein Stupsen an seiner Schulter holte Herbert Anselm in die Realität zurück. Er hob den Kopf, blickte nach rechts und sah in das genervte Gesicht eines Mannes.

»Ihren Fahrschein, bitte.«

Anselm griff nach seiner Brieftasche, zog die Jahreskarte heraus, hielt sie dem Kontrolleur unter die Nase und schob sie zurück.

»Nicht so schnell, ich hab ja gar nichts erkennen können«, beschwerte der sich. »Geben Sie mal her, das Ding.«

Der ehemalige Soldat holte tief Luft, zog erneut die Fahrkarte heraus, reichte sie nach oben und sah wieder aus dem Fenster.

»Geht doch. Warum nicht gleich so?«, murmelte der in grau gekleidete Mitarbeiter der Kasseler Verkehrsgesellschaft, während er den Fahrausweis in Augenschein nahm und ihn dann zurückwandern ließ.

»Hat Ihnen schon mal jemand gesagt, dass Sie ein durch und durch freundlicher und zuvorkommender Mensch sind?«, fragte Anselm höflich, während er die Karte erneut in die Brieftasche schob.

»Nö«, erwiderte der Kontrolleur überrascht.

»Das wird auch nie jemand tun.«

6

Markus Specht betrat den Flur des kleinen Reihenmittelhauses, stellte seine Arbeitstasche neben sich ab und schloss die Tür hinter sich.

»Hallo«, kam es erstaunt aus Richtung des Wohnzimmers, wo im Türrahmen der Kopf seiner Frau Silke auftauchte. »Warum bist du denn schon zu Hause? Ist etwas nicht in Ordnung?«

Specht warf seiner hochschwangeren Frau ein gequältes Lächeln zu, streifte sich die Schuhe von den Füßen, schlüpfte in die Hausschuhe und nahm sie ein paar Sekunden später in den Arm.

»Es ist etwas Furchtbares passiert, Schatz.«

Sie machte sich von ihm frei, was wegen des mächtigen Bauchs recht kompliziert war, und sah ihrem Mann ängstlich ins Gesicht.

»Was ist Furchtbares passiert? Etwas mit dir?«

Specht schüttelte den Kopf.

»Nein, mit mir ist alles in Ordnung. Es geht um Sven. Er ist tot!«

Silke Specht riss die Augen auf und schob die rechte Hand vor den Mund.

»Tot? Wie ist denn das passiert? Ein Unfall?«

Wieder schüttelte ihr Mann den Kopf.

»Nein. Er wurde ermordet.«

Es dauerte nur wenige Zehntelsekunden, bevor jegliche Farbe aus dem Gesicht seiner Ehefrau gewichen war. Ihre Hände fingen an zu zittern, und mit ihnen kurz darauf ihr gesamter Körper.

»Oh Gott, Markus!«

Specht streichelte sanft über ihre Wange, presste seine Stirn an ihre und schluckte laut.

»Er ist erschossen worden. In seinem Haus ist alles voll mit Polizei und so, es ist wirklich grausam.«

»Woher weißt du das? Bist du dort gewesen?«

»Ja. Weber hat van Roon und mich beauftragt, ein paar Dinge aus dem Haus zu holen, da habe ich es natürlich gesehen.«

»Was für Dinge denn?«

»Computer und Datenträger. Aber es hat nicht geklappt, die Polizei hat es nicht erlaubt.«

»Weiß man schon, wer es gewesen ist?«

Der Banker zuckte mit den Schultern.

»Das kann ich dir nicht sagen. Im Radio haben sie eben gesagt, dass die Polizei noch keine Informationen dazu an die Öffentlichkeit gegeben hat, also vermutlich nicht.«

Silke Specht machte ein paar Schritte auf die Küche zu.

»Willst du auch ein Glas Wasser?«, fragte sie mit vor dem Bauch verschränkten Armen, was aussah, als wolle sie ihr ungeborenes Kind vor dieser schlechten, gewalttätigen Welt beschützen.

»Ja gern.«

»Ich glaube, ich will das alles gar nicht verstehen«, erklärte sie ihm nach ihrer Rückkehr aus der Küche. »Du weißt, dass ich ihn nie leiden konnte, und dass es Tage gab, zum Beispiel, wenn er dich wieder mal wie einen Hund behandelt hatte, an denen ich ihn hätte umbringen können. Aber nun, wo es jemand wirklich gemacht hat, will es nicht so richtig in meinem Kopf ankommen.«

Specht lächelte müde.

»Mir geht es so ähnlich. Auf der einen Seite finde ich es schrecklich, dass einem Menschen so etwas widerfährt, auf der anderen denke ich halt daran, wen es erwischt hat. Und bei diesem Gedanken kann ich eine heimliche Freude nicht unterdrücken.«

Er nahm einen großen Schluck Wasser.

»Heute Morgen, als die Nachricht die Runde gemacht hat, musste ich unwillkürlich lachen, ob du es glaubst oder nicht. Alle in der Abteilung haben geschockt getan und bestürzt, und dabei war es den meisten eine echte Wonne, dass dieser Arsch tot ist.«

»Meinst du, es war einer, den wir kennen?«

Er machte eine lange Pause, bevor er zu einer Antwort ansetzte.

»Das weiß ich nicht, Schatz, und ich will mir auch keine Gedanken darüber machen. Sicher ist, dass ich es nicht gewesen bin, obwohl ich mehr als einmal darüber nachgedacht habe, ihn zu vierteilen, zu ertränken oder einfach nur mit meinen bloßen Händen zu erwürgen.«

»Wer erbt eigentlich seinen ganzen Besitz?«, wollte sie mit Blick auf einen imaginären Punkt an der Wand wissen. »Das geht doch garantiert in die Millionen, was nun zu verteilen ist.«

»Keine Ahnung. Ich jedenfalls wollte nicht einen Cent davon haben.«

»Und du weißt auch nichts über Verwandtschaft oder so?«

»Nein. Ich frage mich viel mehr, wie es in der Bank weitergehen wird. Kriegen wir einen ganz neuen Chef, oder wird einer von uns zum Leiter der Abteilung befördert?«

»Meinst du, die denken dabei auch über dich nach?«

Specht brauchte nicht einmal eine Sekunde, um jeglichen Gedanken in diese Richtung bei seiner Frau zu zerstreuen.

»Niemals. Das schlägst du dir am besten ganz schnell aus dem Kopf.«

»Warum eigentlich nicht, Schatz? Du bist von denen, die da sind, mit am längsten dabei. Außerdem warst du immer loyal der Bank gegenüber.«

»Das mag alles sein, aber zum Leiter dieses Haifischbeckens braucht es doch einiges mehr, das ich leider nun mal nicht mitbringe.«

Sie hob den Kopf und sah ihm lang in die Augen.

»Und was genau meinst du da? Ich finde nämlich, dass du einen erstklassigen Abteilungsleiter abgeben würdest.«

Markus Specht winkte ab.

»Es wäre einfach nichts für mich. Ich bin eher ein Indianer, zum Häuptling habe ich mich noch nie berufen gefühlt.«

»Du meinst bestimmt auch, dass es für dich schwer wäre, den Leuten, also den Kunden, etwas zu erzählen, hinter dem du nicht stehen kannst.«

»Das muss ich doch heute schon öfter, als mir lieb ist«, erklärte er resigniert. »Aber als Chef der Abteilung wäre das noch bedeutend schlimmer. Außerdem, und das weißt du auch, würde ich niemals mit Herrn Gieger zusammenarbeiten können. Das ginge einfach nicht.«

»Ja, ich weiß. Darüber habe ich eben auch schon nachgedacht.«

»Und für uns ist es ohnehin viel wichtiger, dass die Kleine jetzt gesund und munter auf die Welt kommt. Das steht über allem, und darauf freue ich mich wie ein Irrer.«

»Ja«, erwiderte Silke Specht und griff nach seiner Hand, um sie auf ihren prall gewölbten Bauch zu legen. »Das ist im Augenblick tatsächlich das Wichtigste. Wobei«, schränkte sie gleich selbst wieder ein, »du vielleicht doch nicht so ungeeignet bist für den Job, wie du glaubst. Denk halt einfach noch mal darüber nach.«

7

Lenz und Hain traten vor den Eingang der *Nordhessenbank* und sahen noch einmal an der Fassade des Gebäudes nach oben.

»Man sollte gar nicht erwarten, dass ein Provinzkaff wie Kassel ein solch international tätiges Kreditinstitut beherbergt«, murmelte der Leiter der Mordkommission.

»Noch dazu mit einem Boss, der als Hauptdarsteller in einem Film über fiese Banker herhalten könnte«, spann Hain den Gedanken fort.

»Fahren wir ins Präsidium«, schlug Lenz vor. »Vielleicht sind die Jungs von der Kriminaltechnik ja schon fertig mit dem Kopieren der Dateien.«

Während die beiden Polizisten sich in der nachmittäglichen Hitze zu Hains Kombi bewegten, klingelte das Telefon des Hauptkommissars. Lenz sah auf das Display, fing an zu stöhnen und hielt seinem Kollegen den Hinweis, wer ihn zu sprechen wünschte, vor die Nase.

»Die verfügen wirklich über die allerbesten Verbindungen«, meinte Hain mit zerknirschtem Gesichtsausdruck.

»Ja bitte«, meldete Lenz sich formlos.

»Hier spricht Bartholdy«, kam es aus dem kleinen Lautsprecher, wobei die Stimme des Polizeipräsidenten nicht im selben Maß donnerte und fordernd war wie üblich. »Können Sie kurz bei mir vorbeikommen, Herr Lenz? Ich würde gern etwas mit Ihnen besprechen.«

»Wann passt es Ihnen denn?«

»Wenn Sie es einrichten könnten, am besten sofort.«

»Worum geht es denn, Herr Dr. Bartholdy?«

»Das möchte ich keinesfalls am Telefon besprechen. Also können Sie es möglich machen?«

»Klar. Der Kollege Hain und ich sind in einer Viertelstunde bei Ihnen.«

»Das ist sehr nett, vielen Dank.«

Aus der Viertelstunde wurde eine knappe halbe, weil sie wegen einer Demonstration in der Stadt einen größeren Umweg fahren mussten.

»Was sagst du ihm, wenn er uns auffordert, die Datenträger an die Bank herauszugeben?«

»Zuerst werde ich natürlich protestieren, um dann klein beizugeben. Was soll ich sonst machen, Thilo?«

Noch bevor der junge Oberkommissar antworten konnte, fiel seinem Boss eine weitere Möglichkeit ein.

»Warte. Ich könnte ihm auch erklären, dass du ganz furchtbar scharf auf meinen Posten bist, und dass er das am besten alles gleich mit dir besprechen soll.«

Hain verdrehte den Kopf so schlagartig, dass er fast das Lenkrad verrissen hätte.

»Hast du einen an der Waffel? Wenn du mir so kommst, gehe ich überhaupt nicht erst mit zu ihm.«

Lenz lachte laut auf.

»Ach so! Oberbulle wärst du schon gern, aber die unangenehmen Sachen sollen irgendwelche anderen Deppen machen.«

»Nein, so meine ich das doch gar nicht.«

Er zögerte.

»Nur müsste ich mich halt erst an die neue Aufgabe herantasten. So von nichts auf gleich geht das schon mal gar nicht.«

»Ja, du Maulheld. Das glaube ich, dass du Bartholdy gegenüber schon noch ein bisschen wachsen müsstest. Aber macht nichts, du hast ja auch noch jede Menge Zeit.«

»Arschloch.«

Der Polizeipräsident empfing die beiden hinter seinem Schreibtisch sitzend. Entgegen den normalen Gepflogenheiten stand er jedoch auf und reichte jedem seiner Mitarbeiter zur Begrüßung die Hand.

»Was gibt es also, Herr Dr. Bartholdy, das unser Erscheinen so dringend macht?«, fragte Lenz, nachdem sie sich gesetzt hatten.

»Ich hatte, kurz bevor ich Sie gebeten habe, zu mir zu kommen, ein sehr interessantes Telefonat.«

Ach, dachte Lenz. *Sag nur.*

»Es ging um den toten Bankier von heute Morgen, diesen Herrn von Tobel.«

»Vontobel«, verbesserte Lenz vorsichtig. »Der Mann heißt Vontobel. Sven Vontobel.«

»Ja, wie dem auch sei«, verfiel Dr. Bartholdy ein wenig in seine bekannte Rolle, um sich jedoch sofort wieder eines gütigeren Tonfalls zu bedienen.

»Es ist in dem Fall von einem Tötungsdelikt auszugehen?«, fragte er in die Runde, was von beiden Ermittlern mit jeweils promptem Kopfnicken beantwortet wurde.

»Ja, der Mann wurde erschossen«, klärte Hain seinen obersten Vorgesetzten im Präsidium auf. »Suizid können wir definitiv ausschließen.«

»Gut, gut. Sie haben die Ermittlungen aufgenommen, stehen aber noch am Anfang?«

Nun durchzuckte es Lenz. *Was genau willst du von uns?*, dachte er. *Und warum kommst du, verdammt noch mal, nicht auf den Punkt?*

»Genau, ja. Sein Hund wurde vor seinen Augen erschossen, und die gesamte Tat ist, wie es sich derzeit darstellt, mit größtmöglicher Brutalität ausgeführt worden.«

»Unappetitliche Sache also.«

Lenz hätte aus der Hose springen können.

»Gab es sonst irgendwelche Vorkommnisse im Zusammenhang mit der Sache?«, wollte Bartholdy nun wissen.

Hain warf seinem Boss einen verstohlenen Blick zu, der kaum merklich den Kopf schüttelte.

»Was genau meinen Sie, Herr Dr. Bartholdy?«

Der Polizeipräsident legte die Stirn in Falten, holte tief Luft, und beugte sich nach vorn.

»Es geht um die *Nordhessenbank*, da müssen wir nicht

um den heißen Brei herumreden, meine Herren. Und der Anruf, den ich eingangs erwähnt habe, kam von Rudolph Gieger, dem Direktor der Bank. Ich vermute zwar, dass Sie schon in irgendeiner Form Kontakt mit ihm oder seinen Leuten hatten, aber wenn Sie nicht darüber reden wollen, soll es für mich auch in Ordnung sein. Vermutlich war der Kontakt ohnehin nicht besonders angenehm.«

Sein Körper sackte wieder nach hinten.

»Gieger hat mich …«

Er machte eine Pause.

»Er hat mich aufgefordert, irgendwelche Datenträger, die vermutlich Sie beide sichergestellt haben und bei denen es sich um Eigentum der Bank handeln soll, sofort an den Justiziar, einen gewissen van Roon, herauszugeben.«

Wieder stockte er.

»Wissen Sie etwas von diesen Datenträgern?«

»Natürlich wissen wir davon«, entgegnete Lenz so selbstbewusst wie möglich. »Wir haben sie sichergestellt, weil wir uns von ihnen Hinweise auf den oder die Täter versprechen. Und es sollte klar sein, dass …«

»Moment, Herr Lenz«, wurde der Hauptkommissar ungewöhnlich sanft von Bartholdy unterbrochen, der beide Hände gehoben und vorsichtig nach vorn geschoben hatte.

»Die Datenträger sind bei uns im Haus?«

»Ja«, nickte Lenz unwillig. »Und …«

»Nun lassen Sie mich doch bitte erst mal ausreden«, ging Bartholdy erneut dazwischen, »bevor Sie zu Ihrer Verteidigungsrede ansetzen. Ich weiß, dass wir uns mit der Sicherstellung auf dünnem Eis befinden, aber das ist mir völlig egal. Wir werden diese Dinger so schnell wie möglich kopieren, sofern das möglich ist, damit wir einer eventuellen richterlichen Anordnung zur Herausgabe etwas gelassener entgegensehen können.«

Der Blick, den die beiden Polizisten vor dem Schreibtisch nun austauschten, gehörte eindeutig in die Rubrik *wie bitte? Hab ich mich gerade verhört?*

»Und nun schauen Sie nicht so erstaunt drein. Um das Geschäftsgebaren der *Nordhessenbank* steht es, so weit man hört, nicht zum Besten, also gebe ich Ihnen absolut recht bei Ihrer Annahme, dass uns die Auswertung dieser Daten dem oder den Tätern durchaus näher bringen könnte.«

»Das ist …«, wollte Lenz etwas erwidern, jedoch fehlten ihm die weiteren Worte.

»Dieser Herr Gieger hat Sie *aufgefordert*, die Datenträger herauszugeben?«, wollte Hain stattdessen wissen. »Das erscheint mir schon irgendwie frech, wenn ich das sagen darf. Uns mit so einem Verhalten zu konfrontieren, mag ja noch zu erklären sein, aber bei Ihnen, also dem Polizeipräsidenten, sollte man das nach meiner Meinung nicht probieren.«

»Das sehe ich genauso, Herr Hain. Allerdings gehört es durchaus zum Selbstverständnis dieses Herrn, dass alle Welt seinen Forderungen unverzüglich nachkommt.«

»Kennen Sie ihn?«, wollte Lenz wissen.

Bartholdy sah an die Decke, schloss kurz die Augen, und sog erneut tief Luft in seine Lungen.

»Ach, *kennen* ist zu viel gesagt. Man läuft sich hie und da mal über den Weg, ja, aber ich bin alles andere als gut bekannt mit ihm. Und wenn Sie sich ein wenig mit der Prominenz in unserem lieben Nordhessen auskennen, wissen Sie sicher, dass Rudolph Gieger die Dinge lieber aus einer gewissen Deckung heraus gestaltet. Will heißen, dass er die erste Reihe und das Rampenlicht möglichst meidet.«

»Ja, den Eindruck hatten wir vorhin, als wir ihn befragen wollten, auch. Und sehr kooperativ kann man sein Verhalten auch nicht nennen.«

Über das Gesicht des Polizeipräsidenten huschte ein Lächeln.

»Also waren Sie schon vor Ort, ich meine, bei der *Nordhessenbank*?«

»Ja. Leider traf unser Besuch, wie schon gesagt, nicht auf große Gegenliebe.«

»So sind sie, die Banker. Wenn sie an unser Bestes wollen, also unser Geld, dann sind sie freundlich und zuvorkommend. Wenn allerdings etwas schiefgegangen ist, und man sie um ein Gespräch bittet, beißt man auf Granit.«

»Klingt, als hätten Sie persönliche Erfahrungen mit Gieger oder der Nordhessenbank gemacht«, fasste Hain Bartholdys Erklärung mit einem fragenden Blick zusammen.

»Das kann ich getrost verneinen, Herr Kollege. Aber ich bin trotzdem ein wenig über die Bank informiert.«

»Schon in Ordnung«, verzichtete der Oberkommissar auf weiteres Nachfragen, obwohl es ihm sehr schwerfiel.

»Also, dann machen Sie sich am besten gleich auf den Weg und sorgen dafür, dass diese Datenträger kopiert werden, wenn es noch nicht geschehen sein sollte.«

»Das machen wir«, gab Lenz zurück, stand auf, verabschiedete sich und verließ mit Hain im Schlepptau das Büro.

»Warum hast du ihm nicht gesagt, dass wir das Kopieren längst in Auftrag gegeben haben?«, fragte der, als sich die Fahrstuhltüren hinter ihnen geschlossen hatten.

»Weil ich dein Boss bin, und du noch etwas Zeit brauchst, bis du meinen Job übernehmen kannst. Und bis dahin hältst du Augen und Ohren offen. Klar?«

»Oberarschloch.«

»Wenn wir«, setzte Lenz zu einer Erklärung an, während der Lift sich langsam in Bewegung setzte, »ihm das gesteckt hätten, wäre uns damit nicht gedient gewesen. So wie es jetzt läuft, glaubt er, diese Kopieridee sei ausschließlich auf seinem Mist gewachsen, und wir kleinen Deppen freuen uns, was von ihm lernen zu können. Warum der nämlich heute so derart viel Kreide gefressen hat, stellt für mich das eigentliche Rätsel des Tages dar. Sei sicher, bei der nächstbesten Gelegenheit ist er wieder ganz anders, und dann will ich nicht, dass er uns so einfach ausrechnen kann. Also erheben wir ihn heute in den Heldenstatus, damit wir morgen in Ruhe unsere Arbeit machen können.«

»Du bist echt ein Fuchs«, zeigte Hain ein wenig gespielte Anerkennung. »Nicht so clever, aber zumindest riechst du so.«

»Mistkerl.«

*

Eine halbe Stunde später wurden die beiden Polizisten von Rolf-Werner Gecks in dessen Büro gebeten.

»Das war ein ganz schöner Ritt«, begann der Hauptkommissar, »aber wenn ich alles zusammenaddiere, was ich herausgefunden habe, ergibt sich schon ein erstes, wie ich finde ziemlich aussagekräftiges Bild der Person Sven Vontobel.«

»Dann lass hören«, forderte Lenz ihn auf.

»Also, der Mann hatte keine Schulden, ganz im Gegenteil. Man kann ihn, von unserer armen Beamtenwarte aus betrachtet, sogar als ziemlich reich bezeichnen. Alle Autos sind auf ihn zugelassen, ebenso die Motorräder. Kredite laufen keine, selbst Haus und Hof sind frei von jeglicher Belastung.«

Er griff nach einem Din-A4-Blatt auf seinem Schreibtisch.

»Was mit weiteren Immobilien ist, habe ich noch nicht herausfinden können, aber auf seinem Festgeldkonto schlummern knapp 900.000 Euro. Dazu ist sein Aktiendepot rund sieben Millionen schwer.«

Hain pfiff anerkennend durch die Zähne.

»Das ist wirklich reich, da gebe ich dir uneingeschränkt recht.«

»Allerdings ist das nur die eine, die glänzende Seite der Medaille. Davon abgesehen, dass er natürlich seine Steuern immer brav und pünktlich bezahlt hat, gibt es ein ziemlich dickes Dossier über ihn bei der BaFin. Da hattest du übrigens einen guten Riecher, Paul, ich muss dich loben.«

»Und die BaFin hat dir das so mir nichts dir nichts gesteckt?«

»Nein«, grinste Gecks. »So einfach geht das nun doch wieder nicht. Dazu brauchte es die Hilfe meines Kumpels vom Finanzamt, der mal zusammen mit einem ziemlich hohen Tier von der BaFin ein Seminar besucht hat, wo sie eine Nacht lang die Bar leer gesoffen haben. Seitdem sind die beiden befreundet, was uns heute für die Informationsbeschaffung ohne großes Tamtam äußerst dienlich gewesen ist.«

»Und was steht jetzt in diesem Dossier?«, wollte Hain wissen.

Wieder griff Gecks zu einem Blatt vor sich und tauschte es gegen das in seiner Hand befindliche aus.

»Sven Vontobels Methoden sind seit etwa zwei Jahren immer wieder das Thema von Beschwerden, mit denen die BaFin sich herumschlagen muss. Das geht von Falschberatung bis hin zu bewusstem Betrug. Allerdings ist er bisher nicht ein einziges Mal auch nur in die Nähe einer Rüge oder etwas Ähnlichem gekommen. Das liegt nach Meinung des BaFin-Mannes allein daran, dass die Beschwerdeführer ohne Ausnahme auf eine strafrechtlich relevante Anzeige verzichtet haben.«

»Wie jetzt?«, warf Hain dazwischen. »Die Leute fühlen sich beschissen, beschweren sich halbherzig über ihn, aber zu mehr reicht es dann nicht? Das will mir überhaupt nicht in den Kopf.«

Gecks fing an zu grinsen.

»Ja, da ist was dran, Thilo. Aber, so hat es mir zumindest mein Kumpel beim Finanzamt erklärt, seine Handlungen sind strafrechtlich eben nicht oder nur sehr schwer angreifbar.«

Er legte das Papier auf den Tisch.

»Jeder, der mit ihm zu tun hatte, musste ein paar Unterschriften leisten. Zum Beispiel musste er unterschreiben, dass er für die Anlagestrategie am Ende selbst verantwortlich zeichnet und den Berater für seine Tipps nicht zur Rechenschaft ziehen oder in Haftung nehmen kann. Somit fällt es natürlich schwer, dem Vontobel einen direkten Vorwurf zu machen. Etwas anders würde die Sache aussehen, wenn der Berater den Kunden betrügen würde, er ihm also etwas raten oder verkaufen würde, von dem er *weiß*, dass es in einem Verlust endet. Aber in diese Bredouille hat der gute Vontobel sich nach jetzigem Erkenntnisstand nie gebracht.«

»Aber wir können schon konstatieren, dass er, zumindest moralisch, Dreck am Stecken gehabt hat«, fasste Lenz zusammen.

»Man kann moralisch keinen Dreck am Stecken haben«, widersprach Hain. »Man kann unmoralisch sein oder handeln, aber Dreck am Stecken ist für mich was anderes.«

»Von mir aus, du Wortklauber. Was aber nichts daran ändert, dass es im Leben von Sven Vontobel vermutlich eine ganze Reihe Menschen gab, die ihm nicht wohlgesonnen gewesen sein dürften.«

»Habt ihr etwas über seine privaten Verhältnisse herausgefunden?«, wollte Gecks wissen.

Seine beiden Kollegen vor dem Schreibtisch schüttelten unisono die Köpfe.

»Nichts, was wir nicht schon gewusst hätten.«

»Und gab es …«

Er stockte, weil Hains Mobiltelefon sich meldete.

»Ja«, sagte der Oberkommissar und lauschte ein paar Sekunden. Mit einem schnellen »wir kommen gleich runter« beendete er das Gespräch und steckte das Gerät zurück in die Sakkotasche.

»Die Jungs von der Kriminaltechnik. Es gibt Probleme, weil sämtliche Datenträger passwortgeschützt sind. Sie kommen im Augenblick nicht weiter.«

»Gab es eigentlich noch etwas von diesem Clown, der auf dem Hof auf dicke Hose gemacht hat?«, nahm Gecks seinen Gedanken wieder auf.

»Eigentlich nicht«, erwiderte Lenz und gab seinem Kollegen einen kurzen Abriss der Besuche bei Rudolph Gieger und dem Polizeipräsidenten.

»Und Bartholdy hat euch wirklich völlig freie Hand gelassen? Das kann doch nicht unser Präsi gewesen sein.

Da muss sicher ein Klon an seinem Schreibtisch gesessen haben.«

»Doch, ob du es glaubst oder nicht.«

»Ich vermute, dass er auch auf der Liste derer steht, die von Vontobel über den Tisch gezogen wurden«, erklärte Hain. »Und wenn nicht er persönlich, dann jemand aus seinem näheren Umfeld.«

Gecks schüttelte energisch den Kopf.

»Ob er jemanden über den Tisch gezogen hat, muss sich erst noch herausstellen, Thilo. Oftmals gehen solchen Beratern Leute auf den Leim, die den Hals nicht vollkriegen können. Die immer mehr und noch mehr Rendite erzielen wollen, und die dabei jeglichen gesunden Menschenverstand zur Seite schieben. Aber es gibt nun einmal keine erhöhte Rendite ohne gesteigertes Risiko.«

»Hier spricht der konservative Anleger«, stellte der junge Oberkommissar süffisant fest.

»Ja, und zwar ganz bewusst. Auch mein Anlagefuzzi bei der Sparkasse hat über Jahre versucht, mich auf Aktien oder irgendwelche Fonds zu wuchten, immer ohne Erfolg. Und irgendwann habe ich mal einen Deal mit ihm gemacht. Er musste mir ein Musterdepot anlegen, sozusagen mit Spielgeld, und alles rein, was er an *todsicheren Dingern* auf der Pfanne hatte. Das habe ich zwei Jahre liegen gelassen und danach geschaut, was aus meiner Kohle geworden wäre. Nach Ablauf der Zeit haben wir dann zusammen dagesessen, er mit Tränen in den Augen, ich feist grinsend, und seitdem verschont er mich mit seinen Tipps.«

»Coole Masche«, zeigte Hain sich beeindruckt.

»Ja, Gier war noch nie meine starke Seite, Thilo.«

»Was aber, wenn wir wieder zu Vontobel zurückkehren wollen«, warf Lenz dazwischen, »offenbar nicht für jeden gilt. Also gehen wir runter in die KT und schauen, ob wir nicht doch irgendetwas finden, das uns weiterhilft.«

8

Nasif Yildirim wusste, dass er einen schweren Gang vor sich hatte. Mit trockenem Mund und feuchten Händen bog er von der Holländischen Straße nach rechts ab, bis er gegenüber der Bäckerei sein schwarzes BMW-Cabriolet in eine Parklücke rollen ließ. Für einen Moment überlegte er, das Dach zugleiten zu lassen, entschloss sich jedoch dagegen, stieg aus, nahm eine Kunstledertasche von der Rückbank und machte sich auf den Weg.

Der Hausflur roch noch immer muffig, so wie er schon vor 30 Jahren gerochen hatte, als Nasif ein kleiner Junge gewesen war. In diesem Backsteinhaus im Kasseler Stadtteil Nord-Holland war er geboren worden, hier hatte er seine Kindheit und den größten Teil seiner Jugend verbracht. Zwei Straßen weiter war er zur Schule gegangen, keine 500 Meter auf der anderen Seite der Hauptstraße hatte er, als Ansprechpartner der ständig wachsenden türkischen Bevölkerung, bei einer Volksbank eine Ausbildung zum Bankkaufmann absolviert.

Die letzten Meter fielen ihm jetzt besonders schwer, und kurz dachte er daran, einfach umzudrehen und zu verschwinden, doch er wusste, dass die Sache dadurch garantiert nicht besser oder aus der Welt zu schaffen sein würde. Also schob er seinen Schlüssel zur Wohnung, den er in all den Jahren nie abgegeben hatte, ins Schloss, hob ihn sachte über die klemmende Stelle und schob die Tür auf. Entgegen sämtlicher Erfahrung und auch seiner Erwartung kam niemand auf ihn zu, um ihn zur Begrüßung in den Arm zu nehmen.

»Hallo«, rief er in den Flur, doch bis auf leises Gemurmel aus dem Inneren der Wohnung konnte Nasif nichts hören. Schnell schlüpfte er aus seinen Schuhen, hängte die Jacke an einen Garderobenhaken und schlich mit gesenktem Kopf Richtung Wohnzimmer. Dort wurde er von neun Menschen erwartet, die ihn allesamt missmutig anstarrten und deren Begrüßung jeweils aus einer kurzen Nickbewegung mit dem Kopf bestand.

»Hallo, grüß' euch«, gab er leise in die Runde.

»Setz dich«, forderte sein Vater, der in der Mitte des Sofas, eingerahmt von seinen beiden ältesten Söhnen, Platz genommen hatte, ihn auf. In diversen Sesseln und auf Hockern saßen, alle mit glimmenden Zigaretten in den Händen, vier Brüder seines Vaters, also seine Onkel. Seine Mutter und eine Schwester seines Vaters waren die einzigen Frauen in der Runde. Vor der Versammlung stand ein leerer Stuhl bereit, der offenbar ihm zugedacht war.

»Was kannst du uns sagen, Sohn?«, wollte Yildirims Vater wissen, noch bevor sein Hintern das harte Holz des Stuhles erreicht hatte. »Hast du etwas erreicht in deiner Bank?«

Der junge Banker öffnete die Tasche in seinen Händen und zog ein Dossier heraus. Dann holte er tief Luft, richtete sich auf und fing leise an zu sprechen.

»Nein, Baba, ich habe nichts erreicht. Es gibt nichts, das ich euch mitteilen könnte, also auch keine positiven Neuigkeiten.«

Ein Raunen durchzog das Zimmer.

»Heißt das«, wollte einer seiner Onkel wissen, »du hast es probiert und es hat nicht geklappt, oder hast du unsere Situation erst gar nicht angesprochen?«

Nasif Yildirim zögerte.

»Das ist nicht so leicht zu beantworten, Onkel. Du weißt nicht, wie es in einer Bank zugeht, speziell in einer deutschen.«

Der harte Blick seines Verwandten, der ihn in diesem Moment traf, ließ den jungen Mann auf dem Stuhl kurz erschaudern.

»Ich will nicht wissen, wie es in dieser Bank zugeht, Junge. Ich will wissen, ob du die Leute gefragt hast, wie sie sich die Sache vorstellen.«

Es entstand eine längere Pause, während der nur das Knistern des verbrennenden Tabaks zu hören war, wenn einer der Männer an seiner Zigarette zog.

»Nein«, antwortete Nasif schließlich mit gesenktem Haupt. »Nein, ich habe weder mit meinen Vorgesetzten gesprochen, noch mit der Staatsanwaltschaft.«

Wieder unmutiges Raunen, diesmal deutlich lauter.

»Ich habe es nicht gemacht, weil ich weiß, dass es absolut nichts bringen würde. Jeder von euch hat, so leid es mir persönlich auch tut, Verträge unterschrieben, und diese Verträge sind rechtlich nun einmal nicht zu beanstanden.«

»Du willst uns damit sagen«, mischte sich wieder sein Vater ein, »dass es in diesem Land möglich ist, Menschen zu belügen und zu betrügen, ihnen falsche Versprechungen zu machen, ohne dafür die Verantwortung übernehmen zu müssen? Willst du uns das sagen, Sohn?«

Nasif schluckte.

»Ich weiß, dass ich große Schuld auf mich geladen habe, als ich euch diese Papiere zum Kauf empfohlen habe.«

»Du hast uns dieses Zeug nicht zum Kauf *empfohlen*«, legte sein ältester Bruder unvermittelt los. »Du hast uns geradezu genötigt, es zu kaufen. Du hast uns mit offenen Augen ins Verderben geschickt, du Idiot.«

Die vorgeschobene Hand seines Vaters sollte ihn offenbar zur Besonnenheit mahnen, doch dieser Versuch scheiterte schon im Ansatz, denn Osman Yildirim, der große Bruder, hob die Stimme weiter an.

»Du hast gesagt, es sein ein todsicherer Tipp, den du da für uns hättest, bei dem überhaupt nichts schiefgehen könnte. Und dass es unmöglich wäre, auch nur einen einzigen Euro Verlust zu machen. Und jetzt sieh, was du angerichtet hast in der Familie.«

Die letzten Worte hatte er seinem Bruder geradezu hasserfüllt entgegengeschleudert.

»Bitte, Osman«, versuchte der Vater erneut, ihn ein wenig zu besänftigen.

»Ich will mich nicht beruhigen, Baba. Dieser Lump hat dafür gesorgt, dass meine Familie und ich die nächsten 20 Jahre nur für diesen Mist bezahlen können, den er uns aufgeschwatzt hat. Meine Kinder fragen mich schon, warum wir uns nicht, wie alle anderen, endlich ein neues Auto kaufen. Oder warum ihre Spielsachen immer älter werden und es nichts Neues gibt.«

»Ich kann deine Wut verstehen, Osman«, begann Nasif vorsichtig, »aber ein bisschen musst du schon vor deiner eigenen Tür kehren. Ich habe dir nämlich nicht geraten, auch noch diese horrenden Kredite aufzunehmen, um weitere Aktien der Nordhessenbank zu kaufen. Dafür musst du schon selbst die Verantwortung übernehmen.

Und wenn du schon nach einem Schuldigen suchst, dann kannst du genauso gut bei deiner Gier anfangen.«

Für einen Augenblick sah es aus, als würde Osman Yildirim aufspringen, um seinen Bruder mit den bloßen Händen zu erwürgen, doch nach einem kurzen Zucken fasste er sich und blieb sitzen.

»Wir sind alle betroffen, Osman«, sagte einer der Onkel sehr ruhig und gefasst, wobei sein Kopf zwischen den beiden Brüdern hin und her pendelte. Dann jedoch blieb sein Blick an Nasif hängen.

»Du musst etwas tun«, forderte er den Neffen auf. »Du musst etwas tun, sonst leidet die Familie noch mehr unter der Situation. Und vielleicht wird sie zerbrechen, und das wäre noch tausendmal schlimmer als der gesamte finanzielle Verlust, den wir alle erleiden mussten.«

Sein Blick fixierte weiterhin Nasif, doch es hatte den Anschein, als würde er durch ihn hindurchsehen.

»Mach uns wenigstens einen Vorschlag. Sag uns, dass du mit den Leuten reden wirst, Nasif, sonst dreht am Ende noch jemand durch, und das will doch niemand.«

»Ich würde dir gern sagen, dass es Hoffnung gibt, Onkel, aber ich will und werde dich nicht anlügen, denn es gibt keine Hoffnung. Das Geld, von dem wir reden, ist verloren. Es ist leider völlig verloren.«

»Und es gibt wirklich keine Möglichkeit?«

»Nein, es gibt keine.«

»Damals«, ergriff Osman wieder das Wort, »hast du gesagt, wenn etwas schiefgehen sollte, was ja total ausgeschlossen wäre, würdest du persönlich uns den Schaden ersetzen. Genau das hast du gesagt.«

»Aber ich wusste doch nicht, was für Risiken wirklich mit dem Investment verbunden waren«, rechtfertigte sich der überforderte Nasif. »Ich habe nicht so viel Geld, und das weiß auch jeder von euch.«

Er bedachte seinen großen Bruder mit einem verachtenden Blick.

»Wäre es dir lieber, ich würde eine Bank überfallen, um der Familie das verlorene Geld zurückgeben zu können?«, fauchte er. »Oder soll ich sonst irgendetwas Kriminelles machen, damit Geld ins Haus kommt?«

»Dann verkauf doch dein Auto«, schrie Osman. »Verkauf dein Angeberauto und gib uns das Geld, damit wir wenigstens einen Willen bei dir sehen, uns zu helfen.«

»Das Auto gehört mir nicht, Osman, es gehört einer Leasinggesellschaft. Ich kann nicht etwas verkaufen, was mir nicht gehört.«

»Genauso hab ich mir das gedacht«, brummte sein Bruder abfällig. »Nichts an dir ist echt, du Arsch.«

Nun bekam der Älteste einen Blick seiner Mutter ab, der ihn schlagartig in sich zusammensacken ließ.

»… 'tschuldigung«, murmelte er.

»Was hältst du davon, wenn wir alle gemeinsam einen Termin bei deinem Chef machen, Sohn? Vielleicht wäre es das Beste, einfach miteinander zu reden. Es gibt immer eine Lösung, davon bin ich überzeugt.«

»Das geht nicht«, schüttelte Nasif den Kopf. »Das wäre bis gestern nicht gegangen, weil ihr nicht bis zu ihm vorgedrungen wärt, und es geht heute nicht mehr, weil er tot ist.«

»Wie – tot?«, fragte sein anderer Bruder. »Was meinst du damit, dass er tot ist?«

»Was für eine dämliche Frage. Wie kann ein Mensch tot sein, Hussein?«

»Ist er gestorben?«, wollte der Onkel wissen.

»Ja.«

»Wie? Ein Unfall? War er krank?«

»Nein, das nicht«, druckste Nasif herum.

»Warte, warte!«, rief Osman. »Ist er der Kerl, der ermordet worden ist? Ist er erschossen worden?«

Ein kurzes Nicken musste als Antwort genügen.

»Ich hab es auf dem Weg hierher im Autoradio gehört. Da haben sie gesagt, dass ein Anlageberater erschossen worden ist.«

»Dein Chef ist wirklich umgebracht worden?«, fragte Hamit Yildirim, der Vater, ungläubig nach.

Wieder nickte Nasif nur.

»Weiß man schon, wer es gewesen ist?«

»Dazu kann ich nichts sagen, weil ich es nicht weiß. Die Polizei war heute bei uns in der Bank, aber uns hat niemand befragt oder etwas erzählt.«

»Das ist ja eine Katastrophe«, mischte sich Nasifs Mutter mit weit aufgerissenen Augen ein. »Man kann doch nicht so einfach einen Menschen umbringen.«

»Offenbar doch«, widersprach ihr Sohn vorsichtig.

»Meinst du, dass …, also sein Tod, hängt der mit den Geschäften zusammen, die er gemacht hat?«

»Das weiß ich wirklich nicht, Mutter.«

»Aber wenn es so wäre …, ich meine …, müssen wir uns auch Sorgen um dich machen, Nasif?«

»Nein, das nun wirklich nicht. Vielleicht gibt es ja auch eine ganz andere Erklärung für den Mord, eine, die nichts mit seiner Arbeit zu tun hat. Außerdem bin ich auch nach seinem Tod noch der Meinung, dass er kein guter Mensch gewesen ist.«

»Wie viele Leute habt ihr denn insgesamt um ihr Geld gebracht?«, wollte der besonnene Onkel wissen, und wieder musste Nasif Yildirim schlucken und brauchte eine kurze Pause, bevor er antworten konnte.

»Ich kann dir wirklich nicht sagen, wie viele Menschen von dieser Sache betroffen sind, Onkel. Hunderte bestimmt, vielleicht sogar Tausende.«

»Was für eine Schande habt ihr auf euch geladen«, fiel Osman dazu ein.

»Dass es eine Schande ist, weiß ich selbst, Bruder, dazu brauche ich keinen wie dich. Jeden Tag, jede Stunde und jede Minute denke ich daran, was ich euch und den vielen anderen Leuten angetan habe, aber ich kann die Uhr nun einmal nicht zurückdrehen. Ich wusste, wie gesagt, nicht, was für ein Risiko in den Papieren steckte, und bitte euch einfach, mir zu glauben.«

Osman verengte die Augen zu engen Schlitzen.

»Es geht allein in unserer Familie um mehr als eine halbe Million Euro. Wenn ich die anderen türkischen Familien, von denen ich weiß, zusammenrechne, kommen noch einmal mehr als zwei Millionen zusammen. Und gar nicht zu reden von den ganzen anderen armen Schweinen, die du mit deinem Geschwätz ins Verderben gerissen hast.«

»Diese Vorwürfe«, warf der Vater der beiden mit vor der Brust verschränkten Armen ein, »bringen uns keinen Millimeter weiter, und das wissen wir auch.«

Er wandte sich an Nasif.

»Dein Chef ist also tot. Aber er hatte doch auch einen Chef. Wie wäre es, wenn wir mit dem reden würden? Wer ist dieser Mann oder diese Frau?«

»Er heißt Rudolph Gieger und wird garantiert nicht mit euch reden, Baba. Er ist der Vorstandsvorsitzende, also so etwas wie der Direktor der Bank, und so einer hat andere Dinge zu tun, als sich mit Kleinanlegern zu beschäftigen.«

»Ich meine«, warf der besonnene Onkel ein, »wir sollten uns vielleicht ans Fernsehen wenden. Dort gibt es doch Sendungen, die sich mit solchen Fällen wie dem unseren beschäftigen. Was haltet ihr davon?«

»Davon kann ich nur abraten«, warnte Nasif sofort und sehr energisch. »Erstens hat sich die Bank juristisch nichts zuschulden kommen lassen, und zweitens kommt man dabei ganz schnell in die Nähe einer Strafanzeige wegen übler Nachrede oder so etwas. Davon, dass ich auf der Stelle meinen Job verlieren würde, will ich gar nicht reden.«

»Was sicher nicht das Schlechteste wäre, denn bei so einem Betrügerhaufen sollte sowieso kein Mensch arbeiten«, zischte Osman.

Nasif schüttelte matt den Kopf.

»Ich kann verstehen, Bruder, dass du jetzt alles auf diese eine Sache reduzierst, aber das greift wirklich zu kurz. Wir machen da auch Sachen, die den Leuten wirklich nützen und dazu führen, dass ihr Geld sich vermehrt.«

»Ja«, erwiderte Osman Yildirim bitter, »das macht ihr für andere Leute bestimmt. Nur bei deiner eigenen Familie, da hat das leider nicht geklappt.«

Er richtete sich schlagartig auf und schlug die Hände zusammen, gerade so, als sei ihm die rettende Idee gekommen.

»Ich könnte wetten, dass du genug schmutzige Dinge von denen weißt, um sie damit gehörig unter Druck setzen zu können. Stimmt doch, oder?«

»Worauf willst du hinaus, Bruder?«

»Das ist doch sonnenklar, worauf ich hinauswill. Wir erklären denen, dass du auspackst, wenn sie uns den Verlust nicht ersetzen.«

Nasif fuhr sich genervt durch die Haare.

»Mal ganz davon abgesehen, dass du hier von einer Straftat sprichst, Osman, glaube ich nicht, dass sich ein Institut wie die Nordhessenbank von einem kleinen Anlageberater wie mir unter Druck setzen ließe. Vielleicht weiß ich ein paar Dinge, die ihr nicht wisst, vielleicht würde das bei denen sogar zu einer schlaflosen Nacht führen, aber ich habe auch eine Geheimhaltungsklausel unterschrieben. Das heißt, dass ich über nichts, was die Bank angeht, in der Öffentlichkeit sprechen darf. Und *nichts* bedeutet in diesem Fall *absolut nichts.*«

Er sah in die Runde und bedachte jeden der Anwesenden mit einem kurzen Blick.

»So schlimm die ganze Sache auch für die Familie ist, so wenig darf sie dazu führen, dass sich jemand ihretwegen ins Unrecht setzt.«

»Aber du hast doch selbst gesagt«, wollte Osman nicht locker lassen, »dass du Dinge weißt, die andere nicht wissen. Also was hindert uns daran, diese Dinge zu benutzen?«

»Du hast mir leider nicht richtig zugehört oder du willst mich einfach nicht verstehen. *Ich* hindere uns daran, Osman. *Ich*, weil ich mit niemandem jemals über diese Dinge sprechen werde. Auch und gerade nicht mit euch.«

9

»Alles passwortgeschützt«, erklärte Mirco Halberstadt, der junge Kollege der Kriminaltechnik, den drei Kommissaren, und zuckte bedauernd mit den Schultern.

»Was konkret heißt?«

»Dass wir die Sache hier in Kassel nicht regeln können, Herr Lenz. Das Zeug muss nach Wiesbaden zum LKA, die haben vermutlich die Möglichkeiten, an die Daten heranzukommen.«

»Und wie lang wird das dauern?«

Wieder das Schulterzucken.

»Schwer zu sagen. Weil es um einen Mord geht, kann es schon sein, dass die Jungs da unten richtig Gas geben, aber mit 14 Tagen müssen Sie mindestens rechnen. Realistischer sind allerdings vier Wochen.«

»Na prima«, brummte der Hauptkommissar. »Und das LKA ist wirklich unsere einzige Chance?«

»Es gäbe sicher ein paar externe Spezialisten, die man beauftragen könnte, aber das kostet erstens einen Haufen Kohle, und zweitens ist es nicht mal sicher, ob wir damit letztlich Erfolg hätten. Und Zeit müssten Sie auch bei denen einplanen.«

»Gut.«

Der Hauptkommissar sah in die Runde.

»Irgendwelche Ideen?«

Gecks schüttelte sofort den Kopf.

»Vielleicht sollten wir es auf die althergebrachte Art versuchen«, schlug Hain vor.

»Was meinen Sie damit?«, wollte der Mitarbeiter der KT wissen.

»Na, wir könnten zumindest eine Stunde oder zwei opfern, um die gängigsten und verbreitetsten Passwörter auszuprobieren.«

Halberstadt winkte ab.

»Ist schon passiert, so weit haben wir natürlich auch gedacht und ein Programm mit den 100.000 meist verwendeten Passwörtern über eine der Festplatten laufen lassen. Leider ohne Erfolg.«

»Meint ihr, er hat für alle Datenträger das gleiche Passwort genommen?«, hakte Lenz nach.

»Wenn wir es statistisch betrachten«, antwortete der Mann von der Kriminaltechnik, »besteht eine riesengroße Chance dafür, aber er könnte natürlich auch ein ganz ausgekochter Kerl gewesen sein, der für jeden ein anderes benutzt hat. Zumindest denkbar wäre, hinter das eigentliche Passwort eine Nummer zu hängen. So würde ich es jedenfalls machen.«

»Na Mahlzeit.«

»Ich meinte«, schaltete Hain sich wieder ein, »auch gar nicht die meistverwendeten Passwörter. Ich meine solche, die sich in seinem Privatleben wiederfinden lassen würden.«

»Aber wir wissen doch noch überhaupt nichts von ihm«, bremste Gecks seinen Kollegen.

»Überhaupt nichts stimmt nicht, RW. Ich würde zumindest gern ein paar Dinge ausprobieren, bevor wir die Flinte ins Korn werfen.«

»Gut, Thilo, dagegen ist nichts zu sagen. Schließen wir also so ein Ding an und starten den Versuch.«

»Wenn ihr nichts dagegen habt, klinke ich mich aus«, meinte Rolf-Werner Gecks. »Es ist vermutlich gescheiter, wenn ich noch ein bisschen in Vontobels Privatleben herumstöbere, als hier ein weiteres Augenpaar auf den Monitor zu richten.«

»Gute Idee. Wir lassen dich wissen, falls wir etwas erreichen, und wenn du auf irgendwas Interessantes stößt, meldest du dich auch kurz bei uns.«

*

»Hast du eine Ahnung, wie seine Töle hieß?«, fragte Hain eine gute Stunde später, während der er alle Kraftfahrzeugkennzeichen, sämtliche Automarken, die Kontonummern und die Sozialversicherungsnummer als Passwort ausprobiert hatte.

»Nein, keine Ahnung. Aber das müssen wir auf jeden Fall noch raus finden.«

Drakkar, gab der junge Oberkommissar ein.

»Was soll denn das sein?«, fragte sein Boss aufgekratzt.

»Sein Eau de Toilette. Ich hab's im Bad stehen sehen.«

Der Blick auf den Monitor beschied den beiden, dass auch dieser Versuch gescheitert war.

»Jetzt bin ich bald am Ende mit meinem Latein«, konstatierte Hain. »Vielleicht starten wir einen weiteren Versuch, wenn wir mehr über ihn wissen.«

»Ich bin fast bereit, dir recht zu geben, Thilo, aber ein paar Versuche haben wir noch.«

»So? Dann lass mal hören?«

»Na, bis jetzt haben wir nur die Automarken versucht. Probier es halt auch mal mit den Modellen.«

»Wie der Herr Chef meinen«, erwiderte Hain wenig zuversichtlich und begann.

911 tippte er. Negativ.

Panamera. Negativ

300 SL. Ebenfalls negativ.

Panigale für eines der Motorräder. Negativ.

1000 RR für ein anderes. Negativ.

»Das bringt nichts, Paul. Ich fand meine Idee am Anfang wirklich erfolgversprechend, aber jetzt hab ich echt keine Lust mehr. Lass uns aufhören.«

»Du hast vermutlich recht. Also zieh den Stecker und lass uns nach oben gehen.«

Der Oberkommissar griff zur Maus und wollte den Computer ausschalten, als hinter ihm ein lautes »Stopp« ertönte. Er drehte sich um und funkelte seinen Boss böse an.

»Was ist denn jetzt noch?«

»Eine letzte Idee, dann hören wir wirklich auf. Versprochen.«

»Mit dir etwas zu vereinbaren, ist ein Unding. Aber von mir aus: einen letzten Versuch.«

Damit ließ er die Hände über der Tastatur schweben und wartete.

»Na, was ist?«, fragte er bissig nach, als von Lenz nichts kam.

»Warte, ich muss nachdenken. Immerhin ist das mein allerletzter Versuch.«

Wieder Ruhe.

»Okay wir nehmen *Gull Wing*.«

»Gull Wing? Was soll denn das sein?«

»Gull Wing, Thilo. Und keine blöden Fragen, wenn ich bitten darf.«

Die Finger des jungen Polizisten flogen kurz über das schwarze Plastik. Auf dem Monitor tauchte die bekannte Meldung auf.

Passwort nicht korrekt, Zugriff verweigert.

»Das war's. Ich brauch was zu trinken und was zu essen, sonst falle ich gleich vom Fleisch.«

Damit bewegte Hain den Mauszeiger über das Symbol zum Ausschalten des PC und hob den rechten Zeigefinger.

»Einen Moment noch, Thilo.«

»Nein. Jetzt ist wirklich Schluss.«

»Doch, warte. Hast du Gull Wing zusammen oder auseinander geschrieben?«

»Auseinander, Paul. Ich hab es genau so geschrieben, wie du es mir angesagt hast.«

»Ich habe aber gedacht, du würdest es zusammenschreiben. Also, ein allerletzter Versuch. Bitte.«

»Nöö.«

»Doch, bitte. Dann lass es mich selbst eingeben.«

Hain drehte sich um und bedachte seinen Boss mit einem missbilligenden Blick.

»Damit du am Ende hier noch was kaputt machst? Beim besten Willen nicht. Also, für den unbelehrbaren Herrn in der letzten Reihe, *Gullwing* zusammengeschrieben.«

Wieder ertönte das leise Klacken der Tasten, dann, mit ein paar Hundertstelsekunden Verzögerung, das Auslösen der Bestätigung.

»Wow«, machte Hain wie vom Schlag getroffen, als sich die Anzeige auf dem Monitor änderte und ein Menü sichtbar wurde.

»What the fuck is *Gullwing*«, wollte er kopfschüttelnd wissen.

»Gullwing ist die unter Fachleuten gebrauchte Bezeichnung für den 300 SL«, gab Lenz verschmitzt lächelnd zurück. »Die Baureihe W198 mit Flügeltüren, um genau zu sein. Wissen nicht viele Leute, vermute ich. Aber die, die es wissen, knacken damit die genialsten Codes, wie es ausschaut.«

Trotz der Freude und Begeisterung über seinen Coup begann Lenz sofort damit, die anderen Datenträger auf das Passwort zu testen, und bei jedem Einzelnen hatte er Glück. Gleichzeitig beschäftigte Hain sich intensiv mit dem Inhalt der zuerst geknackten Festplatte. Etwa eine halbe Stunde nach ihrem Erfolg schnippte der junge Oberkommissar mit den Fingern, um seinen Boss auf etwas aufmerksam zu machen.

»Komm mal her, du Superhacker.«

Lenz brachte sich hinter ihm in Stellung und betrachtete über die Schulter seines Kollegen hinweg das auf dem Monitor Angezeigte.

»Was soll denn das sein?«

»Das sind die Anwendungsdaten eines E-Mail-Programms.«

Hain beugte sich zur Seite, zog den Stecker der Festplatte aus dem Polizeirechner und stöpselte ihn an dem Computer an, den die Beamten in Sven Vontobels Haus sichergestellt hatten. Dann öffnete er das darauf befindliche E-Mail-Programm.

»Zuerst schauen wir uns die aktuellen Mails an«, erklärte er Lenz. »Dann können wir, falls wir nichts Interessantes finden, nachsehen, ob unter den gesicherten Mails welche sind, die uns weiterhelfen.«

Keine Minute später hatten die Beamten Zugriff auf den kompletten Mailverkehr des Bankmanagers.

»Mein Gott, der hat sich das Leben aber schwer gemacht«, fasste Hain seinen ersten Eindruck zusammen und meinte damit, dass er Vontobels Art der Mailorganisation eher ineffektiv fand. Es gab jede Menge einzelner Ordner, in denen Mails zusammengefasst waren, jedoch keine übergeordneten Themen. Hain deutete auf eine Reihe von Begriffen.

»Das hier scheint alles mit seinem Job zusammenzuhängen.«

Sein Zeigefinger bewegte die Maus.

»Hier scheint es privat zu werden, aber das müssen wir genauer prüfen. Jetzt schauen wir mal im Posteingang, da stecken in der Regel die neuesten Nachrichten.«

Neueste Nachrichten bedeutete im Fall von Sven Vontobel ein knappes Vierteljahr, am Ende beginnend. Hain wechselte den Modus, und schon tauchten die neuesten Mails oben in der Liste auf.

»Einen Spamfilter scheint er auch nicht benutzt zu haben«, stellte der Oberkommissar mit Blick auf die endlose Reihe an Werbemails fest.

»Hier ist eine Mail von diesem Specht, den wir heute Mittag auf dem Hof kennenlernen durften.«

Er öffnete die Datei.

Ich brauche dringend einen Termin, Sven. Bitte lass mich nicht wieder hängen und melde dich bei mir.

Markus

»Die waren per du«, fiel Lenz auf. »Das klingt doch schon mal ganz anders als das, was er uns heute Mittag verkaufen wollte.«

»Aber deswegen nehmen wir ihn nicht gleich fest, oder?«, feixte Hain.

»Blödmann.«

»Hier«, deutete der junge Polizist völlig ungerührt auf eine andere Mail. »Da steht *Letzte Warnung* in der Betreffzeile.«

Wieder ein kurzer Befehl, und die komplette Nachricht öffnete sich.

Wenn sie glauben, das die Sache erledigt ist, liegen sie komplett falsch, sie Bastart. Ich werde nicht eher Ruhe geben, biss ich auch den letzten Cent zurück gekriegt habe. Und wenn sie nachts nach hause kommen, gucken sie ab jetzt besser immer über ihre Schulter, weil es sein könnte, das einer mit der Axt hinter ihnen steht. Schon mal was von Moskau-Inkasso gehört? Die sind nicht zimperlich, das können Sie mir glauben. Lieber gebe ich denen die Hälfte meines Verlustes, als ihnen alles zu lassen, das schwöre ich beim Leben meiner Kinder. Ich will mein Geld zurück und ich kriege es zurück, sie Betrüger. Sie Gangster.

Damit endete der Text, ohne Unterschrift oder Grußformel.

»Na hoppla«, entfuhr es Hain. »Da war aber jemand gar nicht gut auf den lieben Sven zu sprechen.«

»Kriegst du auch raus, um wen es sich bei demjenigen handelt?«

»Wir haben die Mailadresse. frank@schreinerei-kurz.de. Das sollte schon mal helfen, was meinst du?«

»Kennst du eine Schreinerei Kurz?«

»Nö, nie gehört. Aber das sollte ein eher kleines Problem darstellen.«

Der Oberkommissar wandte sich wieder dem Polizeicomputer zu und verschaffte sich Zugang zum Internet. Dort gab er *Metager* ein und wartete, bis die Suchmaschine ihm Ergebnisse lieferte.

»Ach du Scheiße, was gibt es für einen Haufen Schreinereien in Deutschland mit dem Namen Kurz. Ich reduziere die Ergebnisse mal auf Kassel, vielleicht bringt uns das schneller ans Ziel.«

Keine zehn Sekunden später hatten sie das erhoffte Ergebnis. Es gab im Kasseler Süden, im Stadtteil Niederzwehren, tatsächlich eine Schreinerei Kurz, die sogar eine eigene Webseite unterhielt. Und aus dem Impressum ging zweifelsfrei hervor, dass der Inhaber Frank hieß. Frank Kurz.

»Von wann stammt die Nachricht?«, wollte Lenz wissen.

Hain sah auf den Monitor, im Anschluss auf seine Armbanduhr und rechnete kurz.

»Sie ist knapp drei Wochen alt.«

»Und danach kam keine mehr von der Schreinerei?«

»Nein.«

»Dann würde ich sagen, dass wir eine Spur haben. Und am besten fahren wir sofort zu der Adresse und prüfen, ob es eine heiße ist oder nicht.«

»Das ist eine so gute Idee, dass sie glatt von mir stammen könnte«, resümierte Hain.

*

Das in einem Wohngebiet liegende Grundstück, auf dem die Schreinerei angesiedelt war, wurde durch ein Holztor von der Straße und dem Bürgersteig abgegrenzt. Dahinter machte alles einen sehr ordentlichen und aufgeräumten Eindruck. Rechts neben dem Tor reckte sich eine ebenfalls hölzerne Werbetafel in die Höhe, die anpries, dass die Schreinerei Frank Kurz alle individuellen Kundenwünsche in Bezug auf Holzarbeiten erfüllen konnte. Dem etwa sechs Meter breiten und zwölf Meter tiefen Hof schloss sich eine Halle an, die zwar vermutlich schon einige Jahre auf dem Buckel hatte, aber ebenfalls in einem überaus ordentlichen Zustand war. Rechts und links wurde die Freifläche gesäumt von Holzstapeln, die unter einer Überdachung vermutlich auf die Weiterverarbeitung warteten. Aus dem Inneren der Halle konnten die Beamten das hochfrequente Kreischen von Holz unter einer Säge hören.

Die Polizisten schoben das schwere Tor nach innen, betraten den Hof und gingen auf die Werkshalle zu. Dort gab es ein großes Tor und eine kleinere Tür, die sie ansteuerten.

Das Bild, das sich ihnen bot, nachdem sie die Tür passiert hatten und ins Innere getreten waren, hätte aus einem Lehrfilm der Schreinerinnung stammen können. Ein sauberer, leicht ölig glänzender Fußboden aus Hirnholzparkett, Tageslicht durch großzügige Verglasung der Decke und akkurat in Reihe aufgestellte Maschinen, an denen zwei Männer mit Gehörschutz arbeiteten. Hain trat auf den ihnen näher Stehenden zu und tippte ihm leicht auf die Schulter, woraufhin der Mann sich erschreckt aufrichtete und den Oberkommissar mit großen Augen anstarrte.

»Wir möchten zu Herrn Kurz. Frank Kurz«, brüllte Hain.

Die einzige Regung seines Gegenübers bestand aus einem Heben des rechten Arms und dem Ausstrecken des Zeigefingers in Richtung des zweiten in der Halle befindlichen Arbeiters.

»Danke«, brummte Hain, drehte sich nach rechts und nahm Kurs auf die etwa sieben Meter entfernte Maschine. Genau in dem Moment, in dem der Polizist die Hälfte des Weges hinter sich gebracht hatte, entdeckte ihn der Mann, der sie bediente, und der, genau wie sein Kollege, erschreckt die Augen aufriss. Doch seine Reaktion war eine komplett andere. Er hob den Kopf, riss sich den Gehörschutz herunter, drehte sich um 180 Grad, und sprintete unter den Augen des überraschten Kripobeamten los, der jedoch nur einen Wimpernschlag lang brauchte, um die Verfolgung aufzunehmen.

»Bleib stehen, du Idiot«, brüllte er, weil ihm in dem Moment nichts Besseres einfiel.

Der Mann hatte schnell eine Tür erreicht, durch die er schlüpfte und hinter sich ins Schloss warf. Als Hain dort ankam und die Klinke drückte, wurde er unsanft gebremst, weil der Flüchtende sie von außen abgesperrt hatte.

»Scheiße«, fluchte der Polizist, bewegte sich ein paar Meter zurück, nahm Anlauf und trat die Tür samt dem Rahmen in den sich anschließenden Aufenthaltsraum, wo sie mit lautem Getöse auf den in der Mitte stehenden Tisch krachte. Während er das Trümmerfeld umkurvte, sah er den Unterkörper des Mannes im braunen Arbeitsanzug aus einem offenstehenden Fenster gleiten.

»Du Vollidiot«, murmelte er, schlängelte sich zwischen Bank und Tisch hindurch, sah kurz aus dem Fenster, um keine Überraschung zu erleben, und nahm gleichzeitig im Augenwinkel einen Lieferwagen wahr, der sich in Bewegung setzte. Mit einem Satz katapultierte er sich aus dem Fenster, war kurz darauf wieder auf den Beinen und schnellte auf das Tor zu, das den Hinterausgang der Schreinerei von der Straße trennte. Dort riss er seine Dienstwaffe aus dem Holster, hob den rechten Arm und zielte auf den Fahrer des schnell näher kommenden Transporters, der sich dadurch jedoch keineswegs beeindrucken ließ und mit durchgedrücktem Gaspedal auf den Polizisten zuraste. Erst im letzten Moment, etwa zwei Meter von Hain entfernt, nahm er den Fuß vom Gas und trat halbherzig auf die

Bremse. Hain hatte trotzdem keine Chance, dem Aufprall zu entgehen. Für einen Sprung zur Seite war es erstens zu spät, und zweitens gab es dafür nicht genug Platz auf dem Hof, also warf er die Pistole weg, sprang vom Boden ab, hob die Knie an, breitete die Arme aus und riss die Augen auf. Dabei stieß er einen Schrei aus, den man vermutlich noch in der Innenstadt hören konnte.

Der Aufprall war nicht so hart, wie er ihn erwartet hatte, weil seine Knie auf das relativ weiche, nachgiebige Plastikteil zwischen Motorhaube und Stoßfänger prallten. Seine Hände knallten auf die Windschutzscheibe, wobei er sie so fest wie möglich anpresste, rutschten dann jedoch unerbittlich nach unten. In diesem Augenblick durchzuckte den jungen Polizisten der überaus unangenehme Gedanke, sich nicht halten zu können und von dem Lieferwagen überrollt zu werden, was ihn schlagartig total wütend machte.

Verdammte Scheiße, das kann wirklich böse ausgehen.

Seine rechte Hand hatte nun fast das Ende der Scheibe erreicht, und als sie dort ankam, hätte Hain am liebsten noch lauter gebrüllt, weil er einen höllischen Schmerz spürte, als sein Handgelenk über den rechten Scheibenwischerarm schrammte.

Zugreifen! Jetzt!

Seine Hand bekam den Metallbügel zu fassen, die andere griff nach dem Pendant auf der linken Seite, und im gleichen Moment hatte sein rechter Fuß einen Spalt im Vorderwagen gefunden, auf dem er sich abstützen konnte.

Gerade, als er halbwegs eine Position auf dem wieder Fahrt aufnehmenden Lieferwagen gefunden hatte, wurde der gesamte Körper des Polizisten brutal zusammengestaucht, weil es nun durch die kleine Senke ging, die den

Bürgersteig von der Straße trennte. Und genau in diesem Moment trafen sich die Augen des Mannes hinter dem Steuer und die des wie ein Fähnchen im Wind hin und her schleudernden Kripobeamten, dessen Kopf nun mit voller Wucht gegen die Frontscheibe knallte, weil die gesamte Fuhre, nachdem sie nach rechts abgebogen war, voll beschleunigte.

Herrje, was für eine Scheiße.

Damit war die kurze Fahrt des Oberkommissars allerdings auch schon zu Ende, weil der Fahrer mitten in der Beschleunigungsphase den Fuß vom Gas riss und mit aller Kraft auf die Bremse trat. Für einen Sekundenbruchteil hatte Hain die Vision, das Eingreifen des ABS spüren zu können, doch aus diesem unsinnigen Gedanken wurde er dadurch höchst gewalttätig gerissen, dass er der Trägheit folgend den unfreiwilligen Kontakt zu seinem Transportfahrzeug verlor und mit weit vom Körper abstehenden Extremitäten durch die Luft segelte. Der sich anschließende Bodenkontakt war alles andere als schmerzfrei, doch nach etwa sieben- oder achtmaligem Überschlagen rückwärts kam er zwischen einem Golf und einem Motorrad zum Liegen. Den Ducatofahrer schien das Schicksal des Polizisten nicht die Bohne zu beeindrucken, denn er nahm mit quietschenden Reifen Fahrt auf und war kurz darauf hinter der nächsten Ecke verschwunden.

Hain holte unterdessen tief Luft, ließ sich auf den Rücken fallen und betrachtete den blauen Himmel.

Ich will einen Schreibtischjob, schoss ihm dabei durch den Kopf.

Dass die Erfüllung dieses Wunsches noch eine Weile auf sich warten lassen dürfte, war ihm klar; überraschend hingegen war das Auftauchen seines Chefs, der, am Steuer des Dienstvectras sitzend, neben ihm anhielt.

»Alles klar, Thilo?«, rief der Hauptkommissar besorgt aus dem Seitenfenster.

Ein Kopfnicken und ein nach oben gereckter rechter Daumen ließen den Schrecken bei Lenz ein wenig kleiner werden.

»Meinst du, wir können gemeinsam hinter ihm her, oder willst du hier auf einen Krankenwagen warten?«

»Nein, nein, ich komme mit«, erwiderte Hain und richtete stöhnend seinen Oberkörper auf.

»Dann aber los«, forderte Lenz. »Und lass den Scheibenwischer fallen, den können wir bei der Verfolgung dieses Idioten nicht gebrauchen.«

10

»Scheiße«, brüllte Hain.

»Was ist Scheiße?«, fragte sein Boss ebenso laut zurück, um gegen den Krach der Sirene eine Chance zu haben.

»Scheiße ist, dass meine Knarre irgendwo auf dem Hof gelandet ist.«

»Hat er sie dir weggenommen?«

Der Oberkommissar wollte zu einer Antwort ansetzen, doch ein aus einer Einfahrt rollender Golf, dessen Fahrer erst im letzten Sekundenbruchteil nach links sah und auf die Bremse trat, verschlug ihm die Sprache. Währenddessen durchfuhr Lenz eine 30er-Zone mit der maximal vertretbaren Geschwindigkeit. Der wegen seines Hochdachs nicht zu übersehende Ducato war etwa 200 Meter vor ihnen und bog gerade auf die Korbacher Straße ab.

»Nein«, nahm Hain seinen Gedanken wieder auf, »er hat sie mir nicht abgenommen. Ich musste sie wegschmeißen, als er auf mich zugerast kam, sonst hätte ich mich nur mit einer Hand festhalten können.«

»Wo musstest du dich denn verdammt noch mal festhalten?«, hakte Lenz nach, der die 30er-Zone hinter sich gelassen hatte und nun energischer aufs Gaspedal trat. Hain dachte jedoch gar nicht daran, ihm zu antworten, vielmehr griff er zum Funkgerät und forderte Verstärkung bei der Verfolgung des Flüchtenden an.

Nun hatte der Hauptkommissar sich bis auf etwa 100 Meter an den Lieferwagen herangekämpft, der auf die Kreuzung Korbacher/Frankfurter Straße zuraste. Ein französischer Kleinwagen, der sich noch zwischen den beiden Autos befand, wurde von seinem Lenker erschreckt auf den Bürgersteig gelenkt, sodass die Polizisten nun direkten Kontakt zu dem Fluchtwagen hatten.

»Pass auf, der fährt garantiert bei Rot über die Ampel«, schrie Hain aufgeregt mit den Armen fuchtelnd und aufs Höchste angespannt.

»Sollen wir nicht lieber tauschen, Paul? Ich würde mich bedeutend wohler fühlen, wenn das Lenkrad sich in meinen Händen befinden würde.«

»Nun scheiß dir mal nicht in die Hose, Junge. Ich mach so was immerhin nicht zum ersten Mal.«

»Aber hoffentlich zum letzten.«

Der Ducato raste bei Rot, wie von dem jungen Polizisten vorausgesagt, und mit lautem Hupen über die viel befahrene Kreuzung, was die Beamten wegen des Krachs, den die Sirene des Dienstwagens produzierte, allerdings nur schwach hören konnten.

»Der hat sie doch nicht mehr alle«, stammelte Hain kreidebleich.

»Vor allem frage ich mich«, gab Lenz zurück, »wo der hin wollen könnte? Glaubt er, dass es in der Stadt einen Ort gibt, an dem er uns unerkannt entkommt?«

»Das weiß ich nicht, Paul. Was ich aber genau weiß, ist, dass ich mir gleich in die Hose mache, wenn du so weiterfährst.«

Lenz ging nicht auf die Klage seines Kollegen ein, sondern schaltete einen Gang hoch und trat das Gaspedal bis zum Boden durch. Dann lenkte er den Opel nach links und wollte auf den Straßenbahnschienen die Fahrt fortsetzen, was Hain jedoch sofort mit irrwitzig lautem Gebrüll und weiterem Gefuchtel seiner Arme zu verhindern wusste.

»Da … die Bahn!«

Er wies auf den blauen Zug der Kasseler Verkehrsbetriebe, der die leichte Steigung Richtung Innenstadt hochzockelte, während ihm gleichzeitig ein Wagen entgegenkam.

»Die hab ich doch glatt übersehen«, murmelte Lenz, was sein Mitarbeiter mit einem resignierenden Kopfschütteln kommentierte.

Der stadteinwärts führende Verkehr war um diese Nachmittagszeit recht dicht, was, im Verbund mit Lenz' abenteuerlichem Ausflug auf die Schienen, dazu führte, dass der Ducato wieder etwas Abstand herausholen konnte.

»Wo bleiben denn nur die Kollegen?«, brummte der Hauptkommissar. »Los, sag denen noch mal ganz genau, wo wir stecken. Und speziell, wo dieser Verrückte steckt.«

Verrückt war in diesem Zusammenhang sicher nicht übertrieben, denn der Fahrer des Ducato schlängelte sich in wildester Manier und durch eifrige Zuhilfenahme der Hupe durch die Reihen der vor und neben ihm fahrenden Autos, wobei er auch die Straßenbahntrasse in seinen Weg einbaute.

»Da kommt ein Streifenwagen«, rief Hain und deutete mit ausgestrecktem Arm nach vorn, wo in diesem Augenblick ein blau-silbern lackierter Opel auftauchte. Etwa 50 Meter vor dem Ducato riss der Fahrer das Lenkrad herum und wollte dem Lieferwagen den Weg versperren, wozu es jedoch nicht mehr kam, weil im gleichen Moment die Tür des weißen Kastenwagens aufgerissen wurde, der Fahrer heraussprang und mit wild rudernden Armen auf die Besatzung des Streifenwagens zu rannte.

»Was läuft denn hier für ein Film?«, wollte Lenz mehr rhetorisch wissen, als er dabei zusehen musste, wie der Mann aus dem Lieferwagen dem Polizisten aus dessen Auto helfen wollte und dabei immer wieder in Richtung des zivilen Opels mit dem Blaulicht auf dem Dach wies.

»Der deutet auf uns«, ordnete nun auch Hain die Situation richtig ein. »Glaubt der, dass die uniformierten Kollegen ihn vor uns beschützen?«

Die Szene, die sich in etwa 300 Metern Entfernung abspielte, wurde immer skurriler, denn der Fahrer des Lieferwagens versuchte jetzt, sich in den Fond des Streifenwagens zu drängen, was die beiden Streifenpolizisten natürlich zu verhindern wussten. Akustisch untermalt wurde das Schauspiel durch wildes Gehupe der anderen Verkehrsteilnehmer, die sich auf ihrem Weg in die Innenstadt behindert fühlten. Lenz legte die letzten Meter auf den Schienen zurück, weil der Fahrer der Straßenbahn es offenbar vermeiden wollte, in den Tumult hineingezogen zu werden und nach dem Abbremsen einen gehörigen Abstand zum Streifenwagen hielt.

»Legen Sie dem Mann Handschellen an«, brüllte der Hauptkommissar, nachdem er aus dem Vectra gesprungen war, »und zwar sofort!«

»Er sagt, Sie seien von der Russenmafia und wollen ihn umbringen«, erwiderte der Streifenpolizist, nachdem er dem Wunsch des Kriminalbeamten gefolgt war und sein Kollege den Mann am hinteren Ende des Einsatzfahrzeugs fixiert hatte.

»*Was* sagt er?«, fragte Hain völlig entgeistert nach, obwohl er jedes Wort des Mannes in der blauen Uniform verstanden hatte.

»Er hat, noch bevor wir die Türen offen hatten, angefangen zu brüllen, dass Sie von der Russenmafia kommen und ihn umbringen wollen. Dann hat er sogar versucht, sich in unser Auto zu quetschen. Wenn Sie mich fragen, hat der Kerl die Hosen gestrichen voll. Sie müssten mal sehen, wie der zittert.«

Lenz und Hain sahen sich irritiert an.

»Der hat Schiss vor der Russenmafia?«, zischte Hain. »Wenn dem wirklich so sein sollte, ist er vermutlich selbst dafür verantwortlich.«

Damit drängte er sich an dem Uniformierten vorbei und stand keine zwei Sekunden vor dem ungleichen Duo am Kofferraum des Streifenwagens.

»Wie heißen Sie?«, wollte er unwirsch wissen.

»Frank Kurz«, kam es leise zurück.

»Und Sie haben uns tatsächlich für böse Mitglieder der Russenmafia gehalten? Mit Blaulicht und Sirene?«

»Was weiß ich, was die sich alles einfallen lassen?«, erwiderte Kurz jämmerlich.

»Was die sich alles einfallen lassen, ist mir scheißegal«, brüllte Hain. »Viel wichtiger ist mir, dass Sie versucht haben, mich mit Ihrer verdammten Italienergurke umzubringen.«

»Das tut mir leid, ehrlich«, brach es gleichzeitig mit einem Schwall Tränen aus dem Schreiner heraus. »Wenn ich gewusst hätte, dass Sie von der Polizei sind, wäre es doch gar nicht so weit gekommen.«

Der Oberkommissar war drauf und dran, etwas Bitterböses zu erwidern, ließ es jedoch bleiben.

»Bringt ihn bitte aufs Präsidium«, beauftragte er die Kollegen in Uniform, »und sorgt dafür, dass er in einem Vernehmungsraum auf uns wartet.«

Damit drehte er sich um, gab Lenz einen Wink, stieg in den Dienstvectra und ließ den Motor an.

*

Hains Dienstwaffe lag zwischen zwei grauen Mülltonnen. Der Kommissar hob die Pistole erleichtert auf, versicherte sich, dass sie keinen die Funktion beeinträchtigenden Schaden davongetragen hatte, und schob sie zurück in das Holster am Gürtel. Dann erklärte er seinem Boss, was sich außerhalb von dessen Blick hinter dem Haus zugetragen hatte.

»Und er hat wirklich direkt auf dich zugehalten?«, wollte Lenz wissen, nachdem sein junger Kollege die Geschichte zu Ende erzählt hatte.

»Jepp.«

»Meine Fresse, ich hätte mir vermutlich in die Hose gemacht.«

»Das ist durchaus denkbar, ja«, erwiderte Hain sarkastisch. »Und deshalb bist du auch fürs Denken zuständig, während, wenn es darum geht, von einem Lieferwagen auf die Hörner genommen zu werden, es in der Regel eher mich trifft.«

»Das liegt, glaube ich, primär daran, dass du der Jüngere bist von uns beiden.«

Der Oberkommissar bedachte Lenz mit einem mitleidigen Blick.

»Soweit ich es von den älteren Kollegen mitgekriegt habe, bist du auch in meinem jetzigen Alter nicht der strahlende Held unter der Sonne gewesen.«

»Stimmt«, gab Lenz ihm recht. »Aber damals waren die bösen Buben auch noch nicht ganz so böse wie heute.«

»Schwätzer.«

Lenz blickte an seinem Kollegen vorbei, weil sich von der Halle her eine etwa 28-jährige Frau im Minirock und mit strohblonden Haaren auf sie zubewegte.

»Was ist denn bitte hier los?«, wollte sie aufgebracht wissen. »Und wer sind Sie?«

Die beiden Polizisten kramten ihre Dienstausweise aus den Jacken und stellten sich kurz vor.

»Und was wollen Sie von uns?«

»Dürfen wir zunächst erfahren, mit wem wir es zu tun haben?«, fragte Lenz.

»Ich bin Sandra Kurz. Meinem Mann gehört die Schreinerei. Aber jetzt erklären Sie mir bitte erst mal, was die Polizei auf unserem Hof zu suchen hat.«

»Wir waren vor einer guten halben Stunde schon einmal hier, um Ihrem Mann ein paar Fragen zu stellen. Leider hat er es vorgezogen, sich dem zu entziehen.«

Ihr Blick huschte unsicher von einem der Polizisten zum anderen.

»Was meinen Sie damit, dass er *es vorgezogen hat, sich dem zu entziehen*? Und was wollten Sie ihn überhaupt fragen? Und wo steckt Frank eigentlich?«

Die Frau deutete auf die verlassen wirkende Schreinerei in ihrem Rücken.

»Ich komme wie vereinbart hierher, um ihn abzuholen, und auf dem gesamten Gelände ist kein Mensch zu sehen. Alles steht offen, aber niemand ist da.«

»Als wir vorhin hier waren, gab es außer Ihrem Mann einen weiteren Arbeiter. Ist der auch nicht mehr da?«

»Nein, wie gesagt. Alles steht offen, und kein Mensch weit und breit. Wissen Sie denn, wo die beiden sind?«

»Das ist alles nicht in ein paar Worten zu erklären, Frau Kurz. Meinen Sie, wir könnten aus der Sonne gehen und uns irgendwo im Schatten weiter unterhalten?«

»Ja klar«, murmelte sie und ging vor den Beamten her zu jenem Aufenthaltsraum, den Hain eine Weile zuvor schon im Schnelldurchlauf kennengelernt hatte.

»Wie sieht es denn hier aus?«, fragte sie beim Anblick der eingetretenen Tür entgeistert. »Das darf doch alles nicht wahr sein!«

Hain räumte die Trümmer so weit zur Seite, dass man den Tisch und die Stühle benutzen konnte, und forderte die Frau auf, sich zu setzen.

»Wir wollten Ihren Mann nach einem Herrn befragen«, nahm Lenz den Faden wieder auf, »den er nach unseren Informationen kannte. Sein Name ist Sven Vontobel.«

Ihre Züge verfinsterten sich bei der Nennung des Namens schlagartig.

»Vontobel? Der Bankmensch? Haben Sie den endlich drangekriegt? Das wurde aber auch wirklich Zeit, wenn Sie mich fragen.«

»Nein, nein, Sie liegen leider völlig falsch. Herr Vontobel wurde letzte Nacht ermordet.«

Wenn die beiden Polizisten nun erwartet hätten, dass Sandra Kurz erschreckt oder überrascht reagieren würde, so hatten sie sich schwer getäuscht.

»Er ist tot? Dieses Schw …, also …, ich meine …, er ist wirklich tot?«

»Ja, er ist wirklich tot.«

»Ich hätte nicht gedacht, dass dieser Tag noch so gut enden würde«, erwiderte die Frau völlig emotionslos. »Aber was wollen Sie denn von meinem Mann? Glauben Sie, er kann Ihnen erzählen, wer diesen miesen Typen auf dem Gewissen hat?«

»Vielleicht, ja.«

Wieder sah die Frau von einem Polizisten zum anderen, doch dann veränderte sich ihr Blick innerhalb von Sekundenbruchteilen, und jegliche Farbe verschwand aus ihrem Gesicht.

»Sie glauben doch nicht ernsthaft, dass Frank etwas mit Vontobels Tod zu tun hat, oder?«

»Immerhin hat er ihn bedroht, das steht zweifelsfrei fest.«

Erneut veränderte sich der Gesichtsausdruck der Frau. Der neue hatte etwas zutiefst Genervtes.

»Wie, er hat ihn bedroht? Was meinen Sie denn damit?«

»Wir haben eine E-Mail gefunden, die Ihr Mann vor etwa drei Wochen Herrn Vontobel geschrieben hat. Darin bedrohte er ihn ziemlich übel.«

»Ach, das nehmen Sie mal besser nicht so ernst. Frank neigt manchmal zum Übertreiben, aber ich kann Ihnen versichern, dass er dem Kerl nicht die Lebenslichter ausgeblasen hat.«

»Wissen Sie, wo Ihr Mann den gestrigen Abend verbracht hat?«, wollte der Hauptkommissar wissen.

»Klar. Er war auf der Jagd.«

»Bis wann ungefähr?«

»Keine Ahnung. Vielleicht bis eins oder so.«

»Gibt es Zeugen, oder war er allein?«

»Ich vermute mal schwer, dass er allein unterwegs war. So ist es ihm nämlich am liebsten.«

»Hat er wenigstens was geschossen?«, fragte Hain.

»Ich habe noch nicht nachgesehen, aber eher nicht. Davon erzählt er mir gern, aber letzte Nacht hat er mich einfach schlafen lassen.«

»Dann würden wir uns gern mal den Waffenschrank Ihres Mannes ansehen, Frau Kurz.«

»Warum das denn?«

»Weil«, stöhnte Lenz auf, »Ihr Mann unter dringendem Mordverdacht steht, und Sie so langsam begreifen sollten, dass es dabei nicht um irgendeine blöde Ordnungswidrigkeit geht. Also, wo ist sein Waffenschrank?«

Bei seinem letzten Satz hatte der Hauptkommissar die Stimme deutlich angehoben, was die Frau dann doch ein wenig zu beeindrucken schien.

»Ist ja schon gut, ich zeige Ihnen ja den verdammten Schrank«, gab sie schmallippig zurück und erhob sich. »Dann kommen Sie mal mit.«

Die Frau führte die Polizisten zu einem komplett aus Holz gebauten Haus etwa 200 Meter entfernt, das auch im Inneren komplett auf die Profession des Hausherrn hinwies. Dieser Umstand wurde zusätzlich dadurch betont, dass es in der Hütte wie in einer finnischen Sauna roch.

Das Trumm, vor dem die Drei standen, nachdem sie die Kellertreppe hinabgestiegen waren, als Waffen*schrank* zu bezeichnen, wäre höchstens einem Unbedarften eingefallen. Waffen*tresor* traf in diesem Fall schon eher zu.

»Und wo ist der Schlüssel?«, wollte Hain wissen, nachdem die Runde das Stahlungeheuer etwa fünf Sekunden lang fixiert hatte.

»Das weiß ich nicht. Aber wenn Sie mich so fragen, dürfte er sich an Franks Schlüsselbund befinden.«

»Na super«, brummte der Oberkommissar. »Und es gibt natürlich keinen Zweitschlüssel, auf den wir zugreifen könnten?«

Sie überlegte einen Augenblick.

»Doch, warten Sie mal. Frank hat mir erzählt, dass er für alle Fälle irgendwo einen Reserveschlüssel deponiert hat. Aber wo, das habe ich echt vergessen. Oder besser gesagt verdrängt, weil ich mit diesem Zeug nicht das Geringste zu tun haben will.«

»Wenn Sie Ihrem Mann helfen wollen, Frau Kurz«, mischte Lenz sich von der Seite ein, »dann sorgen Sie dafür, dass Ihnen der Aufbewahrungsort dieses Schlüssels schleunigst wieder einfällt.«

»Mann, Mann, Sie können einem ganz schön auf die Nerven gehen, wissen Sie das?«

Der Hauptkommissar hätte mindestens ein Dutzend Antworten auf diese saublöde Frage parat gehabt, schenkte sich jedoch jegliche Replik. Die Frau stapfte Richtung Treppe und war ein paar Sekunden später verschwunden.

»Jäger benutzen in der Regel große Kaliber, wenn sie auf wehrlose Tiere losgehen«, sinnierte Hain. »Und Vontobel wurde mit einem großen Kaliber umgebracht.«

»Lass uns erst mal warten, was wir hinter dieser Tür finden«, bremste Lenz die Gedanken seines Kollegen ein wenig aus.

»Wie ein brutaler Killer kam mir der Holzwurm beim besten Willen nicht vor.«

»Ach«, ätzte Hain, »das sagt der Typ, der sich grundsätzlich daran stört, wenn ich jemanden nach dem optischen Eindruck beurteile. Das ist doch jetzt voll für die Wurst.«

»Gut«, ruderte der Chef der Mordkommission zurück, »da muss ich dir jetzt ausnahmsweise recht geben, Thilo. Aber mal ganz ehrlich, wie ein Mörder hat er doch auch auf dich nicht gewirkt?«

Zu einer Antwort kam Hain nicht mehr, weil die Frau mit einem Schlüsselbund in der Hand die Treppe herunterkam.

»Das ist alles, was ich finden konnte.«

Der Oberkommissar griff nach den Schlüsseln, betrachtete sie kurz, warf danach einen Blick auf das Schloss des Waffenschranks und schüttelte den Kopf.

»Von denen ist es garantiert keiner«, stellte er nüchtern fest.

»Dann kann ich Ihnen nicht helfen.«

»Das ist schade, aber nicht zu ändern.«

Er wandte sich zu seinem Kollegen.

»Dann lass uns am besten ins Präsidium fahren. Das hier bringt doch alles nichts.«

»Gut«, stimmte Lenz zu, zog jedoch zunächst seine Brieftasche aus der Jacke, kramte ein Polizeisiegel daraus hervor und brachte es an dem Stahlschrank an.

»Und lassen Sie sich nicht einfallen, den Schlüssel doch noch zu benutzen«, gab er Sandra Kurz mit auf den Weg. »Siegelbruch ist nämlich eine schwere Straftat, für die man im Knast landen kann.«

11

»Vielleicht«, meinte der Oberkommissar, als die beiden Polizisten im Wagen saßen und auf dem Weg ins Präsidium waren, »war er ja wirklich auf der Jagd. Aber das wäre dann schon ein bemerkenswerter Zufall, wenn ein dringend Verdächtiger in einem solchen Mordfall auch noch über eine großkalibrige Waffe verfügen würde.«

»Nun verurteile ihn nicht gleich, nur weil er Jäger ist. Ich weiß, dass du mit diesen Leuten so gar nichts am Hut hast, aber die Menschen sind nicht per se besser oder schlechter, nur weil sie auf Tiere schießen.«

»Die sich, nebenbei bemerkt, nicht mal wehren können.«

Lenz stöhnte leise auf.

»Ich schaffe eine solche Diskussion mit dir heute nicht mehr, Thilo. Außerdem habe ich nicht die geringste Lust darauf. Lass uns ins Präsidium fahren und ihn vernehmen, dann sehen wir weiter.«

Frank Kurz saß zusammengesunken auf seinem Stuhl, das Gesicht ruhte in den Händen. Als die Beamten den fensterlosen Raum mit dem Tisch in der Mitte betraten, blickte er für einen Moment auf. Lenz nickte dem in einer Ecke sitzenden Schutzpolizisten zu, woraufhin der sich leise verzog.

»So sieht man sich wieder, Herr Kurz. Wie fühlen Sie sich?«

»Ich habe Durst.«

»Dem kann abgeholfen werden«, meinte der Hauptkommissar freundlich und gab Hain einen Wink. Kurz darauf stand eine Flasche Wasser auf dem Tisch, aus der sich der Schreiner großzügig bediente. Nach einem kurzen Geplänkel und der obligatorischen Belehrung kam Lenz auf den Punkt.

»Sie sind hier, weil wir Sie einer schweren Straftat verdächtigen, Herr Kurz.«

»Das habe ich verstanden. Und ich sage Ihnen, dass dieser Verdacht die größte Scheiße ist, die ich jemals in meinem Leben gehört habe.«

»Davon können Sie meinen Kollegen und mich gern überzeugen. Aber zunächst müssen Sie uns einige Fragen beantworten.«

Ein kurzes Nicken.

»Sie kannten Sven Vontobel?«

»Klar kannte ich ihn, ist doch kein Geheimnis.«

»Wie haben Sie ihn kennengelernt?«

Kurz hob den Kopf und warf dem Polizisten einen verächtlichen Blick zu.

»Als er mir das Blaue vom Himmel heruntergelogen hat, um mir diese wertlosen Anteilscheine zu verhökern.«

»Wann war das?«

»Vor zwei Jahren.«

»Und wie sind Sie an Herrn Vontobel gekommen?«

»Gar nicht. Er ist auf mich gekommen.«

»Wie muss ich mir das vorstellen?«

»Mein Vater war zeit seines Lebens Kunde der Nordhessenbank. Als er vor zwei Jahren gestorben ist, wussten die natürlich ganz genau, wie viel Geld er zu vererben hatte. Außerdem waren da auch noch die Immobilien, also die Werkstatt und unser Wohnhaus.«

»Von welcher Summe sprechen wir hier?«

»Knapp drei Millionen, alles zusammen.«

»Und die haben Sie tatsächlich geerbt?«

Wieder ein kurzes Nicken.

»Und dann hat sich Sven Vontobel bei Ihnen gemeldet?«

»Ja. Er hat sich bei uns gemeldet und einen auf absoluten Insider gemacht. Wollte, dass wir weiterhin die gesamte Kohle bei denen anlegen.«

»Und haben Sie es gemacht?«

Ein Nicken.

»Ja, fast alles. Ein bisschen haben wir aufs Festgeldkonto gepackt, ein bisschen für die Ausbildung der Kinder getan, den Rest haben wir ihm praktisch zur freien Verfügung gelassen.«

»Und was ist mit dem Geld passiert?«

»Zunächst hat sich alles ganz gut entwickelt. Eigentlich sogar ziemlich gut. Das war auch der Moment, wo wir größer eingestiegen sind.«

»Wie?«, wollte Hain wissen. »Was meinen Sie mit *größer eingestiegen*?«

Kurz schluckte.

»Wir haben uns wohl ein bisschen blenden lassen von der guten Rendite; also haben wir weitere Aktien gekauft. Auf Kredit.«

»Auf Kredit?«, fragte Lenz nach. »Wie kann man denn Aktien auf Kredit kaufen?«

Wieder bewegte sich der Adamsapfel des Handwerkers auf und ab.

»Das ging eigentlich ganz einfach. Viel zu einfach, wenn Sie mich heute fragen.«

Es entstand eine Pause, in der die beiden Polizisten den Eindruck gewannen, dass Kurz eine schmerzhafte Erinnerung durchlebte.

»Irgendwann hat Vontobel angerufen und uns erklärt, dass die Nordhessenbank weitere Anteile verkaufen würde. Und dass die natürlich genauso gut laufen würden wie die ersten. Meinen Einwand, dass wir kein Geld mehr hätten, konterte er damit, dass wir doch unser Depot beleihen könnten. Die Bank würde uns den gesamten Depotwert als Kredit zur Verfügung stellen.«

»Darauf haben Sie sich eingelassen?«

»Ja, blöd, wie ich war, schon. Das Investment hat sich dann allerdings ganz und gar nicht so entwickelt, wie ich mir das vorgestellt und er es uns vorgegaukelt hatte.«

Kurz kämpfte offensichtlich mit den Tränen.

»Vor etwa einem halben Jahr war der Aktienkurs bei ungefähr der Hälfte des Kaufkurses angekommen, was für sich betrachtet schon eine absolute Katastrophe war. Für uns war es der K.-o.-Schlag, weil damit eine automatische Verkaufsorder wirksam und unser Kredit sofort fällig gestellt wurde.«

Lenz schüttelte den Kopf.

»Da komme ich nicht mit. Sie hätten doch einfach darauf warten können, dass sich der Kurs erholt.«

»Das stimmt. Wenn es unser Geld gewesen wäre. Weil wir aber den Punkt der Unterdeckung des Kredites erreicht hatten, lief das Ganze dann praktisch vollautomatisch.«

»Das heißt«, fasste Hain zusammen, »dass Sie Ihr komplettes Investment an die Bank abtreten mussten. Dass Sie es verloren haben.«

»Bis auf den letzten Cent, ja.«

»Wie ging es weiter?«

Kurz sah von einem der Beamten zum anderen.

»Na, wie soll es schon weitergegangen sein. Von dem Augenblick an war Sven Vontobel für uns nicht mehr zu erreichen. Alle Versuche, mit ihm Kontakt aufzunehmen, scheiterten. In der Bank bekamen sowohl meine Frau als auch ich, nachdem wir es ein paar Mal dort versucht hatten, Hausverbot, und auf Mails oder Briefe hat der Kerl einfach nicht reagiert.«

»Das hat Sie natürlich wütend gemacht«, fasste Lenz zusammen.

»Klar hat mich das wütend gemacht, sehr wütend sogar«, bestätigte der Schreiner mit müden, rot geränderten Augen. »Aber garantiert nicht so wütend, dass ich ihn umgebracht hätte. Das hat ja vielleicht eines der vielen anderen armen Schweine erledigt, mit denen er die gleiche Chose abgezogen hat.«

»Wann haben Sie Herrn Vontobel denn zuletzt gesehen?«, näherte Hain sich dem eigentlichen Grund der Vernehmung.

»Wie gesagt, er hat sich vor uns abgeschottet, es gab kein Rankommen an ihn.«

Kurz hob den Kopf und überlegte.

»Zuletzt gesehen habe ich ihn vor ungefähr einem Dreivierteljahr. Da war er bei uns und hat uns erklärt, dass der Kursverlust einen rein technischen Hintergrund hätte und wir auf keinen Fall nervös zu werden brauchten. Danach ist er abgezogen und ward nie wieder gesehen.«

»Wo sind Sie gestern Abend gewesen, Herr Kurz? Sagen wir, zwischen 17.00 und 23.00 Uhr?«

»Im Wald.«

»Allein?«

»Mutterseelenallein, ja.«

»Was haben Sie dort gemacht?«

»Auf dem Hochstand gesessen und sinniert.«

»Hm. Also waren Sie auf der Jagd?«

»So kann man es auch nennen.«

»Hatten Sie eine Waffe dabei?«

»Na klar hatte ich eine Waffe dabei! Hätte ich mit Tannenzapfen werfen sollen, wenn eine Wildsau es böse mit mir gemeint hätte?«

»Wo ist die Waffe jetzt?«

»Zu Hause, wo sie hingehört.«

»Haben Sie damit geschossen?«, wollte Lenz wissen.

»Nein, habe ich nicht. Mit keiner meiner Waffen ist in den letzten Monaten geschossen worden. Das lässt sich leicht überprüfen.«

»Und jetzt«, übernahm Hain wieder das Kommando, »erklären Sie mir mal auf die Schnelle, warum Sie mich vorhin mit Ihrem Ducato auf die Haube genommen haben.«

Kurz hob entschuldigend die Arme.

»Das war echt keine Absicht, ganz ehrlich. Ich habe einfach geglaubt, Sie beide seien jemand anders.«

»Für wen haben Sie uns denn gehalten?«

»Das tut nichts zur Sache.«

Hain hob zuerst den rechten, danach den linken Arm und hielt dem Schreiner sein zerrissenes Jackett entgegen.

»Und ob das was zur Sache tut, Sie Blödmann. Ich hätte bei diesem Irrsinn draufgehen können.«

»Ich sage doch«, gestand Kurz zerknirscht ein, »dass es mir leidtut.«

»Aber mehr wollen Sie uns nicht dazu sagen?«

»Nein.«

Hain drehte dem Mann den Rücken zu und holte tief Luft.

»Dann will ich Ihnen mal etwas verraten, Herr Schreinermeister. Sie haben sich mit Leuten eingelassen, mit denen man sich als gesitteter Mitteleuropäer besser nicht einlassen sollte. Welche Vertreter der Russenmafia Sie dem Herrn Vontobel auf den Hals hetzen wollten, interessiert mich eigentlich gar nicht so sehr. Brennend bin ich hingegen daran interessiert, wie weit Ihre Verhandlungen mit den Brüdern fortgeschritten waren.«

Frank Kurz lehnte sich in seinen Stuhl zurück.

»Meinen Sie nicht, dass jetzt die Fantasie ein bisschen mit Ihnen durchgeht, Herr Kommissar?«

Lenz warf seinem Kollegen einen warnenden Blick der Marke *Tu jetzt bloß nichts Unüberlegtes* zu.

»Das meine ich ganz und gar nicht. Wenn Sie möchten, können wir uns gern in den nächsten Tagen gemeinsam den E-Mail-Verkehr von Sven Vontobel anschauen, da findet sich garantiert einiges, das gegen die These meiner überbordenden Fantasie spricht. Und bis dahin können Sie ein wenig in einer unserer Zellen über dies und das nachdenken.«

In den nächsten fünf Sekunden herrschte in dem Vernehmungsraum völlige Stille.

»Was hätte ich denn machen sollen?«, brüllte Kurz dann so unvermittelt, dass beide Polizisten zusammenzuckten. »Der Kerl hat uns um unser ganzes Geld betrogen. Was hätten Sie da gemacht?«

»Heißt das«, wollte Lenz wissen, »Sie haben wirklich versucht, Vontobel mithilfe irgendeines Dritten unter Druck zu setzen?«

Ein kurzes Nicken musste zunächst als Antwort reichen.

»Bitte antworten Sie so auf meine Frage, dass etwas davon am Mikrofon ankommt, Herr Kurz.«

»Ja. Das heißt ja.«

»Und mit wem haben Sie sich genau eingelassen?«

»Wer das genau ist, weiß ich nicht. Ich habe eine Mobilfunknummer angerufen.«

»Von wem hatten Sie die Nummer?«

»Von einem Kollegen. Aber Sie können vergessen, dass ich Ihnen sage, wer das ist. Das mache ich wirklich nicht.«

»Und dieser Kollege hatte Erfahrung mit diesen Leuten?«

»Ja. Die haben ihm mal geholfen, als ein Bauherr nicht zahlen wollte. Soll wohl ganz fix seine Meinung geändert haben, der Mann.«

»Und wie ging das weiter?«, schnaubte Hain den Handwerker an. »Wurde der Deal komplett am Telefon abgewickelt?«

»Nein, ich habe mich zweimal mit ihnen getroffen.«

»Wo war das?«

»Im City-Point. Da gibt es eine Eisdiele, dort musste ich auf sie warten.«

»Mensch«, wurde Hain noch ein wenig ungehaltener, »nun lassen Sie sich nicht jeden Span aus der Nase ziehen. Los, wie ist das abgelaufen?«

Kurz warf Lenz einen hilfesuchenden Blick zu, bevor er weitersprach, doch der Hauptkommissar verzog keine Miene.

»Das war wie im Agentenfilm. Ich musste zuerst zwei Runden über den Königsplatz drehen, dann einmal aus dem Hinterausgang und einmal aus dem Vorderausgang gehen, und danach erst durfte ich mich in der Eisdiele an einen Tisch setzen. Ungefähr eine halbe Stunde später kamen sie dann.«

»Ja, weiter!«

»Sie wollten wissen, worum es gehen würde. Nachdem ich es Ihnen erzählt hatte, sprachen sie ziemlich lang in einer fremden Sprache miteinander. Natürlich glaube ich, dass es Russisch war, aber beschwören kann ich das nicht. Danach wollten sie meine Telefonnummer, haben mir erklärt, dass sie ein paar Dinge klären müssten, und sind abgehauen.«

Er sah betreten zu Boden.

»Mir ist schon auf dem Nachhauseweg klar geworden, dass ich einen riesigen Fehler gemacht hatte, aber da war es nun mal leider zu spät.«

»Was geschah weiter?«, wollte Lenz wissen.

»Zwei Tage später haben sie mich angerufen. Wollten 50.000 Euro von mir als Anzahlung. Ich habe sie gefragt, ob sie noch ganz dicht sind und einfach aufgelegt, aber so leicht kommt man bei solchen Leuten nicht durch. Am nächsten Abend standen sie in meiner Werkstatt und drohten, mir die Bude über dem Kopf anzustecken. Und wenn mir das nicht reichen sollte, würden sie sich meine Töchter vornehmen.«

Kurz atmete schwer durch.

»Da bin ich ausgerastet. Ich hatte eines meiner Gewehre, das zur Reparatur musste, in der Werkstatt liegen, und mit dem in der Hand habe ich die beiden vom Hof gejagt. Sie hätten mal sehen sollen, wie die gerannt sind. Wie die Karnickel.«

»Damit war die Sache erledigt?«

Der Schreiner schüttelte betreten den Kopf.

»Nein, leider nicht. Letzte Woche sind wieder zwei in der Werkstatt aufgetaucht, diesmal ganz andere. Haben auch mit Akzent gesprochen und mir erklärt, dass ich noch drei Tage Zeit hätte, dann würde etwas Schlimmes passieren, wenn ich bis dahin nicht gezahlt hätte. Passiert ist aber dann doch nichts, vielleicht auch deshalb, weil meine Kinder gerade im Ferienlager sind.«

»Und dann kamen wir«, setzte Hain den Gedanken des Mannes fort.

»Ja. Dann kamen Sie.«

Sein Blick heftete sich intensiv an Hain.

»Ich hatte wirklich Schiss und konnte ja nicht ahnen, wer Sie in Wirklichkeit sind, und es tut mir ehrlich leid, was da auf dem Hof passiert ist. Wenn ich gewusst hätte, dass Sie von der Polizei sind, hätte ich Sie mit offenen Armen empfangen, das können Sie mir glauben. Ich hatte mir nämlich gerade gestern im Wald überlegt, dass es so nicht weitergehen kann und ich zur Polizei gehen muss, damit der Spuk ein Ende hat.«

»Diesen Zahn muss ich Ihnen leider ziehen, Herr Kurz«, bremste Lenz den Mann. »Nach dem, was Sie da heute abgeliefert haben, kommen zu dem, das Sie Spuk nennen, noch ein paar Sachen hinzu. Und wenn diese Russen, oder welcher Herkunft sie auch immer sein mögen, tatsächlich etwas mit dem Mord an Sven Vontobel zu tun haben sollten, sieht es ohnehin zappenduster für Sie aus.«

»Das können Sie vergessen. Die sollten ihn einfach ein bisschen erschrecken, nicht mehr. Die waren das nicht, garantiert.«

»Das würde ich jetzt an Ihrer Stelle auch sagen«, erwiderte Hain skeptisch. »Und jetzt hätten wir gern Ihren Waffenschrankschlüssel und die Erlaubnis, uns Ihre Schusswaffen anzusehen und eventuell einer Prüfung zu unterziehen.«

Kurz griff wortlos in seine Hosentasche und warf ein dickes Schlüsselbund auf den Tisch.

»Hier, machen Sie damit, was Sie wollen. Aber fangen Sie bitte an mir zu glauben, dass ich mit dem Mord an diesem verdammten Vontobel nichts zu tun habe.«

»Das wird sich zeigen. Bis wir Klarheit darüber haben, was mit den Waffen ist, bleiben Sie auf jeden Fall hier. Die

Zeit können Sie nutzen, zusammen mit unserem Spezialisten Phantombilder Ihrer vermeintlichen Problemlöser anzufertigen.«

*

Zwei Stunden später war klar, dass Kurz die Wahrheit gesagt hatte. Mit keiner der im Haus befindlichen Waffen war in den letzten Monaten geschossen worden. Außerdem passte keines ihrer Kaliber mit jenem der Projektile zusammen, die am Tatort sichergestellt worden waren, was ein kurzer Anruf bei dem überraschend auskunftsfreudigen Heini Kostkamp ergab. Immerhin hatten sie nun zwei mehr oder weniger aussagekräftige Phantombilder der Männer, mit denen Kurz sich in der Einkaufspassage getroffen hatte, und nach denen ab sofort mit Hochdruck gefahndet wurde. An die Konterfeis der anderen beiden hatte der Handwerker nach eigener Aussage keine ausreichende Erinnerung mehr.

»Also alles auf Anfang«, fasste Hain die Ermittlungsergebnisse zusammen, als sie gegen 19.30 Uhr über den Hinterausgang das Präsidium verließen.

»Ja, das stimmt. Aber immerhin haben wir zwei mehr oder weniger Verdächtige, wobei ich mir keine wirklich großen Illusionen über ihre Tatbeteiligung mache.«

»Du meinst, sie haben mit der Sache nichts zu tun?«

»Ganz ausschließen können wir es natürlich nicht, Thilo, aber es ist schon sehr zweifelhaft.«

»Das dachte ich auch die ganze Zeit, aber eben ist mir ein Gedanke durch den Kopf geschossen.«

Der Oberkommissar sah zum Himmel, wo sich drohend schwarze Wolken auf Kassel zuschoben und ein Gewitter in der Luft lag.

»Was, wenn sich die Brüder gedacht haben, diesen Vontobel sehen wir uns mal an? Dann haben Sie ihn sich angesehen, haben gesehen, was er so alles besitzt, und sich überlegt, ihn auszunehmen. Dazu sind sie bei ihm vorstellig geworden, was irgendwie aus dem Ruder gelaufen ist. Und schwupps, schon haben wir eine Leiche im Wohnzimmer liegen.«

»Interessanter Ansatz. Inhaltlich würde er aber bedeuten, dass Vontobel sie freiwillig in sein Haus gelassen haben muss, was ich mir allerdings beim besten Willen nicht vorstellen kann.«

»Ja, da legst du den Finger in eine kleine Schwäche der Theorie, das gebe ich zu.«

»Ich bin müde, Thilo. Im Augenblick können wir nichts weiter tun, also lass uns für heute Feierabend machen.«

»Die Idee ist so gut, dass sie von mir sein könnte«, erwiderte Hain zufrieden.

12

Manfred Eisenberg beugte sich nach vorn, griff zum Telefon und blätterte durch seine Kontakte. Als er den gesuchten Eintrag gefunden hatte, drückte er auf die grüne Taste und wartete, bis das Gespräch aufgebaut war.

»Wir müssen uns sehen«, sagte der 69 Jahre alte Mann, nachdem der Angerufene sich gemeldet hatte.

»Gleiche Stelle wie immer, in vier Stunden.«

Nach einer kurzen Bestätigung von der anderen Seite legte er grußlos auf.

Die *gleiche Stelle wie immer* war eine Parkbank in der Karlsaue, dem großen innerstädtischen Park Kassels. Dort saß, als Eisenberg ankam, ein durchtrainierter Mann von etwa 35 Jahren und fütterte die im gleißenden Licht des Sonnenuntergangs im Wasser vor ihm schwimmenden Enten.

»Stets das gleiche Bild, wenn ich hier ankomme.«

»Ja, und das wird sich auch in der Zukunft nicht ändern. Ein bisschen mehr Verlässlichkeit würde übrigens der Menschheit insgesamt gut zu Gesicht stehen, finde ich.«

»Hört, hört. Heute steht bei Ihnen wohl die philosophische Ader im Vordergrund.«

»Ach, lassen Sie mal. Ich will meine unmaßgebliche Meinung besser nicht zur Referenz für eine bessere Welt machen.«

Eisenberg setzte sich, ohne auf die letzten Worte des braungebrannten Mannes neben ihm einzugehen.

»Es gibt Arbeit«, stellte er stattdessen fest.

»Das ist gut. Ich hatte schon befürchtet, dass unsere Geschäftsbeziehung eingeschlafen ist.«

»Aber mitnichten, mein Lieber. Ich brauche Sie dringender denn je.«

»Das klingt nach einem lukrativen Auftrag.«

»Den ich Ihnen hiermit übertrage.«

Eisenberg ließ den Blick kurz durch den Park kreisen, griff dann in seine Aktentasche und zog eine Kladde heraus.

»Hier finden Sie alle notwendigen Daten. Wir haben zwei Ziele, und die Ausführung des Auftrags duldet keinen, aber auch wirklich nicht den geringsten Aufschub. Und wir brauchen einen Unfall, einen plausiblen, nicht anzuzweifelnden Unfall, das ist besonders wichtig.«

Norman Wachter, sein Gegenüber, studierte kurz die Unterlagen.

»Wenn es so schnell gehen muss, wie Sie sagen«, fasste er das Gesehene kurz zusammen, »kann ich es nicht allein machen. Ich brauche die Freigabe für einen, vielleicht auch zwei oder drei Mitarbeiter, die ich in die Details einweihen muss.«

»Ich wäre enttäuscht gewesen, wenn Sie nicht danach gefragt hätten. Natürlich bekommen Sie die gewünschte Freigabe. Im Gegenzug verlasse ich mich darauf, dass Sie das richtige Personal rekrutieren.«

»Ich habe Sie nie enttäuscht.«

»Das erste Mal tut immer weh.«

»Autsch. Das schreit nach einem Fünfer fürs Phrasenschwein.«

»Da widerspreche ich Ihnen sicher nicht«, entgegnete Eisenberg liebenswürdig, »aber vergessen Sie bitte nicht, dass ich ein armer Mann bin.«

»Armer Mann ist ein gutes Stichwort. Das ist, wie ich es jetzt sehe, ein sehr komplexer Auftrag. Deshalb wird ein Zuschlag von 25 Prozent auf die gewöhnliche Rate fällig.«

»25 Prozent? Das ist nach meiner Meinung schwer zu rechtfertigen.«

Über Norman Wachters Gesicht huschte die Andeutung eines Lächelns.

»Sie wählen mich aus, weil Sie den Besten brauchen. Der ist nun einmal etwas teurer als die Mitbewerber. Und ich bin sicher, dass Sie mit diesem Vorschlag nicht übervorteilt werden.«

»Gut«, machte Eisenberg den Deal perfekt, stand auf und streckte die Rechte nach vorn.

»Wenn Sie Fragen haben, können Sie mich jederzeit unter der bekannten Nummer erreichen.«

»Es wird keine Fragen geben.«

»Dann viel Erfolg.«

Eine knappe Stunde nach seinem Treffen griff Manfred Eisenberg erneut zu seinem Telefon.

»Die Operation läuft«, vermeldete er seinem Gesprächspartner knapp. »Ich komme wieder auf dich zu, wenn alles zu deiner Zufriedenheit erledigt ist.«

13

Nasif Yildirim schob sich langsam durch die eng stehenden Bankreihen des großen Biergartens im Kasseler Osten. Jetzt hatte er seinen Arbeitskollegen erspäht, der in einer entlegenen Ecke unter einem knallgelben Sonnenschirm saß.

»Hallo, Nasif«, wurde er von Markus Specht begrüßt. »Setz dich. Willst du was essen?«

»Nein. Wir sind mitten im Ramadan.«

»Dann trink halt nur was.«

»Später vielleicht.«

Der türkische Banker ließ sich etwas umständlich auf der harten Holzbank nieder und sah seinem Arbeitskollegen fest in die Augen.

»Sag mir lieber, warum du mich hierher bestellt hast, Markus.«

»Was ist denn das für eine Frage, Junge? Du kannst dir doch garantiert an zehn Fingern abzählen, warum wir uns hier treffen.«

Yildirim schüttelte den Kopf und zog gleichzeitig die Schultern hoch. Weit im Westen zuckte ein Blitz über den dunklen Himmel.

»Nein, da irrst du dich. Ich habe keinen Schimmer, was das soll.«

Specht blickte sich auffällig unauffällig um und beugte im Anschluss den Oberkörper so weit nach vorn, dass er fast mit seinem Gegenüber zusammengestoßen wäre.

»Ich wollte mal ganz wertfrei nachfragen, wo du dich gestern Abend so rumgedrückt hast. Obwohl …«

Er brach ab.

»Was – obwohl?«

»Eigentlich ist es mir völlig schnuppe, wer Vontobel abgemurkst hat.«

Yildirim riss die Augen auf.

»Du willst damit sagen … dass du glaubst, … ich hätte …?«

Seine Augen verengten sich zu schmalen Schlitzen.

»Sag mal, spinnst du? Weißt du eigentlich, was du da sagst?«

»Klar weiß ich das, mein anatolischer Freund. Ich weiß nur zu genau, was ich da sage.«

»Und wie kommst du auf diese hirnverbrannte Scheiße?«

»Nun spiel dich mal nicht so auf, Nasif. Ich weiß ganz genau, dass er dich abschießen wollte; und dass er Sachen gegen dich in der Hand hatte, die besser nicht das Licht der Öffentlichkeit erblicken sollten.«

»Was du für einen Unsinn reden kannst, wenn der Tag lang ist.«

»Ho, ho, da kommt er wieder durch, der arrogante Türkenlümmel.«

Nasif Yildirim sprang so vehement auf, dass die Sitzbank hinter ihm polternd umfiel. Sein Gesicht war schlagartig rot angelaufen.

»Du bist völlig krank, Markus. Und so ein Scheiß ist für mich wirklich keine Basis für ein Gespräch.«

Damit drehte der Mann sich um und wandte sich zum Gehen.

»Ich weiß nicht«, rief Specht ihm völlig ruhig hinterher, »ob es dir recht wäre, wenn deine Familie es erfahren würde. Offen gesagt kann ich mir das kaum vorstellen.«

Yildirim blieb wie versteinert stehen. Dann wandte er sich langsam um.

»Was sollte meine Familie besser nicht erfahren?«

Specht griff gelassen zu seinem Bier und nahm einen großen Schluck.

»Ja, was sollte deine Family besser nicht erfahren, Nasif?«

Er fing an zu grinsen.

»Vielleicht, dass du noch viel mehr Türken über den Tisch gezogen hast als nur sie? Dass sich die Blutspur deiner Opfer durch die gesamte Republik zieht? Oder, dass dein alter Baba alles andere als stolz auf seinen Jungen sein kann, weil der systematisch Hunderten seiner Landsleute faule Papiere angedreht hat?«

»Das weiß meine Familie längst alles.«

Wieder das süffisante Grinsen um Spechts Mundwinkel.

»Ja, ja. Schöne Geschichte, nur leider ist kein Wort an ihr wahr.«

»Und was macht dich da so sicher?«

»Ach, ich habe vor ein paar Tagen deinen großen Bruder getroffen. Und der hat mir ziemlich interessante Dinge zu erzählen gehabt.«

»Du lügst!«

Das Grinsen verschwand ruckartig aus Spechts Gesicht.

»Lass es darauf ankommen, wenn du willst. Aber heul mir nicht die Ohren voll, wenn dich deine Sippe wegen dieser Scheiße verstößt.«

Yildirim griff nach unten, stellte die Bank wieder auf ihre Füße und setzte sich.

»Warum machst du das, Markus? Was habe ich dir getan?«

»Du mir getan?«

Specht lachte laut auf.

»Was solltest du mir schon getan haben?«

Wieder ein tiefer Zug vom Bier.

»Vielleicht will ich einfach nur wissen, wer ihn abgemurkst hat. Und du bist ein ganz heißer Kandidat auf meiner Liste.«

»Ich habe ihn nicht ermordet. Bitte glaub mir das einfach.«

»Das kann ich leider nicht. Ich war nämlich dabei, als er dich auf dem Klo im dritten Stock zur Sau gemacht hat. Wenn er das alles zu mir gesagt hätte, ich hätte ihn sofort im Klobecken ertränkt.«

Aus Yildirims Gesicht war während Spechts letztem Satz jegliche Farbe gewichen.

»Du warst …?«

»Irgendwo muss man ja müssen. Und die einzige Toilette im ganzen Haus, die man benutzen kann, ist nun mal die im dritten Stock, auch weil sich dorthin nie jemand verirrt. Ich konnte ja nicht ahnen, dass ihr zwei dort auftauchen würdet.«

»Und du hast unser ganzes Gespräch mit angehört?«

»He, mal ganz ehrlich, was hätte ich machen sollen? Ihr zwei stürmt da rein, als wüsstet ihr ganz genau, dass ihr unter euch seid, und fangt sofort an zu palavern.«

Er setzte eine unschuldige Miene auf.

»Da bleib ich doch ruhig und halt meine Fresse.«

»Aber das ist nicht fair, Markus. Das, was Vontobel und ich zu besprechen hatten, war nicht für deine Ohren bestimmt.«

»Tja, das hättet ihr euch vorher überlegen müssen. Oder zumindest mal nachsehen, ob ihr wirklich allein seid.«

Es entstand eine längere Pause.

»Und was willst du jetzt machen?«, fragte Yildirim ängstlich.

»Ach, eigentlich gar nichts. Ich werde natürlich nicht zur Polizei gehen und dort erzählen, wie aufgebracht du gewesen bist. Und auch besser nicht, dass du ihm damit gedroht hast, ihn fertigzumachen.«

Er griff erneut zu seinem Bierglas und trank den Rest in einem Zug aus.

»Dass du ihm damit gedroht hast, ihn unter die Erde zu bringen.«

»Mensch, du hast doch selbst gerade gesagt, dass ich total aufgebracht gewesen bin. Da sagt man so was schon mal, aber man meint es nicht ernst. Man bringt doch nicht so einfach einen Menschen um.«

»Ob *man* das macht, weiß ich natürlich nicht. *Dir* würde ich es nach diesem Auftritt, ehrlich gesagt, schon zutrauen.«

»Es ist aber Quatsch. Ich habe mit der Sache nicht das Geringste zu tun.«

»Das lassen wir jetzt mal so stehen«, erwiderte Specht leise. »Viel dringender müssen wir darüber reden, warum du ihm gegenüber das Maul so weit aufreißen konntest. Was hattest du gegen ihn in der Hand, um so auftrumpfen zu können?«

Yildirim winkte kraftlos ab.

»Du verrennst dich da in eine fixe Idee, Markus. Ich hatte rein gar nichts gegen ihn in der Hand; und wenn du zur Abwechslung mal ein wenig deinen Grips einsetzen würdest, müsstest du das vermutlich auch ganz schnell begreifen.«

Specht schüttelte renitent den Kopf.

»Das kannst du deiner alten Mutter erzählen, Türkenlümmel«, gab er zischend zurück. »Niemand, wirklich niemand aus der ganzen Abteilung hat jemals so eine große Klappe ihm gegenüber gehabt. Ich habe mir auf dem Scheißhaus wirklich die Ohren gerieben, so hast du es ihm besorgt.«

»Vielleicht hatte ich einfach die besseren Argumente?«

»Wenn du die wirklich gehabt hättest, wären die Drohungen nicht nötig gewesen. Also, was weißt du über ihn?«

»Nichts, Markus. Wirklich nichts.«

»Es tut mir leid, aber ich glaube dir kein Wort. Und du läufst deshalb ernsthaft Gefahr, dass deine Sippe alles über deine zutiefst unethischen Deals mit deinen Landsleuten erfährt.«

»Das ist Erpressung.«

»Nenn es von mir aus, wie du willst, das ist mir egal. Mich interessiert einzig und allein, was du gegen ihn in der Hand hattest.«

Nasif Yildirim lehnte sich zurück, stützte seine Hände auf der hinter ihm stehenden Bank ab und legte dabei die Stirn in Falten.

»Mal angenommen, es gäbe da wirklich etwas, Markus, was ich natürlich nach wie vor bestreite. Was würde es dir bringen, es zu wissen?«

»Ganz einfach, Kumpel, ich will seinen Job. Und weil ich annehme, dass dein Wissen meine Chancen auf eine Beförderung rapide erhöht, musst du mich einfach zu deinem Mitwisser machen.«

Wieder gab es eine längere Pause.

»Dein Gedanke impliziert«, nahm Yildirim schließlich den Faden wieder auf, »dass mein mögliches, aber weiterhin bestrittenes Wissen für die Bank unangenehm ist. Und das ist sowieso schon mal völlig abwegig. Außerdem läufst du Gefahr, dass auch ich scharf auf den Job sein könnte.«

»Nun werd mal nicht albern, Kameltreiber. Du hast Null Komma Null Chance auf Vontobels Posten, und das muss dir auch glasklar sein.«

»Und was macht dich so sicher, dass du der Richtige wärst?«, fragte Yildirim, ohne auf die Beleidigung einzugehen. »Als besonders engagierter Teamplayer hast du dich nach meiner Einschätzung bisher nicht hervorgetan, geschweige denn als so etwas wie einen Teamleader.«

»Was nicht ist, kann ja noch werden«, gab Specht grinsend zurück. »Und jetzt rück verdammt nochmal raus mit dem, was du über Vontobel weißt, sonst beende ich unser Gespräch und mache mich sofort auf den Weg zu deiner Familie.«

Der türkische Banker antwortete nicht, sondern fixierte sein Gegenüber ein paar Sekunden. Dann erhob er sich langsam, kam um den Tisch herum und beugte sich zu seinem Kollegen herunter.

»Ich konnte dich noch nie leiden, Markus, und heute hast du bewiesen, dass meine Aversionen gegen dich und meine Antipathie völlig zu Recht bestehen.«

Seine Züge verhärteten sich deutlich, bevor er weitersprach.

»Menschen wie du sind es nicht wert, dass man sich groß mit ihnen beschäftigt. Menschen wie du, die ohne Not andere in den Ruin treiben.«

Er bewegte sich noch ein Stück näher an Specht heran, sodass sich ihre Nasen fast berührten.

»Du wirfst mir vor, dass ich meine Landsleute betrogen hätte? Da ist sicher was dran, das gestehe ich freimütig ein. Aber du weißt ganz genau, dass wir nicht über die wahren Hintergründe der Emission unterrichtet waren, als ich diese Deals gemacht habe. Du hingegen, Markus, hast einen fast missionarischen Eifer darin entwickelt, Menschen irgendwelche toxischen Papiere aufs Auge zu drücken.«

Specht war, während Yildirim sprach, ein wenig mit dem Oberkörper nach hinten gerutscht, doch der Türke bewegte sich ebenfalls, sodass der bedrohlich wirkende Abstand gewahrt blieb.

»Du würdest, wenn es deinem Bonus dienen würde, deine Großmutter meistbietend verhökern. Gnadenlos, skrupellos.«

Er richtete sich auf und atmete tief ein und danach ebenso intensiv aus.

»Und dann bestellst du mich hierher, um mich mit Dingen zu erpressen, auf deren Verlauf ich keinen Einfluss hatte? Du bist wirklich nicht mehr ganz dicht, Markus.«

Damit drehte er sich um und ging davon, schien es sich jedoch erneut anders zu überlegen und blieb stehen.

»Du willst in Wirklichkeit gar nicht wissen, was ich über Vontobel weiß. Du willst es nicht wissen, weil du es nicht aushalten würdest, das verspreche ich dir, du kleines Arschloch.«

Er näherte sich Specht erneut bis auf ein paar Zentimeter.

»Und wenn du immer noch glauben solltest, dass du ein cooler Typ bist, dann wird es Zeit, endlich aufzuwachen. So einer wie du wird nie im Leben zum Abteilungsleiter gemacht, und wenn du dich noch so abstrampelst. Das ist wirklich ein paar Kragennummern zu groß für dich.«

Yildirim hatte das Gesicht bei seinen letzten Sätzen zu einer Fratze verzogen.

»Und wenn du es noch einmal wagen solltest«, setzte er hasserfüllt hinzu, »mich auf irgendeine Weise zu beleidigen, egal wie, dann schlage ich dir deine blöde Grinsfresse zu Brei, das schwöre ich beim Leben meiner Mutter.«

14

»Rudolph Gieger?«

Maria stellte die Salatschüssel auf dem Tisch ab und sah ihren Mann mit großen Augen an.

»Du warst wirklich bei Rudolph Gieger?«

»Was ist daran so außergewöhnlich?«

»Außergewöhnlich ist, dass du überhaupt bis zu ihm vorgedrungen bist. Normalerweise ist bei seiner Sekretärin definitiv Schluss.«

»Du vergisst, dass wir in einem Mordfall ermitteln.«

»Gut, das dürfte die Sache ein wenig beeinflusst haben«, gestand sie ein und setzte sich zu Lenz an den Tisch. Draußen zuckten gigantisch anmutende Blitze über den pechschwarzen Himmel, gefolgt von augenblicklich einsetzendem, infernalischem Donnern.

Nach seinem Ankommen in der Wohnung hatte er ein paar Minuten mit Maria auf der Terrasse verbracht, jedoch nur so lang, bis die Schleusen des Himmels sich schlagartig geöffnet hatten und prasselnder Regen einsetzte. Während dieser Zeit hatte der Kommissar seiner Frau die Ereignisse des Tages geschildert.

»Die Art, wie du über ihn redest, legt nahe, dass du ihn kennst«, stellte er fest, während er mit der Gabel einen Bissen präparierte.

»Kennen ist definitiv zu viel gesagt. Als ehemalige Frau des Oberbürgermeisters hatte ich natürlich mit Leuten wie ihm zu tun, aber Gieger ist ein sehr spezieller Mensch, zu dem man nur sehr schwer eine persönliche Beziehung aufbauen kann. Ich zumindest habe es erst gar nicht versucht, vor allem wegen der Aura, mit der er sich umgibt.«

»Wie meinst du das? Welche Aura?«

Maria bewegte die Gabel, die sie gerade zum Mund führen wollte, wieder Richtung Teller, und dachte eine Weile nach.

»Vielleicht ist Aura gar nicht das richtige Wort. Es ist eher so, dass er einem durch sein abweisendes Verhalten zu verstehen gibt, dass man für ihn kein adäquater Gesprächspartner ist. Natürlich umgibt er sich gern mit den Mächtigen aus der Politik und anderen Bankern, aber gerade so weit, wie sie ihm nützlich sein könnten. Wusstest du, dass er mal das Opfer einer Entführung gewesen sein soll?«

»Nein«, gab Lenz erstaunt zurück. »Wann war das?«

»Es ist ewig her, und viel weiß man darüber auch nicht. Relativ klar ist aber, dass er entführt wurde, und für seine Freilassung ein hohes Lösegeld geflossen ist.«

»Das muss lang vor meiner Zeit passiert sein, Maria.«

»Allerdings war das lang vor deiner Zeit als Kripobeamter. Und wenn du damals schon im Geschäft gewesen wärst, hättest du von der Sache auch nicht viel mitgekriegt, weil seine Familie das alles ohne fremde Hilfe, also auch ohne die der Polizei, geregelt hat.«

Wieder dachte sie eine Weile nach.

»Erich hat mir mal erzählt, dass sich die Sache irgendwann Mitte der siebziger Jahre ereignet haben soll. So genau weiß man es nicht, weil die Giegers eben darüber den Mantel des Schweigens gebreitet haben. Später machten wohl Gerüchte die Runde, dass es Parallelen zum Entführungsfall Oetker gegeben habe, aber mehr kann ich dir leider nicht sagen.«

»Das ist ja ein Ding«, zeigte Lenz sich wirklich überrascht.

»Aber eine Entführung ist immerhin ein Kapitalverbrechen. Da muss die Polizei ermitteln, wenn sie Kenntnis von der Sache bekommt.«

»Das ist alles richtig, mein Lieber, aber offenbar hat die Familie Gieger es für richtig gehalten, alles intern zu regeln. Und wo es kein Opfer gibt, da kann es natürlich auch keinen Täter geben.«

»Dann wurde die Tat, wenn sie sich denn wirklich zugetragen haben sollte, in keiner Weise verfolgt?«

»Zumindest nicht von der Polizei, ja.«

»Was soll denn das nun schon wieder heißen, Maria: *Zumindest nicht von der Polizei*?«

Sie griff nach der Weißbrotstange auf dem Tisch, brach sich ein Stück ab, tunkte es in die Salatsoße und schob es in den Mund.

»Weil in solchen Kreisen auf Öffentlichkeit nun mal kein Wert gelegt wird, und Polizei, das muss ich dir bestimmt nicht explizit erklären, bedeutet immer Öffentlichkeit. Erich war übrigens davon überzeugt, dass die Familie unter Zuhilfenahme einer großen Detektei die Täter verfolgt, gestellt, und ihr Geld zurückbekommen hat, aber das war, glaube ich, mehr eine Vermutung von ihm.«

Lenz schüttelte fassungslos den Kopf.

»Und du meinst nicht, dass ihr alle einer gehörigen Räuberpistole aufgesessen seid, Maria?«

»Das, mein lieber Paul, vermag ich nicht abschließend zu beurteilen, weil ich die Geschichte nur vom Hörensagen kenne. Aber viele Details lassen schon die Vermutung zu, dass sie keine Räuberpistole ist.«

»Wie auch immer. Ich werde einfach morgen mal im Präsidium die ganz alten Kollegen fragen, ob einer sich an diese Sache erinnern kann.«

Er stützte den Kopf müde auf den Armen ab.

»Weißt du etwas über sein Privatleben? Ist er verheiratet, hat er Kinder?«

Maria tupfte sich den Mund ab, legte die Serviette zur Seite und warf ihrem Mann einen aufmunternden Blick zu.

»Nun lass dich mal nicht so hängen, Paul.«

»Ich bin wirklich müde, Maria.«

»Das kann schon sein. Aber mit Schlafen wird es so schnell nichts werden, weil ich nämlich heute meine Unterwäscheausstattung erweitert habe. Und du musst natürlich entscheiden, was davon ich behalten kann und was nicht.«

»Du behältst doch sowieso immer alles«, wandte der Kommissar matt ein.

»Das stimmt, ja. Aber ich habe ein viel besseres Gefühl, wenn du mir die Absolution dazu erteilt hast.«

*

Eine gute Stunde später lagen die beiden völlig erschöpft auf dem Bett. Maria trug nichts außer einem schwarzen BH, der reichlich derangiert wirkte, Lenz war komplett nackt.

»Den kann ich nun wirklich nicht mehr zurückgeben«, kicherte sie.

»Das solltest du auch gar nicht, das Ding finde ich nämlich extrem erotisch.«

Maria blies sich eine Locke aus dem Gesicht und legte ihren Kopf auf seine Brust.

»Magst du den Sex mit mir noch?«

Stille.

»Hallo! Ich rede mit dir.«

Weiterhin Stille.

Sie hob den Kopf und sah ihren Mann mit funkelnden Augen an.

»Mensch, Maria, was willst du denn jetzt hören? Dass ich diese Urgewalt von eben nicht genossen habe? Dass ich es langsam langweilig finde, von dir …«

»Ja?«

»Vergiss es, ich sage es nicht.«

»Findest du es denn langweilig?«

Lenz griff nach ihrem Arm und ließ den Zeigefinger der rechten Hand daran auf und ab gleiten.

»Du weißt, dass ich total auf den Sex mit dir stehe. Und du merkst es jedes Mal, wenn wir es tun. Also verstehe ich die Frage nicht so richtig.«

Sie fing langsam an zu grinsen.

»Ich weiß, dass du drauf stehst, Paul, genau wie ich. Aber manchmal muss ich halt fragen. Das kommt einfach so, da kann ich gar nichts dafür. Wir Frauen sind, was das angeht, nun mal anders als ihr Männer.«

»Och, ich glaube, dass es immer noch genug Kerle gibt, die hinterher wissen wollen, ob sie gut waren. Oder zumindest *hören* wollen, dass sie es waren.«

»Das mag wohl sein. In meinem Fall ist das allerdings schon mehr als eine Dekade her, sodass mir die Erinnerung daran völlig abhandengekommen ist.«

»Ich jedenfalls«, setzte er zu einer Zusammenfassung an, »bin mit meinem Sexualleben völlig zufrieden.«

»Dito«, erwiderte sie kurz.

»Dann können wir diese postorgasmische Vernehmung hiermit beenden?«

Ihr Grinsen wurde breiter.

»Sofort, wenn du es gesagt hast.«

»Nein, vergiss es, ich sag es nicht.«

»Bitte, Paul. Nur ein einziges Mal.«

»Nein.«

»Ganz leise, nur für mich?«

»Maria!«

»Spießer.«

»Gern.«

Ein paar Minuten hielten sich die beiden wortlos im Arm, dann nahm Maria den Gesprächsfaden vom Abendessen wieder auf.

»Gieger ist tatsächlich verheiratet und hat auch zwei Kinder. Er schirmt seine Familie aber vollständig von der Außenwelt ab. Soweit ich weiß, gibt es nicht mal Fotos von seiner Frau.«

»Hast du sie mal kennengelernt?«

Sie schüttelte den Kopf.

»Wenn er weggeht, dann nie mit ihr zusammen.«

Sie überlegte wieder eine Weile.

»Wenn ich mich recht erinnere, sollen die Kinder auf

einem Schweizer Internat gewesen sein. Was danach kam, weiß ich allerdings nicht.«

»Wie alt?«

Ein angedeutetes Schulterzucken.

»Mitte, Ende 20, würde ich schätzen.«

»Wo wohnt die Familie?«

»Irgendwo am Brasselsberg, dort, wo die Giegers schon immer gewohnt haben. Umsorgt von Personal, beschützt von Bodyguards.«

»Er lässt sich bewachen?«

»Ich jedenfalls habe ihn nie ohne mindestens einen seiner breitschultrigen Beschützer gesehen.«

Maria hob den Kopf und sah ihrem Mann lang in die Augen.

»Bei der Vorgeschichte kann ich das nur zu gut verstehen, Paul.«

»Ja. Wenn sie denn wahr ist.«

»Oh bitte, nicht schon wieder diese Leier.«

»Schon gut, ich höre ja auf.«

Damit stand er auf, ging ins Bad, um sich die Hände zu waschen, nahm eines der vier Telefone, die in der Wohnung verteilt standen, und wählte eine Nummer.

»Hallo, Uwe«, begrüßte er seinen Freund und Kollegen Uwe Wagner, den Pressesprecher des Polizeipräsidiums Nordhessen.

»Wow«, schallte es ihm ins Ohr. »Dass du dich traust, bei mir anzurufen!«

»Ich weiß, ich hätte mich schon heute Nachmittag bei dir melden müssen, Uwe, aber ich habe es einfach nicht geschafft.«

»Und hast mich, rein, was die Öffentlichkeitsarbeit betrifft, voll ins offene Messer rennen lassen.«

»Das tut mir ehrlich leid«, erwiderte Lenz kleinlaut.

»Na, ja, so ganz schlimm war es halt auch nicht«, feixte Wagner. »RW ist bei mir gewesen und hat mich über die wichtigsten Dinge informiert.«

»Puh …«, machte Lenz. »Und ich dachte schon, du seist ernsthaft böse mit mir.«

»Nein, nicht so ganz ernsthaft. Außerdem ist der Mord erstaunlicherweise noch gar nicht richtig ins allgemeine Bewusstsein vorgedrungen. Ich war wirklich erstaunt, wie wenige Medienvertreter etwas dazu wissen wollten. In der Hauptsache natürlich die lokalen, und dann war auch schon ziemlich Schluss.«

»Das ist wirklich erstaunlich, ja.«

»Aber du störst mich doch garantiert nicht wegen deines schlechten Gewissens beim Beseitigen der Schäden im Garten nach diesem fiesen Unwetter, oder?«

»Nein«, gab Lenz zu. »Ich wollte dich ein bisschen über einen Banker ausfragen, mit dem ich heute zu tun hatte.«

»Einen Banker? Ein Kollege des Ermordeten?«

»Nein, ein Kollege ist er nicht gerade. Es handelt sich dabei um Rudolph Gieger.«

»Da«, schnalzte Wagner mit der Zunge, »hast du dich aber gleich ganz oben angesiedelt. Was willst du denn über ihn wissen?«

»Am besten alles.«

»Gern, mein Freund, aber es ist ein recht bescheidenes Mahl, das ich dir auftischen kann. Vermutlich dürften die Informationen, die deine Holde dir geliefert hat, wesentlich gehaltvoller gewesen sein als das, was ich dir anbieten kann.«

»Sag mal, kannst du hellsehen?«

»Nein, das nicht. Aber wenn ich einen solch erstklassigen Kenner der Kasseler Promiszene zu Hause hätte, würde ich auch zuerst bei dem nachfragen und dann beim Rest.«

»Weißt du im Zusammenhang mit Gieger etwas über eine Entführung?«

»Eine Entführung? Nein. Wen soll er denn entführt haben?«

»Nicht er soll haben, Uwe. Er soll worden sein.«

»Rudolph Gieger? Das Opfer einer Entführung? Davon habe ich wirklich nicht die geringste Ahnung. Wann soll sich das denn abgespielt haben?«

»Ungefähr Mitte der Siebziger.«

Wagner fing laut an zu lachen.

»Mitte der Siebziger bin ich mit der Trommel um den Weihnachtsbaum gerannt, Paul.«

Er dachte einen Augenblick nach.

»Na, das mit der Trommel stimmt jetzt nicht zu 100 Prozent, aber mehr als ein aufmüpfiger Pubertierender war ich auch noch nicht. Nein, ganz ernsthaft, ich habe wirklich noch nie etwas über eine solche Entführung gehört.«

»Na ja, hätte ja sein können.«

»Immer wieder gern, aber in dem Zusammenhang bin ich dir wirklich keine Hilfe.«

»Dann hoffe ich, dass du die Schäden im Garten schnell wieder in den Griff bekommst, und wünsch dir noch einen schönen Abend.«

»He, he, nicht ganz so schnell. Willst du mir nicht wenigstens erzählen, was du heute so alles getrieben hast, um den Bösewicht dingfest zu machen, der dieses Blutbad angerichtet hat?«

»Nein, das mache ich morgen früh. Ich komme auf einen Kaffee bei dir vorbei.«

»Fühl dich herzlich eingeladen. Bis morgen dann.«

»Ja, bis morgen.«

15

Genau in dem Moment, in dem der Hauptkommissar am nächsten Morgen das Präsidium betrat, brummte sein Mobiltelefon.

»Ja, was gibt's, Thilo«, meldete er sich nach einem kurzen Blick auf das Display.

»Mann, Boss, es ist 8.15 Uhr. Wo bleibst du denn?«

»Bist du schon im Büro?«

»Blöde Frage. Schon seit 6.00 Uhr.«

»Was treibt dich denn um diese Zeit an die Arbeit? Willst du doch mit aller Gewalt meinen Job übernehmen?«

»Nö, das nicht. Aber einer meiner Jungs brütet eine Sommergrippe aus, und da war nicht mal im Ansatz an Schlaf zu denken. Außerdem tut mir jede Gräte weh von dem Stunt, den ich gestern hinlegen musste. Also bin ich früh aufgestanden und hierher gefahren.«

»Und jetzt wartest du auf mich?«

»Jepp.«

»Hat es noch ein paar Minuten Zeit? Ich würde gern bei Uwe vorbei und ihn auf den neuesten Stand bringen.

Außerdem weiß er noch gar nichts über deinen heldenhaften Einsatz von gestern.«

»Das musst du ihm auch nicht auf die Nase binden.«

Im Hintergrund konnte Lenz die typischen Geräusche einer Computertastatur hören.

»Ich will dich deswegen so schnell wie möglich hier sehen, Paul, weil ich ein paar wirklich interessante Dinge auf Vontobels Festplatten gefunden habe.«

»Hat es nicht wirklich noch zehn Minuten Zeit? Ich müsste Uwe sonst sehr enttäuschen.«

»Gut, zehn Minuten. Aber wenn du dann nicht hier bist, gibt's was auf die Nuss.«

Als Lenz genau 18 Minuten später mit heraushängender Zunge in Hains Büro einlief, blieb der junge Oberkommissar erstaunlich ruhig.

»Wow, nur acht Minuten Verspätung. Das nenne ich mal fast pünktlich.«

»Ja, ich hab irgendwie die Uhr vergessen. Sorry.«

Lenz zog sich einen Stuhl heran und ließ sich darauf nieder.

»Also, was hast du für uns?«

Hain führte ein paar Bewegungen mit der Maus aus und deutete auf die erscheinende Bildschirmmaske.

»Das hier ist so was wie das Schwarzbuch unseres guten Sven. Darin hat er diejenigen Kunden verzeichnet, die größere Verluste angehäuft haben. Komischerweise gibt es dabei einen Haufen Einträge unter zwar verschiedenen Namen, aber der gleichen Adresse.«

Er wies auf einen Block mit verschiedenen Nachnamen, die tatsächlich alle auf die gleiche Adresse verwiesen.

»Zuerst dachte ich, dass es sich dabei um einen Fehler handeln müsste, aber dann bin ich jedes einzelne Feld durchgegangen und habe mir die persönlichen Daten der Menschen angesehen. Und schwupps, schon war die Sache klar. Zumindest fast.«

»Was war klar?«

»Alle diese Menschen sind an oder weit über 70 Jahre alt. Da musst du kein Astrophysiker sein, um zu kombinieren, dass es sich bei der Adresse aller Wahrscheinlichkeit nach um ein Altersheim handelt.«

»Das hättest du auch durch einen Blick ins Telefonbuch herausfinden können.«

Hain fing an zu grinsen.

»Stimmt, das hätte ich auch machen können. Wäre aber nicht so elegant gewesen.«

»Hast du es mittlerweile überprüft?«

»Klar.«

Er benutzte erneut die Maus. Auf dem Bildschirm tauchte die Fassade einer Jugendstilvilla auf.

»Hier, das ist die Seniorenresidenz am Brasselsberg. Dort wohnen sieben von Vontobels Kunden.«

Lenz überflog die Informationen auf der Internetseite.

»Sieht irgendwie teuer aus, was denkst du?«

»Klar. Für *Ich-hab-mein-Leben-als-400-Euro-Kraft-gearbeitet-Mitbürger* ist das garantiert nicht das Richtige.«

Der Oberkommissar schüttelte skeptisch den Kopf.

»Ich glaube auch nicht, dass uns das ad hoc viel weiter bringt. Deshalb würde ich die Liste gern noch ein wenig genauer durchgehen und sehen, wen wir darauf noch alles entdecken.«

»Zeig mir bitte nochmal diese Liste.«

Hain wechselte wieder zur alten Ansicht, und beide vertieften sich für eine Weile in die Namen und Zahlen.

»Aber das sind alles Einzelfälle, Thilo. Und viele von denen leben gar nicht in Kassel. Es ist bestimmt nicht die schlechteste Idee, wenn wir uns zunächst in dem Stift umhören.«

»Du meinst, wir sollten da mal vorbeifahren, weil die alten Leute sich zusammengerottet, eine großkalibrige Waffe gekauft und ihn abgemurkst haben?«

»Das sage ich doch gar nicht«, reagierte Lenz gereizt.

»Tut mir leid«, gab Hain ehrlich betroffen zurück. »Ich wollte dir nicht auf die Füße treten.«

»Dann mach's halt auch nicht.«

»Trotzdem würde ich die alten Leute gern zurückstellen. Wenn wir partout nichts erreichen, können wir uns denen immer noch widmen.«

»Zielführend ist aber was anderes, oder?«

»Das finde ich nicht, Paul. Wir sollten uns nur zunächst auf diejenigen seiner Kunden konzentrieren, die in der Lage sind, eine Knarre zu halten.«

Lenz lehnte sich trotzig in seinen Stuhl zurück.

»Ich will mir einfach diese Leute ansehen und mit ihnen sprechen. Wer weiß, vielleicht haben sie sogar einen Tipp für uns. Und wenn nicht, bringt es uns wenigstens dahingehend weiter, dass wir mehr darüber erfahren, wie Vontobel genau gearbeitet hat.«

»Gut, Paul«, gab Hain seinen Widerstand auf. »Du willst, dass wir diesem Seniorenstift einen Besuch abstatten, also machen wir das. Aber keine großen Sozialstudien und kein Mitleid mit diesen armen Schweinen, die ihre Kohle verloren haben.«

»Versprochen«, rief der Leiter der Mordkommission, sprang aus dem Stuhl, und hatte auch schon seine Jacke über dem Arm hängen.

»Warte, Paul«, rief Hain ihm nach, »und lass mich wenigstens eine Liste der Namen ausdrucken.«

»Mach das, ich warte draußen auf dich.«

*

»Du bist echt ein hoffnungsloser Sozialromantiker«, beschied Hain seinem Chef zum Ende einer lange Zeit schweigend verlaufenen Fahrt zum Brasselsberg, der *besseren Gegend* von Kassel.

»Das mag wohl sein. Aber ist das schlecht?«

»Schlecht wird es dann, wenn wir unsere Arbeit deswegen mangelhaft erledigen, Paul.«

Lenz warf seinem Kollegen einen mitleidigen Blick zu.

»Das ist aber jetzt unterste Schublade, Herr Oberkommissar. Wenn du wirklich nicht gewollt hättest, wäre ich allein gefahren. Aber wenn wir es zusammen machen, dann solltest du auch nicht nachkarten.«

»Da gebe ich dir recht«, stimmte Hain nachdenklich zu, während er den Kombi vor der in der Realität noch nobler aussehenden Seniorenresidenz ausrollen ließ, deren parkähnliche, von altem Baumbestand beschattete, gepflegte Rasenfläche vor dem Gebäude einen überaus einladenden Eindruck vermittelte.

»Wow«, bemerkte Lenz bewundernd, »hier lässt sich ein Lebensabend wahrlich aushalten.«

»Ja, mein Freund, schau es dir gut an. Das wird sich von unserer Beamtenpension allerdings niemals stemmen lassen.«

»Du vergisst«, lachte der Hauptkommissar auf, »dass meine Frau ziemlich wohlhabend ist.«

»Na, dann wünsche ich euch, dass dieser Zustand mit Pensionseintritt auch noch aktuell ist. Wenn ich mir überlege, wie viele Menschen dieser Vontobel und seine Spießgesellen mit ihren Methoden in den wirtschaftlichen Abgrund getrieben haben, kriege ich allerdings schwerste Bedenken.«

»Maria arbeitet nicht mit der Nordhessenbank zusammen.«

»Na, dann kann euch ja schon mal gar nichts passieren, weil die anderen Geldinstitute alle ganz, ganz anders sind.«

»Ich werde deine Mahnung im Auge behalten, Thilo.«

Eine knappe halbe Minute später legte der Oberkommissar den Finger auf den polierten Klingelknopf und sah freundlich in das Fischaugenobjektiv der Kamera neben der Tür.

»Ja bitte?«, erklang kurz darauf eine höfliche Stimme.

»Guten Tag, mein Name ist Hain. Mein Kollege und ich sind von der Kriminalpolizei und würden gern einigen Ihrer Bewohner ein paar Fragen stellen.«

»Von der Kriminalpolizei …?«

»Ja.«

»Dann lasse ich Sie mal rein. Die Treppe hinauf und dann rechts.«

Es klackte, und im Anschluss schwang die schwere Holztür automatisch nach innen. Die Polizisten folgten der Wegbeschreibung und kamen zu einer kleinen Theke, an der eine etwa 50-jährige, ein wenig misstrauisch dreinblickende Frau saß.

»Sie verstehen sicher, dass ich mir Ihre Dienstausweise anschauen muss«, erklärte sie streng. »Es gibt nämlich einfach zu viele Gauner auf der Welt.«

»Wir gehören zu den Guten«, gab Lenz verständnisvoll zurück und hielt das geforderte Dokument hoch.

»Lenz und Hain. Hm.«

Sie drehte eine Kladde um 180 Grad und deutete darauf.

»Bitte tragen Sie sich hier mit Vor- und Zunamen ein.«

Als auch das erledigt war, entspannten sich die Züge der Frau mit den grauen Haaren ein wenig.

»So, das hätten wir. Und warum genau wollen Sie unsere Bewohner jetzt sprechen?«

»Details darüber, liebe Frau Metzger, «, erwiderte Lenz nach einem schnellen Blick auf ihr Namensschild, »möchten wir lieber nicht an die große Glocke hängen, sondern mit der gebotenen Diskretion behandeln.«

Der Gesichtsausdruck von Frau Metzger signalisierte schlagartig schlechte Laune.

Hain kramte die Namensliste hervor.

»Als Erstes würden wir gern mit Frau Zacharias sprechen. Martha Zacharias.«

Die Frau senkte den Kopf.

»Ich bedaure, aber Frau Zacharias lebt nicht mehr. Sie ist vor etwa drei Wochen gestorben.«

»Oh, das tut mir leid.«

Er sah erneut auf seine Liste.

»Dann hätten wir hier noch eine Elli Beselich.«

»Frau Beselich ist außer Haus. Sie wurde gestern von ihrer Familie abgeholt und wird erst heute Abend zurück erwartet.«

»Na, das scheint nicht unser Tag zu sein. Wie sieht es denn mit Horst Breiter aus? Können wir den vielleicht sprechen?«

Frau Metzger drehte sich um und sah auf einen Kalender an der Wand.

»Herr Breiter ist bei der KG. Also Krankengymnastik. Sollte aber in einer guten Stunde wieder hier sein, wenn nichts dazwischen kommt.«

»Das klingt, als würde bei ihm öfter etwas dazwischen kommen.«

»Das habe ich nicht gesagt und auch nicht gemeint.«

»Gut«, machte Hain auf freundlich. »Dann hätte ich hier noch einen Herrn Anselm. Herbert Anselm.«

Wieder eine Drehung ihres massigen Körpers und die Konsultation eines Papiers.

»Herr Anselm ist im Haus. Sie finden ihn vermutlich im Schwimmbad.«

»Das ist sehr erfreulich.«

»Wenn ich raten müsste«, erklärte Frau Metzger nun selbstbewusst, »würde ich sagen, dass auch eine Frau Hasselberg auf Ihrer Liste steht.«

Hain hob den Kopf und sah sie überrascht an.

»Volltreffer. Woher wussten Sie das?«

»Ach, so schwer war das nun wirklich nicht. Die sitzen bei den Mahlzeiten alle an einem Tisch. Saßen, wollte ich sagen.«

Ihr Blick wandte sich ein paar Grad nach links, wo im gleichen Augenblick eine ältere Dame sichtbar wurde.

»Da kommt übrigens Frau Hasselberg.«

Die Polizisten drehten sich um und sahen in das freundliche, von tiefen Furchen durchzogene Gesicht einer Frau, die sicher in der neunten Lebensdekade angekommen war.

»Die Herren wollen Sie sprechen, Frau Hasselberg«, rief Frau Metzger ihr laut zu.

»Sie müssen nicht so brüllen, ich habe mein Hörgerät nämlich ausnahmsweise mal angeschaltet.«

»Wow, damit rechnet man ja überhaupt nicht mehr«, kam es von der anderen Seite der Theke leise.

Die alte Dame warf Lenz und Hain einen prüfenden Blick zu.

»Sind Sie sicher, dass Sie zu mir wollen? Ich kenne Sie nämlich nicht, und in meinem Alter macht man keine neuen Männerbekanntschaften mehr.«

»Nein, das ist schon richtig, Frau Hasselberg«, erwiderte Lenz mit einem strahlenden Lächeln. »Wir kommen von der Polizei und würden Ihnen gern ein paar Fragen stellen.«

»Von der Polizei? Dann müssen Sie sich wirklich irren. Mit der Polizei habe ich nämlich schon mal überhaupt nichts zu tun.«

»Wir wollen Ihnen nur ein paar Fragen stellen«, ergänzte Hain. »Meinen Sie, wir könnten uns ein paar Minuten irgendwo hinsetzen?«

Frau Hasselberg beugte sich in Richtung der Mitarbeiterin hinter dem Tresen und kniff verschwörerisch die Augen zusammen.

»Sind die wirklich von der Polizei, Kindchen? Ich meine, man liest so viel über irgendwelche Strolche, die alten Leuten das Geld aus der Tasche ziehen wollen.«

»Nein, nein, das habe ich geprüft. Das sind echte Polizisten.«

Nun fixierte die weißhaarige Frau wieder die Beamten.

»Dann folgen Sie mir mal, auch wenn es nicht mehr so schnell geht, wie Sie es vermutlich gern hätten. Wir gehen in den Garten; in meinem Alter sollte man jeden Sonnenstrahl, der sich einem bietet, ausnutzen. Außerdem kann uns dort die ganze Mischpoke sehen und ist dann neidisch auf mich.«

Den gesamten Weg zum idyllisch hinter dem Haus angelegten Garten über drehte sie sich weder zu den Beamten um, noch sprach sie zu ihnen. Erst als alle drei unter einem dunkelgrünen Sonnenschirm Platz genommen hatten, ergriff sie wieder das Wort.

»Von welcher Polizei kommen Sie denn? Das muss man doch erfahren dürfen, oder?«

»Selbstverständlich«, stimmte Lenz ihr zu. »Wir kommen von der Abteilung für Gewalt- und Tötungsdelikte.«

Nun war dem Gesicht der alten Dame doch so etwas wie Erstaunen anzusehen.

»Also von der Mordkommission.«

»Das trifft es besser, ja.«

»Ist denn jemand ermordet worden?«

»Leider ja.«

»Und Sie meinen, ich könnte Ihnen bei der Suche nach dem Täter helfen?«

Sie schüttelte den Kopf.

»Wenn Sie sich da nur nicht täuschen, meine Herren. Aber Sie sollten mir vielleicht als Erstes sagen, wer überhaupt ermordet worden ist.«

»Das Opfer heißt Sven Vontobel.«

»Vontobel? Der Name kommt mir bekannt vor. Den habe ich irgendwo schon einmal gehört.«

»Er war Mitarbeiter der Nordhessenbank.«

»Ach, den Kerl meinen Sie. Der ist ermordet worden?«

»Leider ja.«

»Na, da werden Sie unter den Menschen hier, die ihn gekannt haben, keinen finden, der das auch schade findet.«

»Warum?«

»Weil das genau einer von denen ist, von denen ich vorhin am Eingang gesprochen habe. Ein Strolch, der unwissenden alten Leuten das Geld aus der Tasche zieht.«

»Ihnen auch?«, wollte Lenz wissen.

Frau Hasselberg stand langsam und bedächtig auf.

»Diese Sache hat mich ausgiebig beschäftigt, meine Herren, das können Sie mir glauben, und ich habe kein Verlangen, sie wieder aufzuwärmen. Das Geld ist weg, da hilft auch Jammern nichts. Und weil ich wirklich nicht die geringste Lust habe, mir mit diesem Thema den Tag vermiesen zu lassen, darf ich Sie jetzt allein lassen. Fragen Sie die anderen, vielleicht hat von denen jemand Lust, mit Ihnen darüber zu reden. Und behalten Sie bitte Platz.«

Sie wandte sich ab und ging davon, drehte sich dann jedoch noch einmal um.

»Sofern sie noch leben, die anderen, meine ich, was leider nicht bei allen Beteiligten der Fall ist. Zumindest einen Menschen hat diese Tragödie nämlich das Leben gekostet, so viel ist sicher.«

»Von wem sprechen Sie, Frau Hasselberg?«, fragte Lenz vorsichtig.

»Von Martha. Martha Zacharias. Hat sich vor ein paar Wochen das Leben genommen, weil sie die Schande nicht mehr ausgehalten hat und obendrein pleite war.«

»Das tut mir leid.«

»Ja, ja, aber jetzt will ich wirklich nichts mehr dazu sagen. Guten Tag also, meine Herren Polizisten.«

Damit war für sie das Gespräch offenbar endgültig beendet.

»Wow«, meinte Hain. »Sieht aus, als hätten wir in ein Wespennest gestochen.«

»Und zwar richtig tief und fest. Lass uns reingehen und das Schwimmbad suchen, vielleicht ist dieser Herr …?«

Er sah seinen Kollegen fragend an.

»Anselm«, vervollständigte Hain, »Herbert Anselm heißt der Mann.«

»Ja. Vielleicht ist Herbert Anselm ja ein wenig gesprächsbereiter als seine Mitbewohnerin.«

Das *Schwimmbad* war ein etwa 12 mal 7 Meter großes, gekacheltes Becken im Untergeschoss der Villa mit Blick auf die neben dem Haus liegende, abschüssige Rasenfläche. Als Lenz und Hain dort ankamen, entstieg dem Pool gerade ein älterer Mann.

»Schuhe aus«, rief er ihnen mit Blick auf die Füße der Polizisten entgegen. »Hier unten sind Straßenschuhe absolutes Tabu.«

Die beiden blieben wie angewurzelt stehen.

»Sind Sie Herr Herbert Anselm?«, fragte Lenz.

»Das bin ich, ja. Wollen Sie zu mir?«

»Richtig, wir wollen zu Ihnen. Hätten Sie ein paar Minuten Zeit für uns?«

»Selbstverständlich. Warten Sie oben im Garten auf mich, ich bin in fünf Minuten bei Ihnen.«

Lenz und Hain sahen sich kurz an.

»Das hatten wir doch schon mal«, murmelte der junge Oberkommissar.

»Wie meinen Sie?«, wollte Anselm wissen, der offenbar über ein sehr gut funktionierendes Gehör verfügte.

»Nein, nichts«, gab Lenz lächelnd zurück. »Mein Kollege wollte sich nur bedanken, dass Sie sich Zeit für uns nehmen.«

Damit nickte er, schob Hain zurück in den Flur, und kurz darauf saßen sie am gleichen Tisch, an dem Frau Hasselberg die Zusammenarbeit verweigert hatte. Ihr Gesprächspartner betrat ein paar Minuten später den gekiesten Weg, schüttelte jedem der beiden die Hand und setzte sich.

»Sie sind also von der Polizei?«, begann er ohne große Vorrede.

»Sieht man uns das so deutlich an?«, fragte Lenz mit freundlichem Gesichtsausdruck zurück.

»Nein, das vielleicht nicht. Aber in diesem Haus gibt es so gut wie keine Geheimnisse, und wenn schon einmal zwei Herren von der Kriminalpolizei vor Ort sind, spricht sich das natürlich wie ein Lauffeuer herum.«

»Wir sind Ihnen also angekündigt worden?«

»Ja. Unsere Frau Metzger ist so etwas wie der interne Radiosender. Sie hat mich, als ich eben an ihrem Arbeitsplatz vorbeigelaufen bin, schnell und ein wenig aufgeregt ins Benehmen gesetzt.«

Er sah von einem der Polizisten zum anderen.

»Aber davon abgesehen glaube ich, dass ich Ihre Profession auch ohne diesen Hinweis erkannt hätte.«

»Also sehen wir doch wie Polizisten aus?«

Anselm überlegte einen Augenblick.

»Nein, das Aussehen ist es gar nicht einmal. Eher der Habitus. Sie wirken wie zwei Menschen, die große Selbstsicherheit und Souveränität ausstrahlen, also könnten Sie entweder Polizisten oder Versicherungsvertreter sein.«

Über seine Lippen huschte die Andeutung eines Lächelns.

»Und Letztere kommen in der Regel nicht zu zweit.«

»Nachdem das geklärt ist, widmen wir uns am besten dem eigentlichen Grund unseres Besuches, Herr Anselm. Wir sind hier wegen eines Mannes, der in diesem Haus, wie wir wissen, sehr bekannt und vermutlich nicht sehr beliebt war.«

»Nein«, erwiderte Anselm ruhig, »beliebt war er hier beileibe nicht. Zumindest nicht, seit seine Machenschaften aufgeflogen waren.«

Lenz hob erstaunt den Kopf.

»Sie wissen, von wem wir sprechen?«

»Natürlich. Ihr Besuch kann nur mit dem Tod von Sven Vontobel zu tun haben.«

Herbert Anselm legte das rechte Bein über das linke, umfasste mit gefalteten Händen das rechte Knie und schloss kurz die Augen. Dann holte er tief Luft.

»Und ich werde Ihnen hier kein großes Theater vorspielen, meine Herren. Ich lege, im Gegenteil, ohne große Umschweife oder irgendwelches Tamtam ein umfassendes Geständnis ab.«

Es gab einen Moment der absoluten Stille, der nur durch das Geschrei eines Vogels in der Ferne kurz unterbrochen wurde.

»Ich verstehe nicht ganz, Herr Anselm«, fand Hain schließlich seine Sprache wieder. »Was genau wollen Sie uns gestehen?«

»Ich gestehe den Mord an Sven Vontobel, was sonst?«

»Wenn das ein Scherz sein soll«, mischte Lenz sich aufgebracht ein, »dann ist es einer von der ganz üblen Sorte, Herr Anselm. Und dafür hätten weder mein Kollege noch ich auch nur das geringste Verständnis. Und darüber lachen könnten wir ganz sicher auch nicht. Wir verstehen, dass Sie nicht gut zu sprechen waren auf Herrn Vontobel, aber …«

»Stopp, Herr Kommissar!«, fuhr Anselm mit erhobener Hand dazwischen. »Es handelt sich mitnichten um einen Scherz. Ich habe Sven Vontobel erschossen und seinen Hund ebenso. Die Schlange habe ich verschont, wie sie wissen dürften. Die Tatwaffe liegt oben in meinem Apartment. Es handelt sich dabei um eine Smith&Wesson Kaliber.38, und es wurden insgesamt drei Schüsse abgegeben. In sein Haus bin ich mithilfe eines Tricks eingedrungen, wobei er mir selbst die Tür geöffnet hat.«

Lenz schluckte.

»Wenn dem wirklich so ist, und das glaube ich Ihnen nun einfach mal, müssen Sie ab jetzt nichts mehr ohne anwaltlichen Beistand sagen, Herr Anselm. Dann brechen wir …«

»Nein«, wurde er erneut von dem grauhaarigen Mann unterbrochen, »ich will keinen Anwalt und ich will keine Spielchen spielen. Ich gestehe einfach den Mord an Sven Vontobel, auch wenn Ihnen das vermutlich etwas ungewöhnlich und auf den ersten Blick zu einfach erscheinen mag.«

»Gut, das habe ich alles verstanden«, bemerkte der Hauptkommissar. »Und ich gebe Ihnen durchaus recht damit, dass wir so etwas bisher in unserer Polizeilaufbahn noch nicht erlebt haben. Aber das sollte keine Rolle spielen. Also erzählen Sie. Wie kam es dazu?«

Anselm lehnte sich in seinem Korbstuhl zurück und legte die Arme auf die Lehnen.

»Die Einzelheiten, wie es zu meinem Entschluss kam, können wir gern später besprechen. Ich vermute, dass der eigentliche Tathergang Sie im Augenblick mehr interessiert?«

Lenz, der noch immer nicht davon überzeugt war, dass Anselm die Wahrheit sagte, fixierte den Mann mit schief gelegtem Kopf.

»Wie Sie wollen«, erwiderte er.

»Es war am Sonntagnachmittag. Ich hatte die Runden im Schwimmbad hinter mir, das Essen und meinen Mittagsschlaf. Gegen 15.30 Uhr bin ich aufgestanden, habe meine Waffe gereinigt und geladen, mir einen guten Anzug angezogen und bin mit der Straßenbahn zum Haus von Herrn Vontobel gefahren.«

Er dachte kurz nach.

»Nein, natürlich nicht direkt bis zu seinem Haus, sondern nur bis zur nächstgelegenen Haltestelle. Dort bin ich ausgestiegen und den Rest zu Fuß gegangen. Als ich dort ankam, habe ich einfach geläutet.«

»Wussten Sie, dass er zu Hause sein würde?«, wollte Hain wissen, der, so gut es ihm möglich war, mitschrieb.

»Nein, woher denn? Ich habe also geläutet, und Herr Vontobel hat sich an der Sprechanlage gemeldet.«

»Aber es stand doch nicht zu erwarten, dass er Sie in sein Haus lassen würde«, warf Lenz ein.

»Selbstverständlich nicht. Dem bin ich dadurch aus dem Weg gegangen, dass ich mich eines Tricks bedient habe.«

»Wie sah der aus?«

»Ich habe ihm erklärt, wer ich bin, und dass er mich, wenn er nicht auf der Titelseite der Bild-Zeitung erscheinen wolle, besser in sein Haus lassen sollte.«

»Und das hat geklappt?«

»Zuerst nicht. Aber als ich nachgelegt und erwähnt habe, dass ich Material gegen ihn in der Hand hätte, das die BaFin, also sicher interessieren könnte, hat er sofort reagiert.«

»Und die Tür geöffnet?«

»Natürlich.«

»Wie sind Sie auf die Sache mit der BaFin gekommen?«

»Ein bisschen Recherche im Internet, ein Gespräch mit ein paar alten Kollegen.«

»Was heißt das, *alte Kollegen*? Was genau haben Sie beruflich gemacht, Herr Anselm?«

»Ich war Zeit meines Lebens Soldat.«

»Und da gibt es Kollegen, die man in Bezug auf die BaFin befragen kann?«

»Wie Sie sehen, ja.«

»Gut, lassen wir das einfach mal so stehen. Wie ging es weiter, als Sie in seinem Haus waren?«

»Dort habe ich als Erstes den Aktenordner abgelegt, den ich zur Tarnung mitgebracht hatte. Als Nächstes habe ich meine Waffe gezogen, aber das hat keinerlei Eindruck auf ihn gemacht. Ganz im Gegenteil, er hat mich verlacht und beschimpft. Ein Schuss in sein rechtes Bein hat dieses Problem allerdings kurz darauf gelöst.«

Nun musste Lenz schlucken. Die Art, wie Anselm über die Tat sprach, verursachte ihm einen Brechreiz.

»Sie sagen das, als hätten Sie so etwas schon öfter gemacht. Habe ich recht mit dieser Annahme?«

»Nein, das stimmt so nicht. Ich habe bis vorgestern Abend noch nie in meinem Leben auf einen Menschen geschossen.«

»Dafür ist es Ihnen aber ziemlich leicht von der Hand gegangen, was?«

»Ja, das stimmt.«

»Sie haben ihn also ins Bein geschossen. Was ist dann passiert?«

»Er hat aufgehört, über mich zu lachen. Er hat aufgehört, sich über mich lustig zu machen. Ich habe ihn ins Wohnzimmer getrieben und dort auf dem Stuhl festgebunden, wo Sie ihn vermutlich aufgefunden haben.«

»Warum musste der Hund sterben?«

»Ich bemerkte schnell, dass ihm das Tier ans Herz gewachsen war. Und ich wollte, dass er zum Ende seines Lebens noch spürt, was es bedeutet, wenn man etwas verliert, das von Bedeutung ist.«

»So wie es Ihnen bei Martha Zacharias gegangen war«, riskierte Hain einen Schuss ins Blaue.

»Genau so, ja.«

»Wie hat Herr Vontobel reagiert?«

»Er hat zu weinen begonnen. Hat geschluchzt. Als er

schließlich realisiert hat, dass sein Leben in meiner Hand liegt und mir das sehr, sehr wenig bedeutet, hat er angefangen zu wimmern und zu flehen.«

»Aber Sie hatten kein Mitleid für ihn übrig?«

»Nicht das geringste. Nicht das Schwarze unter dem Nagel an Mitleid konnte ich für ihn empfinden.«

»Dann haben Sie ihn erschossen?«

»Nein, nicht sofort. Ich habe zuerst bis auf eine alle Patronen aus meinem Revolver genommen und Russisches Roulette mit ihm gespielt. So war ich mir sicher, dass der Schmerz und die Furcht für ihn am größten sein würden. Nach dem achten Drehen der Trommel und dem folgenden Abziehen hat sich schließlich der finale Schuss gelöst.«

In diesem Augenblick trafen sich die Augenpaare von Lenz und Hain für einen kurzen Moment, und es wurde ihnen klar, dass sie beide das Gleiche über Anselm dachten.

Der Typ hat sie zwar nicht mehr alle, aber er benimmt sich ganz und gar nicht so.

»Haben Sie ihn, während Sie ihn quälten, mit seinem Verhalten gegenüber den Kunden, also auch Ihnen, konfrontiert?«

»Natürlich. Sonst hätte das nach meiner Meinung keinem Zweck gedient.«

»Wie ging es weiter, als er tot war?«

»Ich habe die Waffe wieder geladen und eingesteckt, dann meine Hände gewaschen und im Anschluss das Haus verlassen.«

»Hatten Sie,« wollte Hain wissen, »überhaupt keine Angst, entdeckt zu werden?«

»Überhaupt nicht, nein. Weder im Haus, noch danach. Allerdings war klar, dass ich mich Ihnen stellen würde, was spätestens Ende der Woche geschehen wäre.«

Der junge Polizist verzog angesäuert das Gesicht.

»Das lässt sich leicht sagen, wenn einem die Polizei gegenübersitzt.«

»Sie müssen mir nicht glauben, Herr Kommissar. Das erwarte ich wirklich nicht von Ihnen, und es ist mir, mit Verlaub, auch völlig egal, ob Sie es tun. Allerdings spricht der gepackte Koffer oben in meinem Apartment für meine These.«

»Es könnte immerhin auch sein, dass Sie sich absetzen wollten.«

»Ich bitte Sie. Wo sollte ich in meinem Alter hinwollen?«

Hain holte zwei, drei Mal tief Luft, bevor er weitersprach.

»Sie können sicher verstehen, dass mir die Nummer mit dem Racheengel, die Sie hier abziehen, einfach nicht gefällt, Herr Anselm. Und, um der Wahrheit die Ehre zu geben, ich finde sie ganz und gar zum Kotzen. Wenn jeder so denken und handeln würde wie Sie, würde unser gesamtes Miteinander zusammenbrechen, und das ist schon ein überaus schmerzhafter Gedanke für mich.«

Auch Anselm atmete ein paar Mal ein und aus, bevor er zu einer Replik ansetzte.

»Ich wäre bis vor einem Vierteljahr ganz und gar bei Ihnen gewesen, Herr Kommissar. Dann jedoch sind so viele Dinge geschehen, die mein Weltbild über den Haufen geworfen haben, dass ich es kaum fassen konnte. Es bleibt Ihnen unbenommen, über mich zu denken, wie Sie möchten, aber es ändert nichts an der Tatsache, dass ich im vergleichbaren Fall wieder dasselbe tun würde. Was die moralische Bewertung angeht, kann und will ich Ihnen deshalb nicht widersprechen.«

»Wie auch immer«, mischte Lenz sich ein. »Mich würden Ihre genauen Gründe schon sehr interessieren. Was für Dinge sind geschehen, dass aus einem, wie ich vermute, unauffälligen Pensionär ein brutaler Mörder werden konnte?«

Anselm setzte zu einer Antwort an, wurde jedoch von einem Hustenanfall unterbrochen, den er kaum unter Kontrolle bringen konnte. Dann hatte er sich gefangen und nickte dem Polizisten zu.

»Angefangen hat alles vor etwa zwei Jahren. Bis dahin haben hier alle so glücklich und zufrieden gelebt, wie das Alter es ihnen ermöglicht hat.«

Er sah sich kurz um.

»Sie können sich sicher vorstellen, dass man über ein gewisses Einkommen oder Vermögen verfügen muss, um sich das hier leisten zu können, also trifft man hier die eher wohlhabenden Rentner und Pensionäre. Irgendwann hat uns eine Mitbewohnerin von einer Möglichkeit erzählt, mehr aus unserem Geld zu machen, und die Chance haben dann einige von uns ergriffen. Manche mehr, manche weniger, und der eine oder andere ist, zugegebenermaßen, auch ein wenig gierig geworden dabei. Irgendwann …«

»Sie selbst haben auch Geld angelegt?«, wollte Hain wissen.

»Ja, ich bin auch eingestiegen, aber nur mit einer kleineren Summe. Ich hatte es nie so mit den Aktien und dem Spekulieren. Wie auch immer, mit den Monaten und nach einigen Wirrungen zeichnete sich ab, dass ein Großteil des Geldes, das wir angelegt hatten, verloren war. Natürlich fingen alle an, sich zu fragen, wie es dazu gekommen sein konnte, denn Herr Vontobel hatte uns persönlich versichert, dass die Sache zu 100 Prozent seriös und völlig risikofrei sei. *Sie vermehren Ihr Geld praktisch im Schlaf*, hat er einmal zu uns gesagt. *Vertrauen Sie mir ruhig, da kann überhaupt nichts schiefgehen.*«

»Es ist aber schiefgegangen.«

»Das kann man wohl sagen, ja. Zwei Mitbewohner mussten von hier wegziehen, weil sie sich die Miete nicht mehr leisten konnten, die anderen mussten sich sehr einschränken. Und Martha Zacharias, die Frau, die uns den Tipp gegeben hatte, hat sich wegen der ganzen Umstände sogar das Leben genommen.«

»Kannten Sie Frau Zacharias gut?«

»Nicht so gut, wie ich es mir gewünscht hätte. Dann hätte ich vielleicht ihren Suizid verhindern können.«

»Das ist überaus tragisch, da gebe ich Ihnen recht. Aber selbst solch eine massive Tragik kann doch nicht ausreichen, einem Menschen das Leben zu nehmen.«

»Für mich hätte das vielleicht auch nicht gereicht, das möchte ich jetzt nicht beurteilen. Aber es gab letzte Woche einen Vorfall, der das Fass letztlich zum Überlaufen gebracht hat.«

»Ja?«, hakte Hain nach, weil Anselm zunächst nicht weitersprach.

»Ich wollte Herrn Vontobel mit Marthas, also Frau Zacharias', Tod konfrontieren. Wollte ihm klarmachen, dass er die Schuld dafür trägt. Also bin ich zur Nordhessenbank gefahren, und just in dem Augenblick, in dem ich das Gebäude betreten will, kommt er mir entgegen. Groß, souverän, elegant gekleidet wie immer. Und natürlich keine Zeit für mich, wie immer, seit wir unser Geld verloren haben.«

»Sie haben öfter versucht, mit ihm ins Gespräch zu kommen?«

»Mindestens ein Dutzend Mal. Aber keine Chance, er

hat mit keinem von uns gesprochen. Hat sich verleugnen lassen, hat Abwesenheit vorgetäuscht. Aber diesmal hatte ich ihn, er stand mir leibhaftig gegenüber.«

»Und? Was ist passiert?«

Anselm schluckte. Es war ihm anzusehen, dass die Gedanken an dieses Zusammentreffen ihn emotional stark belasteten.

»Natürlich wollte er sich mir wieder entziehen, aber ich bin ihm einfach in den Weg getreten und habe ihn angeschrien. Habe ihm ins Gesicht gebrüllt, dass er die Verantwortung trägt für den Tod seiner Kundin. Allerdings hat er nur Verachtung und Sarkasmus für mich übrig gehabt. *Frau Zacharias war eine alte Frau, das sollten Sie nicht vergessen*, hat er mir entgegengeschleudert. *Sie wäre sicher auch so eingegangen, dafür hat es mich nicht gebraucht. Und jetzt gehen Sie mir aus dem Weg und lassen mich in Ruhe, sonst rufe ich die Polizei.*«

Wieder machte der alte Mann eine Pause.

»In diesem Moment ist in mir der Gedanke gereift, diesen unsäglichen Mann zu töten. Ihm das Leben zu nehmen. Ich konnte es einfach nicht aushalten, dass er in Saus und Braus sein Leben genießt, während andere dafür in Armut leben oder gar sterben mussten.«

»Sie sehen da einen direkten Zusammenhang?«

»Selbstverständlich sehe ich den.«

»Wie alt sind Sie, Herr Anselm?, wollte Lenz nach ein paar Sekunden des Schweigens wissen.

»78. Ich bin 78 Jahre alt.«

»Und Sie wissen, dass Ihnen für dieses Verbrechen der Prozess gemacht werden wird.«

Anselms Züge entspannten sich in einer merkwürdigen Weise, während er nach einer Antwort suchte.

»Ich vermute stark, in meinem Fall wird es nicht mehr zur Durchsetzung der irdischen Gerechtigkeit kommen, Herr Kommissar.«

»Was macht Sie da so sicher?«

Wieder dachte der Pensionär eine Weile nach, bevor er antwortete.

»Mein Leben neigt sich dem Ende zu. Vielleicht erscheint es Ihnen bei meinem Anblick unglaubwürdig, aber ich habe tatsächlich nicht mehr lang zu leben.«

Er wies mit der rechten Hand auf seinen Oberkörper.

»Alles voller Tumore und Metastasen. Vier Wochen, vielleicht sechs, dann ist es vorbei. In dieser Zeit schafft es kein Staatsanwalt der Welt, eine Anklage auf die Beine zu stellen.«

Die beiden Polizisten hatten, während er sprach, kräftig durchgeschnauft und sahen sich nun etwas ratlos an.

»So leid mir das für Sie persönlich tut, Herr Anselm, wir können Ihnen die Festnahme trotzdem nicht ersparen. Und der sich unvermeidlich anschließende Haftbefehl wird von Ihrer Krankheit nur insoweit beeinflusst, als dass Sie vermutlich auf die Krankenstation des Untersuchungsgefängnisses gebracht werden.«

»Darüber war und bin ich mir im Klaren, deshalb der gepackte Koffer. Allerdings bin ich ein Mörder und erwarte keine Sonderbehandlung.«

Den gepackten Koffer gab es tatsächlich. Er stand hinter der Eingangstür zu Anselms Apartment im dritten Stock des Seniorenstifts, wo die drei ein paar Minuten später ankamen.

»Wo finde ich die Waffe?«, wollte Hain wissen, während er eine kleine, durchsichtige Plastiktüte aus der Innentasche des Sakkos zog.

»In der Anrichte. Oberstes Fach.«

Der Oberkommissar trat an das kirschholzfarbene Möbelstück, zog die Schublade heraus, und erblickte eine wertvoll aussehende polierte Holzkiste. Darin befand sich die von Anselm beschriebene Smith&Wesson, eine schwere, klobige Waffe mit kurzem Lauf. Hain fädelte einen Stift durch die Abdeckung des Abzugs, schob den Trommelrevolver in die Tüte und reichte das Ganze an Lenz weiter. Dann griff er an seinen Gürtel.

»Ist das wirklich notwendig?«, fragte Anselm mit Blick auf die Handschellen, die der Polizist ihm hinhielt.

»Die Vorschriften wollen es so.«

»Und wenn ich Ihnen mein Wort als Offizier gebe?«

Hain warf seinem Boss einen fragenden Blick zu, der kaum merklich nickte.

»Lass gut sein, Thilo. In diesem Fall machen wir eine Ausnahme.«

»Danke, Herr Kommissar«, bemerkte Anselm leise.

16

Die beiden folgenden Tage waren geprägt von einem riesigen, bundesweiten Medienecho auf den Fall in Kassel. Sämtliche Nachrichten- und Fernsehmagazine brachten Berichte und Kommentare zu Herbert Anselms Tat, und keine 24 Stunden nach der Festnahme des Mannes hatte das Thema eine bemerkenswerte Eigendynamik entwickelt. Da gab es auf der einen Seite diejenigen, die sein

Handeln in Bausch und Bogen verdammten, die ihn am liebsten zum Tod verurteilt gesehen hätten, und auf der anderen Seite Menschen, die Verständnis für ihn bekundeten. Die gesamte Tragweite konnte hingegen noch keiner von ihnen ermessen, denn die Krankheit des ehemaligen Soldaten war der Öffentlichkeit noch nicht bekanntgemacht worden.

Anselms Lebenslauf wurde bis ins Detail durchleuchtet. Ehemalige Offizierskollegen waren ausfindig gemacht worden oder meldeten sich gleich selbst bei den Agenturen, um über sein Leben und seine Persönlichkeit Auskunft zu geben.

Allgemein wurde das Bild eines sehr zielstrebigen, verlässlichen Mannes erkennbar, dem Begriffe wie Ehre, Freundschaft und Kameradschaft viel bedeuteten. Eine schlüssige Antwort auf das Warum der Tat konnte keiner der Befragten geben.

Allerdings gab es eine weitere Stoßrichtung der Medien, speziell solcher links der Mitte stehender. In kritischen Artikeln wurde hier die Rolle der Nordhessenbank und speziell die ihres Mitarbeiters Sven Vontobel untersucht. Zeugen wurden ausfindig gemacht, die darüber berichteten, wie ihnen unter Vorspiegelung aberwitziger Renditeziele Finanzpapiere angedreht wurden, die innerhalb kürzester Zeit fast oder komplett wertlos wurden. Dabei wurde deutlich, dass besonders ein Vorgehen Methode hatte. Es ging dabei um mehrere Kapitalerhöhungen des Instituts, die von institutionellen Anlegern mit großem Misstrauen beäugt und demzufolge nicht gezeichnet wurden. In der Folge hatten die Berater der Bank die Anteilscheine den vielen Stammkunden angedreht, zum Teil mit hanebüchenen Versprechungen. Insgesamt handelte es sich dabei um eine Größenordnung von mehr als 180 Millionen Euro.

Rudolph Gieger, der Vorstandsvorsitzende der Bank, berief eine Pressekonferenz ein und entschuldigte sich bei allen Anlegern, die Geld verloren hatten. Allerdings, gab er zu bedenken, hatten in der gleichen Zeit durch das umsichtige Handeln der Nordhessenbank auch viele Menschen ihr Vermögen vergrößert, und das in einem enorm schwierigen Marktumfeld. Natürlich, so bemerkte er traurig, hatten Sven Vontobels – bei dem es sich um einen kriminellen Einzeltäter handelte – Machenschaften, die im Übrigen in keiner wie immer gearteten Weise durch die Bank gebilligt wurden, zu Verlusten unter einigen Kunden des Hauses geführt, jedoch würde schon an einem Plan gearbeitet, um diese auszugleichen. Nähere Einzelheiten dazu würden in etwa zwei Wochen bekannt gegeben.

»Ich glaube ihm kein Wort«, bemerkte Maria emotionslos, während sie sich ein Handtuch um den Kopf wickelte und neben Lenz aufs Bett fallen ließ.

»Warum?«

»Alles Hinhaltetaktik. In 14 Tagen oder vier Wochen fragt kein Mensch mehr danach, das macht er sich zunutze. Dann wird längst eine andere Sau durchs Dorf getrieben, und Kassel und Herbert Anselm und Sven Vontobel sind längst vergessen.«

»Ich habe Anselm übrigens heute gesehen«, erklärte der Kommissar seiner Frau.

»Wo?«

»Im Untersuchungsgefängnis. Ich hatte in einer anderen Sache dort zu tun und habe kurz bei ihm vorbeigeschaut.«

»Und? Wie geht es ihm?«

»Er sieht genauso aus wie am Tag der Festnahme. Allerdings haben wir natürlich mit seinem Arzt gesprochen, und der hat Anselms Darstellung seines Gesundheitszustands voll und ganz bestätigt. Der Mann wird vermutlich in spätestens zwei Monaten tot sein.«

»Und diese Zeit wird er komplett im Gefängnis verbringen?«

»Davon gehe ich ganz stark aus, ja. Es handelt sich dabei zwar um einen echten Härtefall, aber immerhin ist er auch ein brutaler Mörder.«

Er drehte sich zur Seite und ließ seinen Kopf auf ihrem Bauch nieder.

»Stell dir nur mal vor, was es für einen Aufschrei in der Öffentlichkeit gäbe, wenn er aus der Haft entlassen würde, und sei es nur zum Sterben. Nein, das kann ich mir beim besten Willen nicht vorstellen.«

»Vermutlich hast du recht«, erwiderte Maria, »da sollte man sich keine Illusionen machen. Und wenn ich an Franz Marnet denke, den Leitenden Oberstaatsanwalt, ist es eigentlich völlig ausgeschlossen, dass man Anselm in irgendeiner Weise entgegenkommt. Der ist knallhart, was so etwas angeht.«

Sie verstärkte mit ein paar geschickten Handbewegungen den Handtuchknoten, der sich zu lösen begonnen hatte.

»Hast du eigentlich nie etwas von deinem vielen Geld zur Nordhessenbank getragen?«, wollte Lenz nun wissen.

Maria schüttelte energisch den Kopf.

»Nicht für Geld und gute Worte würde ich mit solch einem Institut zusammenarbeiten. Ich kümmere mich ein bisschen, wie du weißt, um die allgemeine Wirtschaftslage, hüte mich vor spekulativen Investments, und wenn ich Aktien kaufe, dann ohnehin nur von Unternehmen, deren Produkte oder Dienstleistungen ich auch selbst in Anspruch nehme. Damit bin ich immer gut gefahren und sehe deshalb keinen Grund, an dieser Strategie etwas zu ändern.«

Der Kommissar hob den Kopf und sah ihr ins Gesicht.

»Wie reich bist du eigentlich, Maria? Wir leben nun seit mehreren Jahren zusammen, sind sogar verheiratet, und so genau weiß ich es gar nicht.«

»Viel weniger als du vielleicht zu hoffen wagst, und viel mehr, als wir in diesem Leben vermutlich ausgeben können«, antwortete sie wie aus der Pistole geschossen. »Zumindest wenn wir die nötige Vernunft walten lassen und uns nicht mit den wirklich Reichen dieser Welt messen wollen.«

Ihre rechte Hand fuhr sanft über seine Brust.

»Um ehrlich zu sein, ich weiß es gar nicht auf Heller und Pfennig.«

Es gab eine kleine Pause, während der sie offenbar angestrengt überlegte.

»Wir sind siebenstellig, Paul. So viel ist sicher. Aber ob, wenn man alles zusammenrechnet, eine Zwei oder eine Drei am Beginn der Zahl steht, kann ich dir wirklich nicht sagen. Und, ganz ehrlich, es ist mir auch ziemlich schnuppe.«

»Dann treibe ich es also mit einer echten Millionärin?«, fasste er mit anerkennendem Blick zusammen.

»Das trifft es ziemlich gut, ja, allerdings mit einer kleinen Einschränkung.«

Sie wand sich wie eine Schlange unter ihm hervor, baute sich über seinem Oberkörper auf und küsste ihn sanft auf den Mund.

»Seit wir zusammen sind, sehe ich dieses kleine Vermögen als *unser* Vermögen an. Ich habe mich mit Haut und Haaren für dich entschieden, was natürlich auch beinhaltet, dass wir mit der Kohle halbe-halbe machen. Außerdem«, gab sie mit gerunzelter Stirn zu bedenken, »kann so ein kleines Vermögen sich in diesen turbulenten Zeiten schneller in Luft aufgelöst haben, als du Papp gesagt hast. Und dann wäre ich so was von auf deine Bezüge und deine Pension angewiesen, das glaubst du gar nicht.«

»Die ich jeden Tag und zu jeder Zeit mit dir teilen würde. Versprochen.«

Irgendwann in dieser Nacht träumte Lenz davon, gemeinsam mit Maria eine Boutique für Damenmode eröffnet zu haben. *Aber du weißt, dass ich von so etwas gar keine Ahnung habe*, sagte er im Traum immer wieder zu ihr. *Das macht doch nichts*, erwiderte sie jedes Mal postwendend. Dafür bin ich doch da. *Du stehst einfach hinter der Kasse und scheffelst unser Geld.*

Das Geräusch der sich füllenden Kasse erinnerte den Polizisten an etwas, das er schon einmal irgendwo gehört hatte.

So klingt es also, wenn man reich ist, schoss es ihm durch den Kopf.

Tuuut. Reich

Tuuut. Reicher.

Tuuut. Am reichsten.

Nun schreckte er hoch, realisierte, dass das Tuten aus dem Flur kam, sprang aus dem Bett und hielt kurz darauf das Mobilteil des Telefons in der Hand.

»Ja, Lenz.«

»Moin, Paul, hier ist Lemmi.«

Lenz brauchte einen Augenblick, um der Information

folgen zu können. Dann hatte er umrissen, dass es sich bei dem Anrufer um Jürgen ›Lemmi‹ Lehmann, einen Kollegen vom Kriminaldauerdienst, handelte.

»Hallo, Lemmi. Wenn du mich um diese Zeit anrufst, hat das noch nie etwas Gutes zu bedeuten gehabt.«

»Könnte sein, dass es heute Nacht anders ist, aber ich weiß es noch nicht so genau.«

»Erzähl.«

»Wir sind eben von den Kollegen der Streife zu einer komischen Sache gerufen worden. Dem ersten Anschein nach ist es ein zwar tragischer, aber dennoch alltäglicher Verkehrsunfall. Ein BMW ist frontal in einen Betonmischer gerast. Oder besser, der Laster in den BMW, weil sich die Sache auf dessen Straßenseite abgespielt hat. So weit, so schlecht, weil die beiden Insassen des PKW nicht den Hauch einer Chance hatten und auf der Stelle tot waren. Was die Sache ein klein wenig dubios macht, ist die Tatsache, dass der Laster irgendwann zwischen gestern Abend und dem Unfallzeitpunkt in Göttingen geklaut wurde, im Innenraum gepolstert war, vermutlich, um den Aufprall zu dämpfen, und obendrein der Fahrer abgehauen ist.«

Lenz hatte wegen des Halbschlafs, in dem er sich noch immer befand, große Mühe, den Ausführungen seines Kollegen zu folgen.

»Moment, Moment, das geht mir alles ein bisschen zu schnell, Lemmi. Ist es nun ein Verkehrsunfall, oder hegst du den Verdacht, dass es sich bei der Sache um ein Verbrechen handelt?«

Es gab eine kurze Pause.

»Wenn ich alles zusammenzähle, würde ich eher die zweite Alternative wählen. Dieses Ding stinkt meilenweit zum Himmel.«

»Und wo hat der Zusammenstoß stattgefunden?«

»Auf der Bundesstraße zwischen Wilhelmshöhe und Schauenburg. Etwa einen Kilometer hinter der Autobahnauffahrt.«

»Und es gab zwei Tote, sagst du?«

»Ja.«

»Der Fahrer des Lasters hat nichts abgekriegt?«

»Ich würde ihn gern fragen, aber er ist, wie gesagt, nicht aufzufinden.«

»Weißt du schon etwas über die Identität der beiden Toten?«

»Nein, leider ni...«

»Lemmi?«

»Ja, warte mal kurz. Ich kriege hier gerade was gereicht.« Es knisterte im Hintergrund, dann war Gemurmel zu hören.

»Ein Kollege hat mir gerade den Führerschein des einen und den Personalausweis des anderen gegeben. Oh, Mann, ist das Zeug blutig.«

Wieder gab es eine Pause.

»Also, der Fahrer hieß ..., oh Gott ..., das kann ich so nicht lesen, warte einen Augenblick, Paul.«

Erneut Gemurmel aus dem Hintergrund.

»Ich hab mir eine Taschenlampe besorgt, jetzt geht es besser. Also, der Fahrer hieß Nasim Yildirim ... nein, warte, er hieß Nasif mit Vornamen, nicht Nasim. Nasif Yildirim. Offenbar türkischer Abstammung.«

Geraschel.

»Der Beifahrer war Deutscher. Sein Name ist ... Specht. Markus Specht.«

*

»Das glaub ich doch alles nicht«, entfuhr es Lenz empört. Thilo Hain, der seinen Boss nach einem kurzen Anruf vor dessen Haustür aufgelesen hatte, gähnte herzhaft, bevor er fragend den Kopf nach rechts drehte.

»*Was* glaubst du alles nicht?«

»Dass der Tod dieses Markus Specht ein Unfall sein soll.«

»Mensch, Paul«, hielt Hain dagegen, »wer sollte denn so eine Nummer hinkriegen? Ich kann mir bei dem, was du gerade geschildert hast, überhaupt nicht vorstellen, wie so etwas logistisch auf die Reihe kommen sollte. Okay, einen Zementlaster zu klauen, das mag noch gehen, aber woher sollten die Täter denn wissen, wo sich Specht befindet? Noch dazu in einem wildfremden Wagen. Außerdem kannst du in der Nacht überhaupt nicht erkennen, wer dir da gerade entgegen kommt. Am Ende triffst du einen völlig Falschen.«

Er steuerte den japanischen Kombi langsam an der Autobahnauffahrt Kassel-Wilhelmshöhe vorbei, wo direkt im Anschluss eine Straßensperre eingerichtet war.

»Sie können hier nicht durch«, beschied ihm ein Feuerwehrmann, der sich mit ausgebreiteten Armen vor ihrem Wagen aufgebaut hatte. Hain hielt ihm wortlos seinen Dienstausweis entgegen.

»Schon gut, konnte ich ja nicht wissen«, murrte der Mann nach einem Blick auf das Dokument im Licht seiner Taschenlampe missmutig.

»Macht nichts. Schönen Tag und baldigen Feierabend.«

Die Unfallstelle lag knapp eineinhalb Kilometer hinter der gesperrten Kreuzung. Die zuckenden blauen Leuchten der Streifenwagen und der Krankentransporter tauchten die Szenerie in ein unwirkliches, theatralisches Licht, und die große Öffnung im Heck des Betonmischers wirkte auf die sich nähernden Kripobeamten wie der weit aufgerissene Schlund eines gefräßigen Monsters.

»Mein Gott, das hat aber wirklich eingeschlagen«, kommentierte Lenz das, was er nach und nach erkannte.

Vor dem Lastwagen, dessen Schnauze erstaunlich intakt wirkte, waren im Scheinwerferlicht eines Leuchtmastes die Fragmente eines dunklen PKWs zu sehen. Allerdings steckte nahezu die gesamte Karosse unter dem LKW.

»Kommt hier rüber, Jungs«, erklang eine Stimme aus der Dunkelheit.

»Morgen, Lemmi«, begrüßten Lenz und Hain den Kollegen vom KDD, nachdem sie ihn entdeckt und sich zu ihm gestellt hatten.

»Morgen, Männer.«

»Gib uns noch mal einen kurzen Abriss dessen, was du bis jetzt weißt«, bat Lenz.

»Hm. Wir sind um 1.50 Uhr von den Kollegen gerufen worden, weil denen der Unfallhergang und der weitere Verlauf spanisch vorkamen. Als wir hier eingetroffen sind, ergab sich das gleiche Bild, das ihr jetzt hier seht. Der Zementlaster hat seine Fahrspur verlassen und ist frontal in den BMW gekracht.«

Er deutete auf den weiteren Verlauf der Straße.

»Das ist eine ziemlich schnelle Ecke hier. Wenn beide das Limit voll ausgenutzt haben, also jenseits der Geschwindigkeitsbeschränkung auf der Landstraße, und das nehme ich jetzt mal an, würde ich dem Cabrio 140 und dem LKW auch um die 90 Sachen zutrauen. Das Schadensbild lässt zumindest wenig anderweitigen Spielraum zu.«

Lehmann wies auf die Front des Lasters.

»Das Ding hat eigentlich zwei Vorderachsen, wegen dem Gewicht des Betons, das er transportieren muss, vermute ich. Wie ihr seht, sind beim Aufprall beide rausgerissen worden und liegen etwa 30 Meter weiter hinten im Wald. Wir können von Glück sagen, dass die Dinger kein anderes Fahrzeug getroffen haben. Die Jungs im offenen Bayern hatten nicht den Hauch einer Chance, so viel ist sicher. Der Fahrer des LKW ist direkt nach dem Bumms verduftet, ob er was abgekriegt hat, wissen wir noch nicht. Allerdings ist die komplette linke Seite der Fahrerkabine ausgepolstert, gerade so, als habe sich der Fahrer auf den Unfall vorbereitet.«

»Gibt es Blutspuren oder so was?«, wollte Hain wissen.

»Der erste Überblick hat keine ergeben, aber da müssen sowieso die Kollegen der Spurensicherung noch mal ran.«

»Wie haben die eigentlich die Insassen des PKW herausbekommen? So, wie die Fahrzeuge jetzt stehen?«

»Ja, das war ein ziemliches Schauspiel.«

Wieder zeigte seine Hand auf den Straßenverlauf.

»Irgendwo da unten steht in der Dunkelheit ein Kran. Der hat versucht, den Mischer von der andern Kiste runterzuheben, was aber daran gescheitert ist, dass die beiden so ineinander verkeilt sind, dass immer beide in die Luft wollten. So sehr die Techniker sich auch bemüht haben, es hat einfach nicht geklappt.«

»Und dann?«, fragte der Oberkommissar unschlüssig.

»Die Feuerwehrleute haben die beiden Toten geborgen, während der Kran die Karren in die Luft gehoben hat. Wie gesagt, es sah ziemlich außergewöhnlich aus.«

»Das glaube ich gern«, bestätigte Lenz. »Und der LKW wurde, wie du am Telefon erwähnt hast, in Göttingen geklaut?«

»Das ist richtig, ja. Das Ding wurde gestern gegen halb sieben auf dem Firmenparkplatz abgestellt und ist dann hier wieder aufgetaucht. Der Inhaber des Zementwerks, mit dem ich schon telefoniert habe, wusste noch gar nichts von der Geschichte.«

»Ist er kurzgeschlossen worden?«

»Definitiv.«

»Also können wir zunächst einmal davon ausgehen, dass der Eigentümer nichts mit der Geschichte zu tun hat?«

»Das würde ich so sehen, ja.«

Lenz blickte in den sich zart graublau verfärbenden Morgenhimmel.

»Wir wären bestimmt auch gekommen, wenn du mir am Telefon einen anderen Namen genannt hättest, Lemmi«, erklärte der Hauptkommissar seinem Kollegen. »Aber mit dem Beifahrer, diesem Markus Specht, hatten wir vor ein paar Tagen zu tun. Er ist bei der gleichen Bank beschäftigt, bei der auch Sven Vontobel, der ermordete Banker vom letzten Wochenende, gearbeitet hat. Der Nordhessenbank.«

Lehmanns Augen waren bei jedem Wort des Kollegen größer geworden.

»Die *beiden* Toten von heute Nacht sind Mitarbeiter der Nordhessenbank gewesen, Paul. Dieser …«

Der KDD-Mitarbeiter griff hastig zu einem kleinen Notizblock.

»Dieser Nasim … nein, Nasif heißt er, dieser Nasif Yildirim war auch Mitarbeiter der Nordhessenbank. Ich habe seine Zutrittskarte in der Brieftasche gesehen.«

»Verdammte Scheiße«, murmelten Lenz und Hain wie aus einem Mund.

17

»Warte, da vorn ist es«, wies Lenz seinem Kollegen den Weg mit der rechten Hand und musste dabei unwillkürlich schlucken. »Da, Nummer sieben.«

»Ich hasse es«, presste Hain mit belegter Stimme hervor, während er den Kombi ein paar Meter vor der Reihenhausanlage auf dem Parkstreifen ausrollen ließ.

»Und ich kenne niemanden, der sich um diese Aufgabe reißen würde«, bemerkte Lenz leise. »Willst du lieber hier warten?«

»Nein, geht schon. Es ist nur jedes Mal das gleiche bedrückende Gefühl, wenn wir mal wieder auf ein Haus zugehen müssen, in dem Menschen sitzen, die nicht ahnen, dass gleich ihre Welt komplett aus den Angeln gehoben wird.«

»Tja, es hilft trotzdem nichts«, stellte der Hauptkommissar fest und öffnete die Beifahrertür. »Wir müssen es machen.«

Ein paar Sekunden später hatten die Polizisten die Eingangstür des Reihenmittelhauses erreicht. Hain beugte sich zum Namensschild hinunter.«

»Wir sind richtig«, nickte er und legte den rechten Zeigefinger auf den im Morgenrot schimmernden Klingelknopf. Sofort, nachdem er den Metalltaster losgelassen hatte, wurden aus dem Inneren des Hauses Laufgeräusche hörbar, die sich schnell näherten.

»Mein Gott, Markus, ich habe mir solche Sorgen gema…«

Die hochschwangere Frau, die in der offenen Tür auftauchte, riss sich die linke Hand vor den Mund.

»Nein!«, schrie sie mit Blick auf die beiden Männer.

»Frau Specht?«, wollte Hain so vorsichtig wie möglich wissen.

»Ist ihm etwas passiert?«, fragte sie zurück, ohne auf die Frage einzugehen. »Ist Markus etwas zugestoßen?«

Lenz wich dem Blick der Frau für ein paar Sekundenbruchteile aus, bevor er den Kopf hob und ihr in die Augen sah.

»Wir sind von der Kriminalpolizei, Frau Specht«, erklärte er ihr mit hochgehaltenem Ausweis. »Dürfen wir hereinkommen?«

»Nein …, … ja, natürlich. Was ist denn los? So sagen Sie mir doch, was los ist!«

Hain schob die immer noch mit weit aufgerissenen Augen dastehende, kreidebleiche Frau sanft zurück in den Flur, ließ seinen Kollegen passieren und schloss hinter sich die Tür.

»Kommen Sie, … bitte. Wir gehen ins … Wohnzimmer.«

Mit schwankendem Schritt und den prallen Bauch mit den Händen umfassend, führte sie die Kommissare in ein etwa 20 Quadratmeter großes, wegen der hellen Holzmöbel ein wenig an eine Studentenbude erinnerndes Zimmer.

»Bitte, so sagen Sie mir doch«, rief sie flehentlich, »was ist passiert? Geht es meinem Mann nicht gut? Hatte er einen Unfall?«

»Ja, Frau Specht, Ihr Mann hatte einen Unfall. Und, so leid es uns auch tut, wir müssen Ihnen mitteilen, dass er noch an der Unfallstelle verstorben ist.«

»Wie meinen Sie das – verstorben?«, murmelte sie kopfschüttelnd. »Ist er schwer verletzt? Oder vielleicht sogar in Lebensgefahr?«

Lenz holte tief Luft und musste mit den in die Augen steigenden Tränen kämpfen. Markus Spechts Frau stand, wie er vermutete, kurz vor der Entbindung, und alles in ihr weigerte sich, die Information, die sie gehört hatte, als Realität anzuerkennen.

»Es tut mir wirklich sehr leid, Frau Specht, aber Ihr Mann lebt nicht mehr. Er hatte einen Verkehrsunfall, bei dem er gestorben ist.«

»Das kann doch gar nicht sein«, flüsterte sie apathisch, während ihr eine Träne über die rechte Wange lief. »Das kann nicht sein!«

Weder Lenz noch Hain erwiderten etwas, während Frau Specht immer wilder mit dem Kopf schüttelte.

»Er war doch vor ein paar Stunden noch hier ... Es kann nicht sein, dass er tot ist.«

»Wenn Sie möchten, können wir Ihnen einen professionellen Beist ...«

Weiter kam Hain nicht, denn der Rest seines Satzes ging in ihrem lang anhaltenden, hohen Schrei unter. Sie schrie, schrie und schrie, und der enervierende Ton ebbte erst ab, als sich keine Luft mehr in ihren Lungen befand. Dann sank sie auf die Knie und fing hemmungslos an zu weinen.

Der Oberkommissar warf seinem Boss einen unschlüssigen Blick zu, der sich zu ihr hinunter bückte.

»Kommen Sie, Frau Specht«, bat Lenz sie behutsam. »Ich bringe Sie zur Couch, da können Sie sich hinlegen. Das ist sicher besser, als hier auf dem Boden ...«

Silke Specht drehte den Kopf und sah den Polizisten an.

»Das geht doch nicht. Ich bekomme ein Baby, sehen Sie mich doch an. Was soll denn aus uns werden, wenn Markus nicht mehr da ist?«

»Das wird sich alles finden. Aber jetzt kommen Sie bitte hoch.«

Er zog sie sanft am Arm nach oben, und sie folgte ihm bereitwillig zu dem an der Wand stehenden grell roten Sofa.

»Legen Sie sich hin. Möchten Sie ein Glas Wasser?«

»Nein, danke«, erwiderte sie schluchzend. »Ich will, dass mein Mann nach Hause kommt. Ich will, dass alles gut ist.«

»Können wir jemanden anrufen, Frau Specht, der sich um Sie kümmert? Vielleicht Ihre Mutter? Oder eine Freundin?«

»Nein, das möchte ich nicht. Meine Mutter wohnt nicht in Kassel. Und eine Freundin, die ich jetzt sehen wollte, habe ich nicht.«

Ihr Blick traf Lenz wie ein Peitschenhieb.

»Wie ist es passiert?«

»Es war, wie es sich bis jetzt darstellt, ein Unfall. Ein Lastwagen hat seine Fahrspur verlassen und ist mit dem Wagen, in dem Ihr Mann saß, frontal zusammengestoßen.«

»In welchem Auto saß er denn?«

»In dem eines Kollegen. Sein Name ist Nasif Yildirim.«

Sie riss die Augen auf und fixierte den Kommissar noch intensiver.

»Yildirim? Markus würde nie in das Auto dieses Proleten steigen.«

In ihrem Gesicht spiegelte sich schlagartig so etwas wie Hoffnung wider.

»Vielleicht ist der, der verunglückt ist, gar nicht Markus. Haben Sie es wirklich überprüft, ob es mein Mann ist? Wenn Sie sagen, dass er in Yildirims Wagen gesessen haben soll, ist das nämlich fast unmöglich.«

»Kannten Sie Herrn Yildirim?«

»Wie Sie das sagen, klingt es, als ob er auch tot sei.«

»Das stimmt leider, ja. Kannten Sie ihn?«

»Flüchtig.«

Wieder kullerten dicke Tränen über ihr Gesicht, und das Schluchzen wurde lauter.

»Was soll ich nur ohne ihn anfangen?«

»Ich würde gern professionelle Hilfe für Sie organisieren, Frau Specht«, erklärte Lenz der Frau nun sehr deutlich. »Es wäre nach meiner Meinung das Beste. Was meinen Sie dazu?«

Silke Specht deutete ein Kopfnicken an.

»Danke, das ist sehr nett von Ihnen.«

*

»Was für eine Scheiße«, brummte Lenz. »Wenn ich es nicht besser wüsste, würde ich jetzt eine Zigarette rauchen wollen.«

Die Kommissare lehnten an der Motorhaube von Hains Kombi. Beide schwitzten, und es war nicht klar, ob das Transpirieren der schon um diese frühe Zeit vom Himmel brennenden Sonne oder den Erlebnissen der Nacht und des Morgens anzulasten war.

»Für einmal würde ich, glaube ich, auch eine paffen«, pflichtete Hain ihm bei.

Im Haus waren zur gleichen Zeit der Polizeipsychologe Werner Aumüller und ein Arzt des mobilen Kriseninterventionsteams Nordhessen damit beschäftigt, die abwechselnd fast lautlos wimmernde und dann wieder gellend schreiende Silke Specht zu beruhigen.

»Ich weiß nicht, ob ich jetzt nochmal so eine Nummer schaffe, Paul.«

Lenz sah seinen Kollegen lang an, bevor er ihm antwortete.

»Glaub mir, das Gleiche habe ich eben auch gedacht, Thilo. Aber es hilft nichts, wir müssen zu der anderen Adresse fahren. Objektiv betrachtet haben wir uns eh schon viel zu viel Zeit gelassen.«

Der Oberkommissar schnaufte tief durch und reckte sich im Anschluss. Dann beugte er seinen Oberkörper so weit nach vorn, dass beide Handinnenflächen plan auf dem Boden auflagen.

»So was konnte ich früher auch mal«, bemerkte Lenz anerkennend.

»Das muss allerdings im vorigen Jahrtausend gewesen sein.«

Während Hain seinen Körper wieder in eine normale Position brachte, kam Werner Aumüller auf die beiden Polizisten zu.

»Sie können jetzt noch einmal kurz zu ihr rein«, eröffnete er mit in Falten gelegter Stirn. »Sie hat zugestimmt, ins Krankenhaus zu gehen. Der Rettungswagen sollte jeden Moment hier sein.«

»Wegen der Schwangerschaft?«

»Ja. Wie es aussieht, setzen die Wehen ein.«

»Was für eine Tragik«, bemerkte Lenz mit belegter Stimme.

»Da haben Sie definitiv recht«, gab Aumüller zurück. »Es ist wirklich eine Tragödie. Der eine geht, und der Nächste kommt.«

»Konnten Sie etwas für Sie tun?«

»Nicht wirklich. Ich erreiche sie einfach nicht.«

»Hat der Doc ihr etwas zur Beruhigung gegeben?«

Der Psychologe schüttelte den Kopf.

»Das Risiko will er wegen der Schwangerschaft nicht eingehen. Wir müssen versuchen, sie ohne chemische Unterstützung halbwegs zu stabilisieren.«

Die Drei gingen zurück ins Haus, wo Silke Specht in der gleichen Position wie vor dem temporären Rückzug der Kommissare auf der Couch lag und leise vor sich hin wimmerte.

»Meinen Sie, ich kann Ihnen noch ein paar Fragen stellen, Frau Specht?«, wollte Lenz leise wissen.

Sie nickte.

»Wann genau hat Ihr Mann das Haus verlassen?«

»Das weiß ich nicht, weil er sich nicht von mir verabschiedet hat«, flüsterte sie. »Ich bin um halb zehn nach oben und ins Bett gegangen, weil ich mich nicht gut gefühlt habe. Irgendwann nach Mitternacht war ich kurz wach, bin aber sofort wieder eingeschlafen, weil ich dachte, hier im Wohnzimmer liefe der Fernseher, aber das hatte ich wahrscheinlich geträumt. Als ich um zwei Uhr aufgewacht bin und Markus nicht neben mir lag, bin ich runter gegangen. Alles war dunkel, und er war weg.«

»Also muss er irgendwann nach halb zehn das Haus verlassen haben?«

»Ja.«

»Und Sie wissen nicht, wohin er gegangen sein könnte?«

»Nein.«

»Hat er vielleicht einen Anruf bekommen?«

»Das weiß ich nicht«, rief sie verzweifelt. »Ich habe doch geschlafen.«

»Ja, klar. War Ihr Mann, als Sie ins Bett gingen, irgendwie anders als sonst?«

Sie dachte eine Weile nach.

»Nein, überhaupt nicht. Er hat gesagt, dass er später zu mir kommen und sich darauf freuen würde, das war alles.«

»Haben Sie einen Wagen?«

»Ja, natürlich haben wir einen Wagen, aber er ist nicht da. Normalerweise steht er draußen vor der Garage, der Platz ist aber leer. Als ich auf der Suche nach Markus durch das Haus geschlichen bin, habe ich nachgesehen, sonst hätte ich mir nicht solche Sorgen über sein Verschwinden gemacht.«

»Das heißt, dass er sicher mit seinem Wagen unterwegs war?«

»Ja, das heißt es.«

»Gut, das hilft uns vielleicht weiter.«

»Wie meinen Sie das? Warum hilft Ihnen das weiter?«

Lenz überlegte kurz.

»Wir müssen bei solchen Unfällen immer genau prüfen, wie alles zusammenhängt, das ist alles.«

Silke Specht bedachte ihn mit einem misstrauischen Blick, beließ es jedoch dabei.

»Wie geht das denn jetzt weiter?«, fragte sie stattdessen.

»Das wird Ihnen alles im Krankenhaus erklärt. Wir werden jetzt gehen, weil wir noch viel zu erledigen haben.«

»Ja. Auf Wiedersehen.«

»Auf Wiedersehen, Frau Specht.«

Die Adresse, unter der Nasif Yildirim gemeldet war, lag im Ortsteil Bettenhausen. Hain steuerte den Kombi auffallend langsam durch den einsetzenden Berufsverkehr und war offensichtlich froh über jede rote Ampel. Lenz sah während der Fahrt aus dem Fenster und dachte über seine Zeit als Raucher nach.

»Es hilft nichts, Thilo«, bemerkte er schließlich. »Du kannst so viel Time-Killing betreiben wie du willst, wir müssen es trotzdem machen. Also, gib Gas, damit wir es hinter uns bringen können.«

»Vielleicht haben wir ja Glück, und er war Single.«

»Ja, vielleicht. Aber er war auch noch ziemlich jung, was bedeutet, dass wir in diesem Fall im Lauf des Morgens seiner Mutter und/oder seinem Vater in die Augen sehen müssen.«

»Auch keine segensreiche Alternative.«

»Meine Rede.«

Das Haus, vor dem die beiden kurz darauf hielten, war von beeindruckender Mittelmäßigkeit. Ein unauffälliger Siebziger-Jahre-Kasten mit zwölf Klingeltastern rechts neben der Tür und den dazu gehörenden Briefkästen. Hain sah die allesamt in Rot gehaltenen Namensschilder durch.

»Hier«, bewegte er seinen rechten Zeigefinger nach vorn und drückte stöhnend auf einen der Klingelknöpfe, doch auch nach mehr als einer Minute Wartezeit und mehrmaligem Wiederholen des Vorgangs kam keine Reaktion.

»Hier steht übrigens nur Nasif Yildirim drauf«, erklärte der Oberkommissar.

Im gleichen Augenblick tauchte auf dem untersten Treppenabsatz eine ältere Frau auf, die kurz darauf die Eingangstür öffnete und den beiden vor der Tür stehenden Polizisten einen misstrauischen Blick zuwarf.

»Zu wem wollen Sie denn?«

»Zu Herrn Yildirim.«

»Yildi… was? Den kenne ich nicht.«

Sie stapfte an den Beamten vorbei.

»Eigentlich kennt man niemanden mehr, der mit einem im gleichen Haus wohnt. Eine Schande ist das, wenn Sie mich fragen.«

Damit hatte sie sich auch schon ein paar Meter entfernt; ihre Worte wurden zu Fetzen und waren nicht mehr verständlich. Lenz setzte den Fuß in die langsam zufallende Tür und drückte sie wieder nach innen.

»Bingo«, murmelte er.

Nachdem sie die ersten beiden Stockwerke geprüft und hinter sich gelassen hatten, war klar, dass Yildirims Wohnung in der obersten Etage lag. Dort gab es nur zwei Wohnungen, und an der linken der beiden fanden sie den gesuchten Namen. Hain hob den Arm, klingelte und schlug gleichzeitig mit der flachen Hand gegen das Holz der Tür.

Wieder warteten sie ein paar Sekunden, dann wiederholte der junge Kommissar sein Vorgehen.

»Nichts, hier ist niemand. Lass uns abhauen, Paul.«

»Ja, du hast recht. Lass uns gehen.«

Damit wandten die beiden sich ab und waren schon fast wieder an der Treppe, als Lenz stehen blieb und sich noch einmal umdrehte.

»Warte«, brummte er. »Ich hab was gehört.«

»Was denn?«

»Ich glaube, da war ein Geräusch.«

Hain schnappte deutlich hörbar nach Luft.

»Und was für ein Geräusch soll das gewesen sein? Nachdem wir fast eine Minute vor der Tür standen, ohne etwas zu hören?«

Der Hauptkommissar ging zurück, legte sein linkes Ohr an das Türblatt und fing triumphierend an zu lächeln.

»Da, hör es dir selbst an.«

Aus dem Inneren der Wohnung drangen tatsächlich Geräusche, das musste nun auch Hain eingestehen.

»Klingt fast, als würde jemand einen Mixer bedienen«, beschrieb er das, was er vernahm, und schlug erneut mit der Handfläche gegen die Tür.

»Hallo, hier ist die Polizei«, rief er dabei laut, doch es kam keine Reaktion. Allerdings veränderte sich das Geräusch ein wenig und wurde gleichzeitig lauter.

»Das ist ein Staubsauger!«, zischte Hain wütend. »Da drin saugt jemand, findet es aber nicht für nötig, auf unser Klopfen zu reagieren.«

Nun kam der Staubsauger der Wohnungseingangstür ganz nah und wurde sogar ein paarmal gegen das Holz des Türblatts geschoben.

»Das gibt's doch gar nicht«, murrte der Oberkommissar, während er sein Gehämmer gegen die Tür verstärkte. »Hallo, aufmachen!«

»Lass sein, Thilo«, wurde er von seinem Boss beruhigt. »Vielleicht haben wir es mit einem tauben Menschen zu tun, das wäre zumindest eine schlüssige Erklärung.«

Hain riss die Augen auf.

»Ein tauber Mensch? Was dir immer so einfällt.«

Wieder wurde der Sauger einige Male gegen die Tür geschoben, dann wurde das Geräusch wieder leiser.

»Meinst du nicht, wir sollten diesem tauben Menschen kurz erklären, was sich heute Nacht auf der Straße ereignet hat? Vielleicht hast du recht, und seine Freundin kann wirklich nichts hören, ist aber da drin am Saubermachen.«

Lenz schüttelte den Kopf.

»Was willst du tun? Dir illegal Zutritt verschaffen? Das kannst du dir aus dem Kopf schlagen, da mache ich nicht mit.«

Hain sah sich das Türschloss an.

»Technisch wäre das kein Problem.«

»Rechtlich schon. Wir …«

Der Hauptkommissar stockte, weil in diesem Augenblick Schritte auf der Treppe zu hören waren. Kurz darauf betrat ein etwa 45-jähriger Mann die Etage, der die noch immer vor der Tür stehenden Beamten überaus kritisch beäugte.

»Was machen Sie denn hier?«, wollte er in harschem Tonfall wissen.

Lenz griff nach seinem Ausweis und hielt ihn hoch.

»Wir sind von der Kriminalpolizei. Wohnen Sie hier?«

Der Mann nickte und deutete auf die gegenüberliegende Wohnung.

»Klar. Und was wollen Sie von mir?«

»Wir sind auf der Suche nach …«

Der Polizist dachte einen Moment nach.

»Wissen Sie vielleicht, ob Herr Yildirim allein lebt?«

»Nein, tut mir leid, das weiß ich nicht«, gab er genervt zurück. »Und so langsam geht es mir auch auf den Wecker, dass ich mich immer, wenn ich komme oder gehe, um irgendwelchen Scheiß kümmern muss, der eigentlich ihm gilt.«

»Wie meinen Sie das?«, hakte Hain nach.

»Na, als ich heute Morgen um drei zur Arbeit bin«, erklärte er knapp, »ich bin nämlich Bäcker und muss immer um die Uhrzeit raus, haben auch zwei Kerle hier rumgelungert. Die waren zwar nicht von der Polizei, zumindest sahen sie nicht so aus, aber die wollten auch zu meinem heiß geliebten Nachbarn.«

Sein Tonfall klang, als ob das Verhältnis zwischen den Mietparteien von gewissen Spannungen getrübt gewesen sei.

»Was waren das für Männer? Kannten Sie sie?«

»Nö, nie gesehen die Zwei.«

»Und die haben Sie auch nach Herrn Yildirim gefragt?«

»Das nicht. Sie hatten einen Schlüssel und sind in seiner Wohnung verschwunden.«

»Und das kam Ihnen nicht spanisch vor?«

»Warum das denn? Mir ist es völlig egal, wen der Knilch sich einlädt, so lang Ruhe herrscht im Haus. Krach kann ich nämlich ganz und gar nicht vertragen.«

»Schon klar. Die beiden hatten also einen Schlüssel zu Yildirims Wohnung und sind darin verschwunden.«

»Ja, sag ich doch.«

»Kommt es öfter vor, dass so etwas passiert?«

»Keine Ahnung. Und jetzt lassen Sie mich mal pennen gehen, ich muss nämlich in drei Stunden noch mal an die Arbeit. Servus dann.«

Damit schloss er die Tür auf, schob sie nach innen, warf den Besuchern auf dem Flur noch einen kurzen Blick zu und verschwand schließlich in seiner Wohnung.

»Das verändert die Sachlage ganz eindeutig, Thilo«, stellte Lenz leise fest. »Jetzt darfst du tatsächlich dein Etui hervorkramen und uns die Tür öffnen.«

»Aber du stehst mit der Knarre in der Hand neben mir, mein Freund. Ich hab nämlich nicht die geringste Lust, von zwei jeweils zwei Meter großen Reinemachern mit einem Staubsauger in der Hand umgehauen zu werden.«

»Versprochen.«

Das eigentliche Öffnen des Schlosses dauerte nur wenige Sekunden. Hain, der ein paar Jahre zuvor das Seminar *Gewaltfreies Öffnen von Schlössern bei Gefahr in Verzug* belegt hatte, hatte trotzdem ein paar Schweißperlen auf der Stirn, als er seine Utensilien zurück in die Jacke schob und nach der Dienstwaffe griff. Lenz, der seine Pistole schon während der Aktion im Anschlag gehalten hatte, nickte angespannt.

Mit jedem Millimeter, den der Oberkommissar die Tür nach innen drückte, wurde das Geräusch des Staubsaugers wieder lauter. Dann war ein Spalt entstanden, durch den Hain schlüpfte und sofort den Bereich hinter der Tür und den Flur sicherte. Lenz kam hinter ihm her und sah sich kurz um.

Drei abgehende Türen, dazwischen ein mannshoher Spiegel, ein Garderobenschrank und ein paar Bilder. Alle Türen standen offen, das Geräusch des Staubsaugers näherte sich erneut von dem Zugang neben dem Spiegel. Die beiden traten einen Schritt auseinander, hoben ihre Waffen und erwarteten das Auftauchen einer Person, doch dazu kam es nicht. Was jedoch auftauchte, war ein kleiner, runder Saugroboter, der laut sirrend in den Flur rollte und kurz darauf die Beine der Beamten umkreiste.

»Scheiße«, murmelte Hain, bewegte sich vorwärts und sicherte den Raum, aus dem der Haushaltshelfer gekommen war.

»Hier ist niemand«, stellte er nach einem erstaunten Rundblick fest. »Aber hier war jemand, der etwas gesucht hat.«

Lenz war dabei, das Schlafzimmer zu überprüfen, im Anschluss nahm er sich Badezimmer und Esszimmer vor, jeweils mit dem gleichen, die Nerven beruhigenden Ergebnis. Sie waren allein in Nasif Yildirims Wohnung.

»Scheint so, als seien das keine Freunde von ihm gewesen, die hier aufgetaucht sind«, stellte Lenz im Angesicht des Chaos' fest, das in der gesamten Wohnung herrschte. Sämtliche Schubladen waren aus den Schränken und der

Anrichte gerissen und ihr Inhalt auf dem Boden verteilt worden, die Matratze hing schief neben dem Bett, weil offenbar jemand darunter etwas gesucht hatte, und mehrere Aktenordner lagen wild verstreut neben einem gläsernen Arbeitstisch, auf den Hain wies, nachdem er seine Waffe zurückgesteckt hatte.

»Da stand mit an Sicherheit grenzender Wahrscheinlichkeit ein Laptop. Man kann es an den Abdruckspuren der vier Gummifüße deutlich sehen.«

Lenz nickte zustimmend.

»Spätestens jetzt ist wirklich zu 100 Prozent klar, dass Markus Specht und dieser Yildirim nicht Opfer eines normalen Verkehrsunfalls geworden sind, sondern umgebracht wurden. Und wir brauchen die Spurensicherung hier.«

»Ich kümmere mich gleich drum.«

Der Blick des Oberkommissars war noch immer auf die leere Stelle am Schreibtisch gerichtet.

»Es scheint, als seien die EDV-Geräte und Datenträger von Mitarbeitern der Nordhessenbank für einige Zeitgenossen mächtig interessante Objekte.«

»Ja, den Eindruck kann man kriegen. Und wir sollten schleunigst herausfinden, warum das …«

»Hallo, Nasif?«, erklang eine Frauenstimme von der Wohnungstür. »Bist du zu Hause?«

Lenz trat auf den Flur und blickte in das wunderschöne, ebenmäßig geschnittene Gesicht einer blonden, etwa 30-jährigen Frau, die mit einem Schlüsselbund in der Hand am Eingang des Flurs stand.

»Was machen Sie hier?«, fragte sie beim Anblick des Polizisten erschrocken.

»Wir sind von der Kriminalpolizei«, gab der Kommissar mit einem Wink in Richtung Hain, der sich neben ihn gestellt hatte, zurück. »Das ist Oberkommissar Thilo Hain, und ich bin Hauptkommissar Paul Lenz.«

Er musterte die mit einem sehr kurzen Minirock und einer weißen Bluse bekleidete Frau.

»Und wer sind Sie, bitte?«

»Polizei? Ist etwas passiert? Mit Nasif?«

»Würden Sie zunächst meine Frage beantworten? Wer sind Sie und was haben Sie mit Herrn Yildirim zu tun?«

»Ich bin seine … eine … Arbeitskollegin. Wir sind Arbeitskollegen.«

»Eine Arbeitskollegin mit Wohnungsschlüssel?«, wollte Hain skeptisch wissen.

»Ist Nasif hier?«, fragte sie, ohne auf ihn einzugehen, zurück. »Ich versuche seit Stunden, ihn zu erreichen, aber er geht an keines seiner Telefone.«

»Sind Sie seine Freundin?«, schoss Lenz einen Versuchsballon ab, der sich sofort als Treffer erwies.

»Ja, wir sind zusammen, aber behalten Sie das bitte für sich. Wir arbeiten beide bei der Nordhessenbank, und dort sieht man es nicht gern, wenn Kollegen etwas miteinander anfangen. Deshalb machen wir ein kleines Geheimnis aus der Geschichte.«

Über ihr Gesicht huschte die Andeutung eines Lächelns.

»Nasif hat doch nicht etwa was angestellt, oder?«, fragte sie leise.

»Nein, Frau …«, wollte Lenz ihren Namen wissen.

»Ich heiße Simone Wiesmann.«

»Nein, Frau Wiesmann, Ihr Freund hat nichts angestellt.«

Er schluckte.

»Es ist leider so, dass Nasif Yildirim heute Morgen das Opfer eines … Verkehrsunfalls geworden ist.«

Wieder stockte er.

»Es tut mir wirklich außerordentlich leid, Frau Wiesmann, aber ich muss Ihnen mitteilen, dass Ihr Freund dabei ums Leben gekommen ist.«

Simone Wiesmann sah den Polizisten schweigend an. Außer einem leichten Anheben der Augenlider war an ihr keine Reaktion auszumachen.

»Haben Sie mich verstanden, Frau Wiesmann?«

Während die junge Frau nickte, lief eine einzelne Träne über ihre rechte Gesichtshälfte.

»Das war bestimmt kein Unfall, auch wenn es vielleicht danach aussah«, flüsterte sie kaum hörbar und senkte den Kopf. »Nasif ist garantiert ermordet worden.«

Lenz und Hain tauschten einen kurzen Blick.

»Wollen Sie nicht lieber hereinkommen, Frau Wiesmann?«, fragte Hain mitfühlend. »Das ist sicher ein schwerer Schock für Sie, und Sie müssen da nicht zwischen Tür und Angel stehenbleiben.«

Er ging auf sie zu, griff sanft nach ihrem Arm und zog sie in die Küche. Dort schob er ihr einen Stuhl unter den Hintern und setzte die apathisch wirkende Frau darauf ab.

»Ich habe ihn gewarnt«, murmelte sie. »Ich habe ihn davor gewarnt, diese Sache anzufangen, aber er wollte nicht auf mich hören.«

Während sie den Kopf hob und wie zwischen den beiden Polizisten hindurchsah, rannen Tränen über ihr Gesicht, nahmen einen Teil der Schminke auf und hinterließen nach dem Verlassen der Haut hässliche, braune Flecken auf ihrer Bluse.

»Und jetzt hat er die Quittung dafür bekommen.«

»Wofür, glauben Sie, hat Herr Yildirim die Quittung bekommen?«

Es dauerte eine Weile, bis sie antwortete.

»Dafür, dass er sich mit den falschen Leuten angelegt hat.«

18

Norman Wachter lehnte sich in seinen Stuhl zurück und drückte den Rücken durch. Sein gesamter Körper wurde von einer weiteren Welle von Schmerzen durchzuckt, und es kam ihm vor, als sei seine Wirbelsäule in der Mitte durchgebrochen.

Erneut meldete sich sein Telefon mit einem enervierenden Vibrieren, und erneut war es der gleiche Anrufer wie den ganzen Morgen über, wie ein kurzer Blick auf das Display ergab.

Scheiße.

»Ja, verdammt«, meldete er sich schließlich mit reichlich Wut in der Stimme.

»Solche Pannen bin ich von Ihnen nicht gewöhnt«, erklärte ihm der Anrufer ohne irgendwelches Vorgeplänkel. »Ich dachte, ich hätte mich, was die Ausführung des Auftrags angeht, klar ausgedrückt?«

»Das haben Sie. Aber leider ist nicht alles so gelaufen, wie ich es geplant hatte.«

»Solche Planungsfehler sind nicht vorgesehen, und sie sind bisher bei Ihnen auch nicht zu beklagen gewesen.«

Es entstand eine kurze Pause.

»Hören Sie zu, Eisenberg«, murmelte Wachter, »es ist nun einmal so, dass der Auftrag nicht zu 100 Prozent zu Ihrer Zufriedenheit gelaufen ist. Das weiß ich, und diesen Schuh ziehe ich mir auch an. Also komme ich Ihnen insoweit entgegen, dass wir einfach die vereinbarte Preiserhöhung herausrechnen. Dann sollten alle Beteiligten wieder ruhig schlafen können.«

Eine erneute Pause, diesmal eine deutlich längere.

»Ich vermute, Sie sind sich über die Tragweite Ihres Fehlverhaltens nicht so ganz im Klaren, Herr Wachter. Mein Auftrag war, dass wir einen plausiblen, nicht anzuzweifelnden Unfall benötigen, aber das, was Sie da abgeliefert haben, hat eher den Anschein einer Treibjagd im Kasseler Umland zu bieten.«

Eisenberg gönnte seinem Gesprächspartner ein paar weitere Sekunden des Nachdenkens.

»Sie wissen sicher, dass die Kripo die Sache längst nicht mehr als Verkehrsunfall behandelt.«

»Nein, das wusste ich bisher nicht; aber danke, dass Sie mich darüber informiert haben.«

»Und es ist, gelinde gesagt, eine unglaubliche Unverfrorenheit, dass Sie für diese Fehlleistung auch noch entlohnt werden wollen.«

»Sie wollen damit aber nicht ausdrücken, dass Sie mir überhaupt nichts zahlen wollen?«

»Doch, genau das will ich. Sie bekommen für diese stümperhafte Arbeit von mir keinen Cent. Und Sie können froh sein, dass wir Sie nicht in Regress nehmen für die ekelhafte Scheiße, die Sie da angezettelt haben.«

Wachters wütendes Herauspressen der Atemluft war vermutlich bis zum anderen Ende der Leitung zu hören. Dann jedoch hatte er sich wieder im Griff.

»Etwas in dieser Art sollten Sie besser nicht einmal denken, Herr Eisenberg. Wenn Sie Weihnachten noch mit Ihrer Familie am Baum stehen und Lieder singen wollen, sollten Sie so etwas wirklich nicht versuchen.«

»Oh, Sie wollen mir drohen! Versucht jetzt nicht, der Schwanz mit dem Hund zu wedeln?«

»Die Einschätzung dazu überlasse ich Ihnen«, erwiderte Wachter kühl. »Und wenn Sie der Meinung sind, dass unsere Geschäftsbeziehung auf diese Weise enden soll, dann kann ich es leider nicht ändern. Allerdings gebe ich zu bedenken, dass die Sache dann für Sie leider nicht gut ausgehen wird. Ziehen Sie das besser bei allem, was Sie tun, ins Kalkül. Und richten Sie Ihrem Auftraggeber aus, dass er im gleichen Maß davon betroffen sein wird.«

»Sie wollen es also wirklich auf die harte Tour«, gab Eisenberg unbeeindruckt zurück. »Nun, wir werden Sie daran sicher nicht hindern.«

Damit knackte es in der Leitung, und das Gespräch war beendet.

Drecksack, murmelte Norman Wachter, ließ sich leise stöhnend in seinen Stuhl zurücksinken, und drückte auf den roten Knopf am Telefon.

Er hatte es tatsächlich verkackt. Zum ersten Mal in seinem Leben als Problemlöser für andere Menschen hatte er einen Auftrag wirklich in den Sand gesetzt.

Bis knapp vor dem Augenblick des Zusammenpralls hatte alles wie bei den Malen zuvor ausgesehen. Sein Helfer, von dem die beiden Männer im BMW-Cabriolet schon seit ihrer Abfahrt in Kassel observiert worden waren, hatte ihm absolut erstklassige Anweisungen gegeben, daran hatte es nicht gelegen. Er selbst war unpräzise gewesen, hatte im letzten Augenblick das Lenkrad um ein paar Grad verrissen, weil er die Geschwindigkeit des entgegenkommenden Wagens nicht richtig eingeschätzt hatte. Allein deshalb war der ganze Rest in die Hose gegangen und er hatte sich bei der Aktion verletzt. Dass, völlig unüblich für diese Uhrzeit, ein paar Sekunden nach dem Zusammenstoß ein anderer Wagen auftauchen würde, war nicht vorhersehbar gewesen. Trotzdem hatte er überstürzt den Unfallort verlassen und die Polsterung des LKW-Innenraumes zurücklassen müssen.

Wieder zog eine Schmerzwelle die Lendenwirbel hinauf und streute in die Halsgegend aus.

Zunächst, nachdem er in den bereitstehenden Wagen seines Helfers gesprungen war, hatte er befürchtet, sich einen ernsthaften Schaden an der Wirbelsäule zugezogen zu haben. Das wenigstens schien sich, zumindest nach dem jetzigen Stand, nicht zu bewahrheiten. Und doch hatte Norman Wachter zum ersten Mal in seinem Leben echte Panik erlebt. Panik, dass er einen bleibenden Schaden davongetragen haben könnte.

Wachter griff zu seinem auf dem Tisch liegenden Telefon und wählte eine Nummer.

»Hier ist Bernd Vollmann«, meldete er sich. »Ich bräuchte dringend einen Termin bei Dr. Schullenburg.«

Die Sprechstundenhilfe am anderen Ende klapperte auf einer Tastatur herum, bevor sie antwortete.

»Vor morgen früh kann ich leider gar nichts für Sie tun, Herr Vollmann. Aber es ginge, wenn das bei Ihnen passt, ganz früh.«

»Was bedeutet ganz früh?«, wollte Wachter wissen.

»Sie können gern um acht Uhr hier sein, dann sind Sie gleich als zweiter oder dritter Patient dran.«

»Dann machen wir es so. Ich bin spätestens um fünf Minuten vor acht bei Ihnen.«

»Gern. Bis dahin.«

»Ja, und vielen Dank, dass es so schnell geklappt hat.«

»Dafür nicht.«

Das Telefon landete wieder auf dem Tisch, während Wachter einen Blick auf den tief unter seinem im 28. Stock liegenden Apartment träge dahinfließenden Main warf.

Ich bin so verdammt müde.

*

Drei Stunden später betraten zwei in teuer aussehenden Anzügen steckende Männer mit Aktentaschen in den Händen das als *Eurotheum* bekannte Hochhaus in der Frankfurter Innenstadt und traten auf einen der Fahrstühle zu. Der Reisegruppe aus Japan, die von einem Umtrunk aus der Bar im 22. Stock kam und sich schrill lachend vor ihnen aus dem Lift drängte, waren sie noch nicht einmal aufgefallen. Und jeder unbeteiligte Beobachter hätte sicher Stein und Bein geschworen, dass hier zwei Banker oder Berater auf dem Weg zu einem Termin waren. Das tat auch der Bedienstete an dem holzvertäfelten Tresen, der ihnen nur einen kurzen Blick zuwarf und sich dann wieder seinem Computermonitor widmete.

Der größere der Männer legte den Fingerknöchel des rechten Zeigefingers auf den mit einem roten Lichtring unterlegten Taster, woraufhin die Türen sich schlossen, und der Aufzug sanft, aber deutlich spürbar beschleunigte. Über ihren Köpfen rasten die Digitalanzeigen der einzelnen Stockwerke durch, bis sich die Geschwindigkeit schließlich verlangsamte und die Ziffer 28 auftauchte. Hier begegnete ihnen niemand, als sie den Fahrstuhl verließen und zielsicher auf eines der teuren, luxuriös eingerichteten Langzeitapartments zusteuerten. Dort angekommen, öffnete der kleinere seine Tasche, nahm ein an einen Multitester erinnerndes rotes Gerät heraus und befestigte es mithilfe eines Saugnapfes an der Tür. Dann traten die Männer ein paar Meter zur Seite, direkt vor ein Fenster mit Blick auf den gegenüberliegenden *Main Tower*. Ein weiteres Gerät fand den Weg aus der Tasche, gefolgt von einer kleinen Kunststoffbox mit einem Paar hochwertiger In-Ear-Kopfhörer darin. Der Mann setzte die beiden Schallwandler in seine Ohrkanäle, verband das Kabel mit dem Gerät in der Hand und bedeutete seinem Kollegen mit der linken Hand, möglichst ruhig zu sein. Für etwa drei Minuten lauschte er angestrengt, wobei sein Blick hin und wieder auf die Uhr an seinem Arm fiel. Dann entfernte er die Kopfhörer und packte das Gerät zurück in die Tasche.

»38er Puls. Jede Wette, dass er schläft. Sonst nur die Geräusche von der Straße. Entfernung zum Ziel ungefähr vier Meter, vielleicht etwas mehr.«

»Richtung?«

»Etwa 30 Grad nach rechts.«

»Dann mal los, oder?«

»Ja, wir sollten keine Zeit verlieren. Wer weiß, was der Kerl noch für einen Quatsch anstellt.«

Damit griffen sie nach ihren Taschen, holten jeweils eine mit einem Schalldämpfer versehene Pistole heraus, machten einen letzten Funktionscheck und traten dann zurück an die Tür, wo der kleinere Mann das zuvor angebrachte Utensil geräuschlos entfernte und verpackte. Im Anschluss kramte er einen merkwürdig gebogenen Haken aus der Innentasche seines Sakkos und führte ihn ohne einen Laut zu verursachen in das Türschloss ein.

20

»Mit wem hat er sich denn angelegt?«, wollte Lenz von der mittlerweile hemmungslos weinenden Simone Wiesmann wissen. Der Polizist saß mit der Frau am Küchentisch in Nasif Yildirims Wohnung, während Hain mit seinem Telefon am Ohr im verwüsteten Wohnzimmer stand, um die Spurensicherung zu verständigen.

»Auf jeden Fall mit seinem Chef, Herrn Vontobel. Und weil den alle in der Bank so gern hatten, demzufolge auch mit dem Rest der Führungsmannschaft.«

»Wie meinen Sie das, *weil den alle in der Bank so gern hatten*?«

»Herr Vontobel und die Abteilung Investment waren und sind nun einmal die Cashcow der Bank. Ohne ihn, glaube ich, wäre die Situation der Nordhessenbank noch deutlich bedenklicher, als sie es ohnehin schon ist.«

Sie legte die Stirn in Falten und wischte sich dabei mit dem in der linken Faust steckenden, völlig durchnässten Papiertaschentuch über die Augen.

»Aber ich darf nicht zu viel sagen, sonst bekomme ich garantiert massiven Ärger mit meinen Vorgesetzten.«

»Alles, was wir hier besprechen, Frau Wiesmann«, versuchte Lenz der Frau diese Sorge zu nehmen, »bleibt selbstverständlich unter uns. Ich werde mit niemandem von der Bank über das sprechen, was Sie mir erzählen.«

»Das glaube ich Ihnen, aber diese Leute sind richtig clever, das können Sie mir glauben. Und sie lassen sich nichts, aber auch gar nichts gefallen. Die schrecken ja nicht mal vor einem Mord zurück, wie Sie sehen.«

»Ob dem wirklich so ist«, hob Lenz beschwichtigend die Hände, »werden wir herausbekommen, das verspreche ich Ihnen. Bis dahin allerdings sollten Sie diesen wirklich schwerwiegenden Vorwurf aber erst einmal für sich behalten. Gerade und vor allem vor dem Hintergrund dessen, was Sie eben angeführt haben, nämlich dass die Bank sich nichts gefallen lässt, halte ich das wirklich für notwendig.«

Der Kommissar holte tief Luft, bevor er weitersprach.

»Trotzdem müssen wir natürlich alles wissen, was Sie und Herr Yildirim besprochen haben. Sie müssen uns bitte alles sagen, was Sie wissen.«

»Das ist aber leider nicht allzu viel. Nasif hat immer darauf bestanden, mich aus seinen Geschäften so gut es ging herauszuhalten.«

»Arbeiteten Sie in der gleichen Abteilung?«

»Nein, nein, ich bin nicht im Investmentbanking tätig. Mein Job ist viel langweiliger. Ich kümmere mich um das Kreditwesen für die sogenannten Kleinkunden. Dazu gehören vor allem Konsumentenkredite, natürlich aber auch die Verwaltung der Dispositionskredite unserer Kunden.«

»Konsumentenkredite?«, zeigte Lenz sich ein wenig überfordert.

»Ach, das ist einfach der bankinterne Sprachgebrauch für ganz normale Ratenkredite. Also wenn sich zum Beispiel ein Kunde einen neuen Wagen kaufen möchte, das Geld dafür aber nicht flüssig hat. Das kann aber auch jede andere Anschaffung sein.«

Die Bankmitarbeiterin zuckte mit den Schultern.

»Sie würden nicht glauben, für was die Menschen heutzutage alles einen Kredit aufnehmen.«

»Ein Haus oder eine Wohnung?«

»Das kommt bei uns nicht vor, weil wir keine Immobilien finanzieren.«

»Gibt es dafür einen Grund?«

»Sie dürfen es nicht weitersagen, aber der Grund dafür ist einzig und allein, dass man damit kein Geld verdienen kann. Die Marge in diesem Bereich ist einfach nicht so gut.«

»Aber wenn ich es richtig verstehe, hat die Nordhessenbank auch ganz normale Kunden, die dort ihr Girokonto haben?«

»Natürlich. Das sogenannte Brot-und-Butter-Geschäft bringt, obwohl viele andere Institute es gar nicht mehr wollen, noch immer viel Geld ein. Und mit dem Renommee der Nordhessenbank lassen sich ziemlich hohe Posten und Spesen durchsetzen. Jede Sparkasse würde vielen unserer Kunden ein viel günstigeres Paket offerieren, aber die Leute sind halt eitel und sehen es gern, wenn auf der Kreditkarte unsere Bank als ausgebendes Institut vermerkt ist. Das rührt noch aus den Zeiten her, als Privatbanken einen wirklich seriösen und respektierten Ruf am Markt hatten.«

»Und das ist heute nicht mehr so?«

»Ganz und gar nicht. Obwohl jedes dieser Institute zwar viel Geld dafür aufwendet, um genau dieses Image auszustrahlen, sind diese Zeiten definitiv vorbei.«

Sie blickte auf, weil Hain wieder in die Küche trat, und wischte sich erneut die Augen.

»Alles klar«, gab er kurz an seinen Boss weiter. »Die Jungs sind in einer halben Stunde hier.«

»Gut«, murmelte Lenz, der noch immer damit beschäftigt war, was Simone Wiesmann ihm erzählt hatte.

»Kennen Sie die Kollegen von Herrn Yildirim?«, wollte er von ihr wissen.

»Mit ein paar von denen habe ich früher mal zusammengearbeitet, bis sie ins Investmentbanking gewechselt sind.«

Sie dachte ein paar Sekunden nach.

»Aber das stimmt eigentlich auch nicht mehr, weil die meisten von denen schon längst weg sind. Investment ist halt ein Bereich, der viele Mitarbeiter in kurzer Zeit verschleißt.«

»Das heißt, diese Mitarbeiter haben den Arbeitgeber gewechselt.«

Wieder sinnierte sie eine Weile.

»Manche ja. Die meisten allerdings sind weg vom Banking. Diese Tretmühle hält man einfach nicht ewig durch.«

»Sagt Ihnen der Name Specht etwas? Markus Specht?«

Simone Wiesmann griff in ihre Handtasche, nestelte ein neues Papiertaschentuch daraus hervor, und schüttelte dabei den Kopf.

»Ich kenne ihn nicht persönlich, sondern nur aus den Erzählungen von Nasif. Der ist nicht besonders gut auf ihn zu sprechen gewesen und hat sich immer wieder über ihn ausgelassen. Wie er es dargestellt hat, muss Specht ein echter Vollidiot sein.«

»Also würden Sie sagen, dass Nasif Yildirim und Markus Specht nicht gerade eine innige Freundschaft verbunden hat?«

»Nein, ganz im Gegenteil. Nasif hat immer wieder durchblicken lassen, dass er diesen Specht am liebsten auf den Mond schießen würde.«

Die Frau hob den Kopf und sah von einem Polizisten zum anderen.

»Aber Sie wollen doch mit Ihrer Frage nicht darauf hinaus, dass Markus Specht vielleicht etwas mit Nasifs Tod zu tun haben könnte?«

»Nein, das will ich nicht«, widersprach Lenz vorsichtig. »Es ist leider vielmehr so, dass nicht nur Ihr Freund im Unfallwagen saß, sondern auch Markus Specht, und auch er ist bei dem Zusammenstoß ums Leben gekommen.«

»Markus Specht und Nasif in einem Auto? Das kann ich mir beim besten Willen nicht vorstellen, Herr Kommissar. Er hat ihn abgrundtief gehasst, da bin ich mir ganz sicher.«

Lenz und Hain tauschten einen kurzen Blick aus.

»Wann haben Sie Ihren Freund zum letzten Mal gesehen?«, wollte der Oberkommissar wissen.

»Gestern Nachmittag nach der Arbeit. Er wollte zu seiner Familie, weil es dort mal wieder etwas Wichtiges zu besprechen gab. Bei denen hängt seit Monaten der Haussegen ziemlich schief, warum, weiß ich allerdings nicht. Nasif hat mit mir nicht gern über seine Familie geredet.«

»Und Sie kennen sie auch nicht?«

»Nein. Wir wollten, wie gesagt, beide nicht, dass unser Verhältnis an die große Glocke gehängt wird, das galt auch für seine Familie.«

»Bei Ihnen war das anders?«

»Ja. Ich stamme aus Dortmund, wo der größte Teil meiner Familie auch noch lebt, und hätte es nicht übers Herz gebracht, sie zu belügen.«

»Wie lang ging das mit Ihnen und Herrn Yildirim schon?«

»Seit knapp zwei Jahren.«

»Ich muss«, mischte Lenz sich wieder in das Gespräch ein, »noch einmal auf Ihre Bemerkung von vorhin zurückkommen, Frau Wiesmann. Als Sie sagten, dass Herr Yildirim sich mit den falschen Leuten angelegt hat, also mit Herrn Vontobel und dem Führungszirkel der Bank. Wie genau hat er das denn gemacht?«

Die junge Frau druckste ein wenig herum, als suche sie nach der richtigen Antwort.

»Er hat mir, wie gesagt, nicht alles erzählt. Hat gemeint, dass es besser für mich sei, nicht in alle Details eingeweiht zu sein.«

»Aber ein wenig intensiver haben Sie schon über das gesprochen, um was es ging, oder?«

Über ihr Gesicht rollten wieder ein paar Tränen, die sie abwischte, deshalb dauerte es eine Weile, bis Simone Wiesmann die passenden Worte gefunden hatte.

»Es ist alles so schrecklich«, stammelte sie schließlich schluchzend. »Ich sitze hier in der Gewissheit, dass Nasif nie mehr wiederkommen wird. Und obendrein muss ich mir auch noch Vorwürfe machen, weil ich es kommen gesehen habe. Weil ich nicht stark genug war, um ihn an diesem Unsinn zu hindern.«

Wieder sahen die Polizisten sich fragend an.

»Welchen Unsinn genau meinen Sie?«, hakte Hain nach, weil die Frau keine Anstalten mehr machte, weiterzusprechen.

»Ich weiß es doch nicht genau«, stammelte sie nach einer weiteren Pause schluchzend. »Er hat irgendetwas gegen seinen Chef in der Hand gehabt, so viel kann ich Ihnen sagen. Was das aber genau war, wollte er mir nicht verraten. Tausendmal habe ich ihn gefragt, was er wisse und was genau er vorhabe, aber er wollte einfach nicht damit herausrücken. *Es ist besser für dich, wenn du es nicht weißt*, hat er mir immer wieder gesagt.«

»Das klingt für mich ein bisschen wie ein Erpressungsversuch«, konstatierte der Oberkommissar vorsichtig, während er mit dem ausgestreckten rechten Arm Richtung Nebenzimmer wies. »Die Tatsache, dass hier eingebrochen und alles durchwühlt wurde, untermauert diese Vermutung zudem eindrucksvoll.«

Simone Wiesmann zuckte gleichgültig mit den Schultern.

»Was hat das jetzt noch für eine Bedeutung? Vielleicht haben Sie recht, und er hat wirklich versucht, die Bank zu erpressen, aber das spielt doch jetzt alles keine Rolle mehr. Er wird nicht wieder lebendig dadurch, wenn Sie wissen, was er vorhatte.«

»Aber es könnte uns helfen, die Täter dingfest zu machen, Frau Wiesmann. Es könnte uns verdammt nochmal helfen, einen Doppelmord aufzuklären.«

Aus dem ohnehin schon blassen Gesicht der Frau wich nun auch die letzte Farbe.

»Sie sind also längst davon überzeugt, dass er ermordet worden ist«, giftete sie. »Warum erzählen Sie mir dann zuerst diesen Unsinn von einem Unfall?«

»Wir waren und sind auch jetzt nicht zu 100 Prozent sicher, Frau Wiesmann«, versuchte Lenz ein wenig ihre Empörung zu bremsen. »Vieles spricht dafür, dass Nasif Yildirim und Markus Specht einem Verbrechen zum Opfer gefallen sind, aber bewiesen ist es eben noch nicht. Wenn wir die Auswertung des Unfallhergangs haben, können wir mehr dazu sagen, und das meinte mein Kollege, als er von einem *Doppelmord* gesprochen hat.«

Simone Wiesmann war, während der Hauptkommissar gesprochen hatte, in ihrem Stuhl zusammengesackt und brach nun völlig zusammen. Tonlos schluchzend schlug sie die Hände vors Gesicht und holte dabei stakkatoartig Luft. Dann jedoch richtete sie sich auf und sah Lenz durchdringend in die Augen.

»Er ist umgebracht worden, davon bin ich absolut überzeugt. Und für diesen feigen Mord kommt ausschließlich die Führungsriege der Nordhessenbank infrage, allen voran unser unnahbarer, diabolischer Boss Rudolph Gieger.«

Den letzten Teil ihres Satzes hatte sie mehr gehustet als gesprochen, und doch war es für Lenz und Hain völlig klar, wem die junge Frau die Urheberschaft am Tod ihres Freundes am ehesten zutraute.

21

Es war mehr die Ahnung eines Geräusches als das Geräusch selbst, das den ehemaligen Angehörigen des Kommandos Spezialkräfte der Deutschen Bundeswehr aus dem Schlaf holte. Norman Wachter war in seinem Leben oft aus dem Schlaf gerissen worden; während seiner Laufbahn als Soldat zum letzten Mal im Juni 2008, in einer Nacht, die sein Leben entscheidend verändert hatte.

Sein Kommandotrupp war in der Woche zuvor an der Entdeckung eines gewaltigen Waffenlagers der Taliban in Chub Bash-e Kalan beteiligt gewesen, einem Kaff in der Provinz Jowzian im Norden Afghanistans. Danach hatte es ein paar Tage zum Ausruhen gegeben und im Anschluss den Befehl, etwa 55 Kilometer westlich von Masar-e Sharif eine Bauernsiedlung zu observieren, deren Bewohner im Verdacht standen, einem hochrangigen Mitglied des Terrornetzwerks Al-Kaida Unterschlupf zu gewähren. Vier Tage hatten die vier Männer und ihr Truppführer, ein erfahrener Hauptfeldwebel, eingegraben und nahezu regungslos in einem Unterstand gekauert. Einem weiteren Trupp, der auf der gegenüberliegenden Talseite Position bezogen hatte, war es genau wie ihnen ergangen. Heiße Tage, kalte Nächte, langweiliges Starren durch das Fernrohr und die Hoffnung, dass dieser *verdammte Kopftuchträger*, wie der Truppführer ihn bezeichnete, endlich aufkreuzen würde, wozu es allerdings nicht kam. Was aber auftauchte, war ein Schafhirte mit seiner Herde, der nach einigen Stunden des langsamen Näherkommens schließlich das Versteck der Soldaten entdeckte, vom Kommandanten überwältigt und in den improvisierten Unterstand gezerrt worden war. Positiv anzumerken gab es, dass die ganze Aktion keinen großen Lärm verursacht hatte. Auf der anderen Seite hatten sie einen Mann bei sich, der garantiert die Bauern unten im Dorf darüber informieren würde, was er zu sehen bekommen hatte.

Wir müssen ihn ausschalten, hatte der Hauptfeldwebel gezischt, der den wimmernden Mann mit der Pistole an dessen Hinterkopf in den Staub presste.

Das können wir nicht machen, Werner, hatte einer seiner Kollegen flüsternd geantwortet. *Das wäre Mord.*

Im Anschluss hatte sich eine heftige Diskussion entwickelt, ob der Hirte denn nun zu liquidieren sei oder nicht. Die vier Soldaten des Trupps hatten sich so vehement dagegen ausgesprochen, dass der Unteroffizier tatsächlich unschlüssig wurde. Klar wussten alle, dass die amerikanischen Kommandoeinheiten in vergleichbaren Situationen nicht eine Sekunde gezögert hätten, doch sie waren keine Amerikaner. Sie waren deutsche Soldaten, denen das Leben eines Zivilisten nicht so einfach am Arsch vorbeiging. Trotzdem steckten sie in einem mächtigen Schlamassel, denn die nun herrenlosen Ziegen des Mannes, etwa

30 an der Zahl, streunten in alle Richtungen davon, und es war nur eine Frage der Zeit, bis ein aufmerksamer Beobachter sich fragen würde, warum das so war.

Wenn wir ihn nicht ausschalten, müssen wir unseren Posten räumen, und das wird garantiert jede Menge Ärger nach sich ziehen, Männer, hatte der Hauptfeldwebel genervt zu bedenken gegeben und dabei den Schalldämpfer seiner Waffe aus der Brusttasche gezogen.

Das ist mir scheißegal, hatte Wachter sich nach anfänglichem Schweigen schließlich zu Wort gemeldet. *Wir werden dieses arme Schwein hier nicht einfach abknallen, das können wir nicht machen.*

In diesem Moment war das Leben des Ziegenhirten, auf dessen weiter Hose sich deutlich ein dunkler Fleck abzeichnete, eigentlich so gut wie gerettet, denn das Wort des Waffenspezialisten hatte innerhalb seines Kommandotrupps Gewicht, auch wenn er vom Dienstgrad natürlich unter dem Hauptfeldwebel stand. Doch manchmal entscheiden Zufälle über Leben und Tod, und manchmal ist es, so wie in diesem Fall, auch nur Unachtsamkeit. Denn im gleichen Augenblick, in dem der Kommandeur des Trupps kopfschüttelnd die Waffe vom Hinterkopf des total verängstigten Afghanen hob, löste sich ein Schuss. Ein krachender, die friedliche Stille zerfetzender, für den Ziegenhirten absolut tödlicher Schuss, der so überraschend kam, dass selbst die vier Angehörigen der Spezialeinheit, die nun wirklich mit dem Gebrauch und den Geräuschen von Schusswaffen vertraut waren, erschreckt zusammenzuckten. Der Knall rollte durch das enge Tal, wurde auf der gegenüberliegenden Seite reflektiert, und war keine zwei Sekunden später wieder bei den Männern angekommen, zusammen mit lauten Schreien aus dem Dorf, das sie überwacht hatten. Dort stürmten augenblicklich Männer mit AK47 in den Händen und Panzerbüchsen des russischen Typs RPG-7 auf den Schultern zu Pick-Up-Trucks, die, riesige Staubwolken produzierend, auf ihre Stellung zuhielten.

Verdammte Scheiße!, hatte der Hauptfeldwebel gebrüllt und seine Waffe verstaut. *Wir müssen verschwinden!*

Diesen Hinweis hätte sicher keiner der vier anderen Männer gebraucht. Alle rafften ihre Waffen und die sonstigen Utensilien zusammen, sprangen auf und fingen an zu rennen. Aus dem Funkgerät, das der Kommunikationsspezialist des Trupps in seinen Rucksack warf, krächzten unterdessen die Fragen des Truppführers von der anderen Talseite, der zwar vermutlich die Festsetzung des Hirten verfolgt hatte, jedoch mit dem Schuss und den sich anschließenden Entwicklungen nicht das Geringste anfangen konnte.

Sie waren gerannt wie die Hasen, hatten alles gegeben, was die müden und verspannten Beine zu leisten bereit waren, doch die PS-starken Fahrzeuge, die sie verfolgten, hatten innerhalb von Minuten die Distanz bis auf wenige 100 Meter verkürzt. Deshalb waren die fünf Männer hinter einer Formation von verwitterten Steinen in Deckung gegangen und hatten damit begonnen, auf die Verfolger zu schießen. Die wiederum brachten sich hinter den Rädern ihrer Geländewagen in Sicherheit und eröffneten ihrerseits das Feuer. Vier Mann des Trupps waren ständig damit beschäftigt gewesen, die Einheimischen mit einzelnen, gezielten Schüssen in Schach zu halten, während der Funker dringend um Luftunterstützung nachsuchte.

Wir halten es hier nicht lang aus, hatte der Hauptfeldwebel gebrüllt. *Die müssen sich nur um uns herum bewe-*

gen, dann können sie uns von mehreren Seiten unter Feuer nehmen. Oder sie rufen irgendwen um Hilfe, wer weiß, wie viele dann plötzlich hier auf der Matte stehen und uns abknallen wollen.

Norman Wachter sah durch das Zielfernrohr seines G82-Scharfschützengewehrs und erfasste einen Mann, der dabei war, eine RPG-7 in ihre Richtung zu manövrieren. Der Einschlag des Sprengkopfs dieser Panzerbüchse hätte das ohnehin ungleiche Duell innerhalb von Sekundenbruchteilen beendet und das deutsche Spezialkommando getötet.

Sie sind unterwegs, brüllte der Mann am Funk. *Geschätzte Zeit bis zum Eintreffen sind drei Minuten und 40 Sekunden.*

Wachter war sich darüber im Klaren, dass es völlig egal war, ob die amerikanischen Helikopter ein, zwei oder drei Minuten brauchen würden, um sie zu unterstützen und auszufliegen. Wenn er den Mann mit der RPG nicht ausschaltete, würde keiner von ihnen lebend aus dieser Falle herauskommen. Nun erschien der Kopf des Mannes, der ihr Leben beenden wollte, formatfüllend in der Optik, seine Nase befand sich in der Mitte des Fadenkreuzes.

Norman Wachter hatte auf diese und ähnliche Weise schon einige Menschen getötet. Immer aus mindestens 300 Metern Entfernung, immer mit der größtmöglichen Präzision. Dafür war er ausgebildet worden, das erwarteten seine Vorgesetzten von ihm. Völlig emotionslos ertastete er den Druckpunkt des Abzugs, bewegte den Zeigefinger und konnte, einem Computerspiel gleich, den Einschlag des Projektils, das Entstehen der Trefferwunde und das Verschwinden des Kopfes aus der Visieroptik erkennen.

Ausgeschaltet, bemerkte er kühl in einer Feuerpause seiner Kameraden.

Sein Schuss schien Eindruck bei den Männern hinter den Fahrzeugen gemacht zu haben, denn keiner von ihnen bewegte in den nächsten Minuten seinen Kopf aus der Deckung heraus. So kam es, dass sich eine merkwürdige Stille über die Hochebene legte, die nur durch das in der Ferne zu vernehmende, noch sehr leise Geknatter der Rotorblätter gestört wurde. Wachter wusste, dass die Durchschlagskraft der von ihm verwendeten Munition ausreichend groß war, um die Gegner auch durch den Stahl der Felgen oder das Blech der Karosse eliminieren zu können, doch es erschien ihm völlig unsinnig, ein Blutbad anzurichten.

Noch 20 Sekunden. Sie können uns schon sehen. Nehmt die Köpfe runter!

Hinter der im Schutz der Felsen kauernden Kommandoeinheit zischte es bedrohlich, dann noch einmal, und nahezu im gleichen Augenblick wurden zwei der sechs Geländewagen wie von einer Riesenfaust angehoben und zur Seite gewirbelt. Wegen der Entfernung konnten die Soldaten zuerst die Wirkung der Raketeneinschläge sehen, bevor der dazugehörige Krach mit etwas Verzögerung an ihre Ohren drang. Die Hubschrauber stiegen auf, drehten eine kurze Runde und feuerten zwei weitere Raketen auf die Wagenburg ab, von denen die erste ein Volltreffer war, die zweite jedoch mindestens 40 Meter zu weit rechts einschlug.

Männer, wir gehen, brüllte der Hauptfeldwebel, deutete auf einen Punkt etwa 100 Meter hinter ihnen und fing an, sich darauf zuzubewegen. Die anderen folgten ihm, zuletzt Wachter, der wegen des sperrigen Scharfschützengewehrs ein paar Sekundenbruchteile länger brauchte, um die Deckung zu verlassen. Aus den Augenwinkeln konnte er deshalb noch gut erkennen, wie die verbliebenen Geländewagen mit durchdrehenden Reifen und unter ständigem Zickzackfahren den Ort des Geschehens fluchtartig verließen, während die Hubschrauber sich dem Punkt näherten, den der Kommandeur des Trupps anvisiert hatte. Der Scharfschütze war etwa 20 Meter hinter den anderen Männern, die jedoch wegen des von den Rotorblättern aufgewirbelten Staubs nicht zu sehen waren, doch er wusste, dass er in ein paar Sekunden in Sicherheit und kurz darauf aus der Gefahrenzone sein würde. Mit zusammengekniffenen Augen und etwas orientierungslos stapfte er weiter, dann hatte er die offene Luke des UH-*1 Y Venom* erreicht. Oder fast erreicht, denn im gleichen Augenblick wurde sein Körper nach vorn geschleudert. Sein Kopf prallte gegen die Unterkante des Einstiegs, doch davon bekam Wachter schon längst nichts mehr mit.

Zwei Wochen danach war er im Bundeswehrkrankenhaus Koblenz aus dem künstlichen Koma aufgewacht, in das er von den Ärzten versetzt worden war. Weitere vier Wochen hatte es gedauert, bis er realisiert hatte, dass er nie mehr wieder an einem Einsatz eines Kommandotrupps teilnehmen würde. Wer ihm den Treffer verpasst hatte, würde sich nicht mehr rekonstruieren lassen, vermutlich einer der Verwundeten hinter den Wracks der Geländewagen. Die Kugel hatte die linke Lunge durchschlagen, zwei Rippen zerstört und sowohl beim Eintritt wie auch beim Austritt ein mächtiges Loch gerissen. Die Mediziner hatten ihn so gut es ging wieder zusammengeflickt, doch es war schon recht bald abzusehen gewesen, dass er nie mehr dieselbe Leistungsfähigkeit wie vor der Verwundung erreichen würde. Vier Monate nach dem verhängnisvollen Nachmittag irgendwo in Afghanistan teilte er seinem Kompanieführer mit, dass er gern auf eigenen Wunsch die Truppe verlassen würde, und diesem Wunsch war ohne Nachfragen oder ein Wort des Bedauerns entsprochen worden.

Wieder nahm der ehemalige Elitesoldat ein Geräusch wahr, und diesmal war er sicher, dass es von der Tür des Apartments gekommen war. Er rollte sich lautlos von der Matratze, federte nach oben und presste sich mit schmerzverzerrtem Gesicht hinter die Tür.

Der ist gut, dachte er. *Aber leider nicht gut genug.*

Der Sperrriegel der Eingangstür verursachte ein ganz leises, schabendes Geräusch, als er zurücksprang, danach war für etwa eine halbe Minute nichts zu hören. Dann schwang die Tür nach innen, was Wachter an der kurzen Luftdruckveränderung erkannte.

Er lässt die Tür offen, das minimiert die Gefahr von zusätzlichen Geräuschen. Ein Profi.

Dann ging plötzlich alles rasend schnell. Eine Gestalt tauchte in der Dunkelheit auf, drehte den Körper nach rechts, und gab in schneller Folge vier schallgedämpfte Schüsse auf das Bett ab, in dem in dieser Sekunde Norman Wachter sterben sollte. Der jedoch schlug dem Eindringling die Waffe aus der Hand, ließ sich auf den Boden fallen und hebelte mit einer schnellen Bewegung des rechten Beins seinen Gegner aus, der mit einem lauten Stöhnen zuerst an die Tür und danach auf den Boden knallte. Gleichzeitig erklangen zwei weitere Schüsse, ebenfalls schallgedämpft, aus dem Rücken des ersten Mannes, von denen einer Wachters linken Arm streifte und eine sofort höllisch brennende Wunde hinterließ.

Das war scheiße und arrogant, Norman. Nie alle Eventualitäten aus dem Auge verlieren!

Immer noch auf dem Boden liegend, rollte er sich in Richtung des Bettes, wobei sein Bein über einen Gegenstand schrammte.

Scheiße, ist das heiß.

Er griff nach der Pistole des ersten Angreifers, bekam sie zu fassen, nahm sie fest in die Hand, drehte den Oberkörper und gab fünf Schüsse in den kleinen Flur ab; alle in Kniehöhe, jeweils in einem Abstand von ein paar Grad, danach eine schnelle Bewegung auf das Bett. Die Folge davon war ein gepeinigter Aufschrei und sechs weitere Schüsse in seine Richtung, die jedoch alle ihr Ziel verfehlten. Dann das typische Geräusch, wenn das Magazin einer modernen Selbstladepistole ausgeworfen wird. Wachter sprang auf, umrundete blitzartig die Tür, kniff die Augenlider zusammen, schaltete mit einem gezielten Schlag auf den Schalter das Licht im Flur ein und blickte kurz darauf in das ebenso geblendete wie erstaunte Gesicht eines etwa 45-jährigen Mannes, in dessen rechter Hand sich eine Glock 17 und in der linken ein Magazin für die österreichische Pistole befanden, das er gerade einfädeln wollte, und den er mit einer Serie von Kettenfauststößen außer Gefecht setzte. Nahezu gleichzeitig drehte er sich um, stürmte auf den etwa drei Meter entfernt liegenden Mann zu, der stöhnend am Boden lag, und versetzte ihm einen solch brutalen Tritt an den Kopf, dass er für ein paar Sekunden glaubte, ihm das Genick gebrochen zu haben.

*

»Hallo, Erde an die doofen Killer! Aufwachen!«

Die beiden Männer saßen Rücken an Rücken, ihre Arme waren über Kreuz mit Handschellen aneinander gefesselt. Aus zwei Schusswunden am rechten Bein des einen tropfte Blut auf den hellblauen Teppich.

»Männer, so kommen wir nicht weiter!«, rief Wachter fast fröhlich, jedoch war bei genauem Hinhören ein drohender, gemeiner Unterton zu erahnen.

Nachdem er den am Boden liegenden Mann kampfunfähig gemacht hatte, war er zunächst auf die Suche nach Spuren des Kampfes außerhalb des Apartments gegangen, doch bis auf drei Projektile, die die Tür durchschlagen, aber auf dem davor liegenden Flur keinen Schaden angerichtet hatten, gab es keine Besonderheiten. Zum Abdecken der Löcher in der Tür hatte er, nachdem die Kugeln eingesammelt waren, einen kleinen, klappbaren Beistelltisch davor positioniert, sodass einem anderen Bewohner der Etage der Schaden zunächst nicht ins Auge fallen würde.

Nun kam er mit einem mit kaltem Wasser gefüllten Eimer in der Hand aus dem Bad zurück ins Wohnzimmer, hob ihn an, und goss den Inhalt über den beiden auf dem Boden kauernden Männern aus, die sofort zu prusten anfingen.

»Na bitte, geht doch.«

Der Eimer flog aufs Bett, wo er eine Tropfenspur hinterließ, was Wachter jedoch völlig egal war, denn dieses Dauerapartment war für ihn auf jeden Fall verbrannt.

»So, und nun raus mit der Sprache, ihr Strolche, sonst werde ich sofort damit beginnen auszulosen, wen von euch ich zuerst erschieße. Also, wer hat euch geschickt?«

Der Mann mit den Beinverletzungen hob den Kopf und warf ihm einen verächtlichen Blick zu.

»Was immer du wissen willst, Arschloch, von uns erfährst du nichts. Rein gar nichts!«

Wachter machte ein betrübtes Gesicht, während er die Glock in die rechte Hand nahm und die Waffe betrachtete.

»Eigentlich kennt man die Knarre gar nicht mit Schalldämpfer«, resümierte er anerkennend. »Ich zumindest nicht. Aber scheint ja zu funktionieren, wie man sieht. Und echt leise ist das Ding auch noch.«

Er senkte den Lauf der Waffe nach unten, zielte kurz und drückte ab. Die Kugel zerschmetterte dem anderen Mann, der bis zu diesem Augenblick geschwiegen hatte und dessen Körper nun hysterisch anfing zu zucken, die rechte Kniescheibe. Gleichzeitig löste sich ein lauter, wimmernder Schrei von seinen Lippen, den Wachter dadurch unterband, dass er ihm erneut mit dem rechten Fuß gegen den Kopf trat.

»Nicht so laut, Kumpel, das mögen meine Nachbarn nicht«, zischte er tänzelnd.

Der andere hatte die Aktion schwitzend verfolgt und zeigte mit weit aufgerissenen Augen Wirkung.

»Die nächste Kugel macht auch dich für den Rest deines Lebens zum Hinkefuß«, ließ Wachter ihn seelenruhig wissen, während er erneut die Waffe betrachtete.

»Bisschen unhandlich, mit dem Schalldämpfer. Und scheiße aussehen tut es obendrein. Aber was soll's, wenn das Ergebnis stimmt.«

Wieder richtete er die Waffe nach unten und nahm das linke Knie des zweiten Mannes ins Visier.

»Nein, bitte nicht«, presste der hervor. »Bitte mach das nicht.«

»Vergiss nicht, dass ich eigentlich tot sein müsste, wenn es nach dir ginge und ihr euch nicht so selten dämlich angestellt hättet. Warum also solltest ich dich schonen?«

Sein Gegenüber ließ den Kopf sinken.

»Du hast recht. Erschießen wirst du uns sowieso, also lass es uns hinter uns bringen und nicht mit solchen Mätzchen anfangen, wie *wer hat euch geschickt*?«

Der ehemalige KSK-Angehörige ließ die Waffe sinken und sah den Mann auf dem Boden mit schiefgelegtem Kopf an.

»Es täte mir aufrichtig leid, wenn du wirklich so denken würdest«, erklärte er grinsend. »Hast du denn gar keine Familie, für die du dich in irgendeiner Form verantwortlich fühlst? Die du versorgen musst? Willst du wirklich in dieser absolut durchschnittlichen Mittelklassewohnung verrecken?«

»Nein, das will ich nicht«, gab der erfolglose Killer kleinlaut zurück, dem mittlerweile Bäche von Schweiß über das Gesicht rannen, und dessen halblange Haare von der Körperflüssigkeit völlig verklebt wirr um den Kopf hingen.

»Aber meine Position ist nicht so, dass ich Forderungen stellen sollte, oder?«

»Da gebe ich dir absolut recht, in der Position, Forderungen zu stellen, bist du wahrlich nicht. Aber du könntest mir verraten, wer dich veranlasst hat, mich in dieser lauen Sommernacht um die Ecke zu bringen.«

Der Mann auf dem Boden reckte sich kurz und sah Wachter wieder ins Gesicht.

»Er heißt Bellof. Werner Bellof. Wohnt in Lollar.«

»Die Adresse?«

»Marburger Straße 172.«

»Wie lang kennst du ihn?«

»Seit ein paar Jahren. Wir haben mal zusammen gesessen.«

»Weswegen?«

»Bewaffneter Raub.«

»Ach, und jetzt hast du umgesattelt auf Auftragsmörder?«

Wieder sank der Kopf des Mannes auf dem Boden nach unten.

»Ja. Aber das war wohl nichts.«

»Das stimmt auch wieder.«

Der zweite Killer zog stöhnend das Bein mit dem zerschmetterten Knie an den Bauch.

Wachter wandte sich ab, ging zum Schrank, riss eine Reisetasche heraus und befüllte sie mit Klamotten, bis nichts mehr hineinpasste. Dann zog er den Reißverschluss zu und warf sie auf das Bett. Als Nächstes öffnete er eine Schublade der Anrichte und nahm ein paar Dokumente heraus, die er in die hintere Hosentasche seiner Jeans stopfte. Nun trat er auf seinen Gefangenen zu, der jede seiner Bewegungen mit immer größer werdender Besorgnis verfolgt hatte, und setzte ihm die Pistole direkt an die Stirn.

»Wie heißt du?«

»K… K… Klaus.«

»Du passt jetzt genau auf, was ich dir sage, Klaus, ja?«

Klaus nickte, und während sich sein Kopf auf und ab bewegte, perlte eine Träne aus seinem rechten Auge.

»Was ihr beiden hier versucht habt, war nicht besonders clever. Ihr habt bestimmt eure Qualitäten, aber die liegen garantiert nicht auf dem Feld, auf dem ihr euch heute versucht habt. Soweit klar?«

Ein weiteres sehr ängstliches Nicken.

»Raubt Banken aus oder überfallt von mir aus irgendwelche Tankstellen oder Spielhallen, das ist mir egal, aber kommt mir besser nie mehr in die Quere, sonst wird das ganz, ganz böse für euch ausgehen. Auch klar?«

Eine schnelle, devote Bestätigung mit dem Kopf.

»Und wenn ich mitkriege, dass du oder dein Kumpel innerhalb der nächsten 72 Stunden Kontakt mit eurem Auftraggeber aufnehmen, gilt das Gleiche. Lasst es einfach sein, dann passiert euch nichts. Vermutlich zumindest, weil ich schon dazu neige, meine Entscheidungen auch mal zu überdenken. Es könnte also sein, dass ich irgendwann doch noch schlechte Laune kriege wegen euch, aber das werdet ihr dann schon merken. Fragen dazu?«

»Nein.«

»Dann gib mir jetzt die Hand und verabschiede dich von mir, Klaus.«

Der Angesprochene sah Wachter irritiert an, der die Glock auf das Bett legte und die Handschellen hinter dem Rücken der Männer öffnete. Klaus reckte die Arme, schüttelte sie und schob nach einer aufmunternden Geste des Mannes über ihm die rechte Hand nach vorn.

»Das ist leider die falsche«, brummte Wachter, griff blitzschnell nach der anderen Hand des Mannes, zog daran, presste sie auf den Boden und schlug mit dem Griff der Pistole brutal und ohne jedes Erbarmen zu. Das Krachen der zu Bruch gehenden Knochen ging in Klaus' leisem Schrei unter. Ein unterdrückter, hoher Schrei, nicht mehr. Wachter federte hoch, schob die Waffe in die Reisetasche und wandte sich grinsend Richtung Ausgang.

»Du bist nämlich Linkshänder, wie ich vorhin feststellen durfte, als du deine Knarre nachladen wolltest.«

Damit war er schon an der Tür, drehte sich jedoch noch einmal um und fixierte mit versteinerter Miene den mit schmerzverzerrtem Gesicht dasitzenden Klaus.

»Vergesst bitte nicht, was ich euch aufgetragen habe, und macht möglichst wenig Krach, wenn ihr geht. Ich habe, wie schon erwähnt, empfindliche Nachbarn. Nehmt die Treppe, geht bis zur Tiefgarage und verschwindet über die Autoausfahrt. Wenn ihr ins Krankenhaus wollt, dann muss es mindestens 300 Kilometer von hier entfernt sein. Alles klar?«

Ein letztes, müdes Nicken, dann war Wachter nahezu lautlos durch die Tür und aus dem Blickfeld der beiden Männer auf dem Boden des Apartments, das er nie mehr betreten würde, verschwunden. Auf dem Weg zur Treppe stellte er betrübt fest, dass die Schmerzen in seinem Rücken wieder deutlich stärker wurden.

22

Lenz betrat das Büro seines Freundes und Kollegen Uwe Wagner, nickte ihm kurz zu, goss sich ungefragt ein Glas Wasser ein und ließ sich auf einen der beiden Stühle vor dem Schreibtisch fallen.

»Na, steht die Sonderkommission?«, wollte der Pressesprecher wissen.

»Ja, die SoKo steht«, antwortete Lenz, nachdem er das Glas ausgetrunken hatte und auf dem Weg zu dem kleinen Beistelltisch war, auf dem die Getränke platziert waren.

»Und, mein Freund, was hast du dir für einen Namen ausgedacht?«

»Den hab ich nicht ausgesucht, den Namen wollte diesmal Staatsanwalt Marnet vorgeben.«

»Das ist recht ungewöhnlich«, stellte Wagner zutreffend fest.

»Richtig. Genauso ungewöhnlich ist der Elan, mit dem er sich in die Sache verbissen hat.«

Der Hauptkommissar leerte auch das zweite Glas Wasser und ließ einen leisen Rülpser folgten.

»Thilo vermutet, dass er auch einer von denen ist, die von den Bankern der Nordhessenbank über den Tisch gezogen worden sind, und deshalb die Daumenschrauben so fest anziehen will. Genau wie unser allseits beliebter Polizeipräsident Bartholdy. Er sitzt gerade in der KT und sucht nach Hinweisen darauf in den Datenträgern, die wir sichergestellt haben.«

Er stellte das Glas auf dem Schreibtisch ab.

»Der Name der SoKo ist übrigens *Bankberater.*«

»Bankberater?«, zeigte Wagner sich enttäuscht. »Na, wenn das mal nicht kreativ ist. Wie viele Leute hast du?«

»Zwölf. Mehr sind wegen der Ferien im Augenblick nicht verfügbar, aber das sollte auch erst mal reichen. Aufstocken können wir immer noch.«

»Und es ist sicher, dass der Unfall kein Unfall war?«

»Definitiv, ja. Die Fahrerkabine des geklauten Betonmischers war ausgepolstert, von dem Ding gibt es keine Bremsspur, und der Fahrer ist abgehauen.«

»Hast du schon darüber nachgedacht, nach vergleichbaren Fällen suchen zu lassen? Vielleicht hat der Mörder die Nummer ja schon öfter abgezogen?«

Lenz hob anerkennend eine Augenbraue.

»Läuft schon, klar. Allerdings ist das gar nicht so einfach, weil, falls es tatsächlich so etwas schon einmal gab, nicht klar sein dürfte, dass es sich überhaupt um ein Verbrechen handelt. Wir wären sicher auch erst mal nicht darauf gekommen, wenn die Polsterung der Kabine nicht so überdeutlich darauf hingedeutet hätte.«

Wagner dachte einen kurzen Moment nach.

»Wie man sich wohl fühlt, wenn der Aufprall näherkommt? Für mich wäre das nichts, vermute ich.«

»Wir haben das eben in der SoKo-Sitzung auch thematisiert. Vielleicht handelt es sich bei dem Täter um einen Stuntman oder so was, auch da schauen wir jetzt ganz genau hin.«

Das Telefon auf dem Schreibtisch brummte leise. Der Pressesprecher sah kurz auf das Display.

»Die DPA. Da rufe ich gleich zurück.«

Dann griff er neben sich und holte ein Din-A4-Blatt aus einer Schublade.

»Ich habe mit meinem Vorvorgänger gesprochen, wegen dieser Räuberpistole, die du mir erzählt hast«, erklärte er seinem Freund nachdenklich.

Nun musste Lenz sein Gehirn ein wenig zermartern.

»Dein Vorvorgänger? War das nicht der alte Schopper?«

»Der war noch eine Generation vorher. Außerdem ist Hilmar Schopper schon vor mehr als 15 Jahren gestorben. Nein, ich habe mit Hans Flassberg geredet; erinnerst du dich an den?«

»Boah, ganz dunkel. Damals hatte ich ja noch überhaupt nichts mit den Presseleuten zu tun.«

»Wie auch immer. Ich habe ihn auf jeden Fall auf diese merkwürdige Entführungsgeschichte angesprochen.«

»Und was hat er gesagt?«

Wagner legte das Blatt aus der Hand und sah Lenz mit gekräuselter Stirn an.

»Das war schon ein wenig merkwürdig, wie das lief. Zuerst hat er Stein und Bein geschworen, dass an der Sache nicht das Geringste dran sei, aber nach ein paar Rückfragen wurde er doch ein wenig auskunftsfreudiger. Am meisten hat ihn allerdings interessiert, wie ich denn von dieser ollen Kamelle erfahren habe.«

»Und hast du es ihm erzählt?«

»Ach was, nein. Ich habe einfach von Gerüchten gesprochen, die aufgekommen sind im Zusammenhang mit dem Tod von Sven Vontobel.«

»Und das hat er gefressen?«

»Ich denke, ja. Immerhin hat er mir im Anschluss davon erzählt, dass es schon immer diese Gerüchte gegeben habe, speziell natürlich in den ersten Jahren, nachdem es passiert sein soll.«

»Aber mehr konnte er dir auch nicht erzählen? Oder wollte er vielleicht nicht?«

»Das kann ich wirklich schlecht einschätzen, Paul. Vielleicht wollte er nicht, vielleicht konnte er nicht, was für mich allerdings keinen Unterschied macht. Zumindest glaube ich jetzt, dass es sich lohnt, in der Sache noch ein wenig herumzufragen.«

»Wen denn?«

»Deinen Vorvorgänger zum Beispiel. Wenn es einer wissen könnte, dann doch wohl er.«

Lenz stöhnte laut auf.

»Das ist nicht dein Ernst, Mann. Du weißt, wie ich diese Plaudertasche und sein dummes Geschwätz hasse.«

»Na ja, dann gibt's halt keine Informationen«, fasste Wagner knapp zusammen, während Lenz sich frustriert am Hinterkopf kratzte.

»Das schaffe ich nicht, lieber quittiere ich den Dienst.«

»Hör auf, solch einen Quatsch zu reden. Die halbe Stunde Märchenerzählen bei unserem allseits beliebten

Günter Schwich wirst du schon durchhalten. Und wer weiß, vielleicht hat er dir ja wirklich was Interessantes zu erzählen.«

»Nicht in ...«, wollte Lenz antworten, wurde jedoch vom Klingeln seines Telefons unterbrochen. Der Hauptkommissar sah auf das Display und nahm das Gespräch entgegen.

»Ja, RW, was gibt's?«

»Bist du noch im Haus?«

»Klar, ich habe gerade unseren Spezialisten für Öffentlichkeitsarbeit über die neuesten Erkenntnisse ...«

»Spar dir dein Geschwurbel«, ging Rolf-Werner Gecks erneut dazwischen. »Ich brauche dich in meinem Büro, und zwar pronto.«

»Was hast du denn so Dringendes auf dem Herzen?«

»Einen Zeugen für den Unfall mit dem Betonmischer.«

»Ich fliege!«, rief Lenz in das kleine Mikrofon vor seinem Mund, wobei er schon aufgesprungen und auf dem Weg zur Tür war. Als Abschiedsgruß für Wagner musste ein kurzes Schulterzucken reichen.

Als er in Sichtweite von Gecks' Büro kam, bemerkte er auf den Besucherstühlen davor einen etwa 45-jährigen Mann, neben dem ein schlaksiger, von schwerer Akne geplagter Jugendlicher saß. Der Hauptkommissar nickte den beiden im Vorübergehen zu und stürmte in das Dienstzimmer.

»Hast du das wirklich ernst gemeint?«, stieß er atemlos aus, nachdem die Tür hinter ihm ins Schloss gefallen war.

»Zutiefst, ja. Du bist gerade an unseren Zeugen vorbei gekommen.«

»Der Mann auf dem Flur?«

Gecks schüttelte den Kopf.

»Der picklige Jüngling? War der um diese Zeit mit seinem Mofa unterwegs?«

Wieder ein Kopfschütteln.

»Ich hol sie mal rein. So etwas sollte man am besten in der Großgruppe besprechen.«

Damit umkurvte er seinen Vorgesetzten, öffnete die Tür und bat die beiden Wartenden herein.

»Mein Name ist Simon Kahl«, begann der ältere der beiden, nachdem alle vier an Gecks' Schreibtisch Platz genommen hatten. »Und das hier ist mein Sohn Peter. Wir möchten gern eine Aussage zu dem Unfall von letzter Nacht machen, aber das Ganze ist leider nicht so einfach, wie es sein könnte.«

Lenz hob den Kopf und fixierte das Gesicht des Mannes ein paar Sekundenbruchteile.

»Was genau macht die Sache denn so kompliziert?«, wollte er wissen.

Herr Kahl schluckte, wischte sich die Handinnenflächen an den Hosenbeinen ab und holte tief Luft.

»Ich befürchte, dass Peter Ärger kriegt, wenn er seine Aussage macht.«

»Warum?«

»Weil er zwar mit meinem Auto an der Unfallstelle vorbeigekommen ist, aber, wenn man es genau nimmt, keinen Führerschein hat.«

Lenz hob die linke Augenbraue, doch Simon Kahl war noch nicht fertig.

»Er hat sich gestern Nacht meinen Wagen unter den Nagel gerissen und damit, zusammen mit ein paar Kumpels, eine Spritztour gemacht. Wir sind also in einer echten Zwickmühle, wenn man so sagen will.«

»Die Zwickmühle besteht, wenn ich Sie richtig verstehe, darin, dass Ihr Junge sich selbst belasten würde, wenn es zu einer Aussage käme.«

»Exakt, ja.«

Der Hauptkommissar dachte kurz nach und wandte sich dann direkt an Peter Kahl.

»Du bist wirklich letzte Nacht an der Unfallstelle vorbeigekommen?«

Der Jugendliche nickte zögernd.

»Direkt nach dem Aufprall oder ein bisschen später?«

Peter sah unsicher seinen Vater an, der jedoch aufmunternd nickte.

»Ich habe alles gesehen«, erwiderte er schließlich. »Also ganz genau gesehen, wie der Laster in den PKW geknallt ist. Und gehört habe ich es auch.«

Wieder dachte Lenz eine Weile nach.

»Gut, Peter, wir machen das mal so: Ich will von dir zunächst nur wissen, was du gesehen hast. Ob du dabei auf dem Fahrrad oder im Auto gesessen hast, interessiert mich im Augenblick nicht, deshalb klammern wir alle Fragen diesbezüglich aus. Und wenn es tatsächlich irgendwann einmal relevant werden sollte, was du gefahren bist, werde ich mit dem Staatsanwalt reden, damit dir möglichst wenig blüht deswegen. Klar?«

»Ja klar. Vielen Dank.«

»Gut. Dann schilderst du am besten jetzt möglichst detailliert, was du gesehen hast.«

Wieder ein Blick des Jugendlichen in Richtung seines Vaters, der erneut mit einer aufmunternden Geste antwortete.

»Also, ich war auf der Straße von Martinhagen nach Kassel unterwegs.«

»Wie spät war es da?«

»Ungefähr viertel nach eins.«

»Hast du den BMW, der in den Laster gefahren ist, direkt vor dir gehabt?«

»Nein, der war ziemlich weit vor uns, ist aber nicht so schnell gefahren wie wir …, also … ich. Zwischen ihm und uns war die ganze Zeit ein anderes Auto, ein Audi.«

»Den konntest du gut erkennen?«

»Klar, der war ja nur etwa 100 Meter vor uns.«

»Was ist dann passiert?«

»Ungefähr da, wo es nach Baunatal abgeht, also ein bisschen nach der Kreuzung, habe ich zum ersten Mal die Lichter des LKW auf der anderen Fahrspur gesehen, und dann ging auch schon alles rasend schnell. Er hat, kurz bevor er auf der Höhe des BMW war, nach links gezogen und das Auto frontal getroffen. Wir haben uns natürlich total erschrocken, und ich bin voll auf die Bremse gestiegen.«

Lenz und Gecks tauschten einen kurzen Blick.

»Es war irgendwie wie in einem Computerspiel, ganz künstlich. Der Krach war brutal laut, und der BMW ist fast komplett unter dem Laster verschwunden. Dann sind ein paar Teile umhergeflogen, was das genau war, kann ich Ihnen aber nicht sagen.«

»Was hast du gemacht?«

»Wenn Sie es genau wissen wollen, habe ich total zu zittern angefangen und wollte umdrehen und abhauen. Aber dann sind diese komischen Sachen passiert.«

»Was meinst du mit *komischen Sachen*?«

»Na, ja. Ich habe ja gestanden und habe das alles gut sehen können, obwohl meine Freunde gebrüllt haben, dass ich Gas geben soll, weil den Unfall sowieso keiner überlebt hat. Das habe ich natürlich auch gedacht, so wie das gekracht hat. Aber dann ist die Fahrertür des LKW aufgegangen und ein Mann ist herausgefallen.«

»Ist er wirklich gefallen?«

»Ja, ganz ehrlich. Die Tür ging auf, und ein Mann, ich nehme an, dass es der Fahrer war, ist direkt in den Straßengraben gefallen. Dann hat er sich hochgerappelt, ist zu dem Audi gehumpelt, der langsam an die Unfallstelle ran gerollt war, eingestiegen, und dann hat das Auto wie blöd beschleunigt und ist abgehauen.«

Er griff in die rechte Hosentasche und kramte einen kleinen Zettel hervor.

»Das ist die Nummer des Audi. Es ist ein Frankfurter Nummernschild«, setzte er nicht ohne einen gewissen Stolz hinzu.

»Hast du auch den Fahrer des Audi sehen können, Peter?«, wollte Gecks wissen, doch der Junge schüttelte den Kopf.

»Nein, der war ja immer vor uns. Da habe ich gar nichts von den Leuten gesehen, die drin saßen.«

»Also waren es mehrere?«

»Nein, das wollte ich damit nicht sagen, das weiß ich nicht.«

»Aber den Mann, der den LKW gefahren hat, hast du deutlich gesehen?«

»Ja«, erwiderte er nickend, »ziemlich gut habe ich den gesehen. Zumindest so gut, dass es bestimmt für ein Phantombild reicht.«

»Das wäre meine nächste Frage gewesen, aber die ist ja nun schon beantwortet.«

»Seid ihr«, mischte Lenz sich wieder ein, »an dem LKW vorbeigefahren oder habt ihr gedreht und seid Richtung Baunatal gefahren?«

»Nein, wir sind direkt nach Kassel gefahren. Aber Sie können sich bestimmt vorstellen, dass wir alle in ziemlich schlechter Verfassung gewesen sind nach der Sache.«

»Wie viele Kumpels hattest du im Auto?«

Peter blickte ängstlich seinen Vater an.

»Sag's ihm. Vielleicht hilft es ja, wenn du versprichst, dass du so einen Scheiß nie mehr machst in deinem Leben.«

»Das hab ich dir doch versprochen, Papa«, murmelte der Junge zerknirscht.

»Sie waren zu viert, Herr Kommissar«, beantwortete Simon Kahl schließlich die Frage. »Zwei Jungs, zwei Mädchen. Und ich will mir gar nicht vorstellen, was bei diesem Unsinn alles hätte passieren können.«

»Wenn ich dir so zuhöre«, bemerkte Gecks von der anderen Schreibtischseite, »kommt mir der Verdacht, dass es nicht das erste Mal war, dass du mit einem Auto unterwegs warst, aber das tut hier und heute nichts zur Sache. Wir bedanken uns einfach, dass du gekommen bist, und hoffen, dass du mit deiner nächsten Spritztour wartest, bis du den Führerschein in der Tasche hast.«

»Das mache ich garantiert, echt. Als ich gesehen hab, wie die beiden Autos ineinander gekracht sind, hab ich richtig Angst bekommen.«

»Wenn das alles war«, wollte Lenz zum Abschluss kommen, »und du nicht noch etwas anderes, für uns Interessantes beobachtet hast, würde ich dich jetzt wirklich gern mit einem weiteren Polizisten bekanntmachen; nämlich mit dem, der für die Erstellung der sogenannten Phantombilder zuständig ist.«

Vater und Sohn neben ihm nickten.

»Und du«, wandte Lenz sich an Gecks, während er ihm den Zettel mit dem Fahrzeugkennzeichen reichte, »kümmerst dich darum, dass mit jedem verfügbaren Mann und mit jeder Frau nach diesem Fahrzeug gefahndet wird.«

*

»Jetzt wissen wir wenigstens«, rief Hain ein paar Minuten später fast euphorisch, »wie diese Drecksäcke es geschafft haben, mit ihrem Betonmischer das richtige Auto zu erwischen. Allerdings hätten wir da auch selbst drauf kommen können.«

»Das stimmt«, gab Lenz ihm recht. »Aber es dauert eben manchmal etwas länger, die einzelnen Puzzlestücke eines Falles zusammenzusetzen.«

»Was mir trotz allem mächtig zu schaffen macht, ist die Frage, warum der gewaltsame Tod zweier in der Unternehmenshierarchie relativ weit unten angesiedelter Banker einen solch irren logistischen Aufwand notwendig macht.«

Er legte die Beine auf die Schreibtischkante und verschränkte die Hände hinter dem Kopf.

»Mal ehrlich, man hätte die beiden doch einfach abknallen können, so wie Anselm das mit Vontobel gemacht hat.«

Sein Boss schüttelte den Kopf.

»Und weil sie es eben nicht so gemacht haben, bleibt nur die Vermutung, dass die Killer, vermutlich angehalten durch den oder die Auftraggeber, den Job genau so erledigen sollten. Hast du übrigens schon was wegen eventuell vergleichbarer Tatmerkmale herausbekommen?«

»Nein, weder BKA noch Europol haben sich bis jetzt gemeldet.«

Noch während er sprach, klingelte das Telefon auf seinem Schreibtisch.

»Ja, was gibt's?«

Der Oberkommissar lauschte ein paar Sekunden, bedankte sich und legte den Hörer auf.

»Das war die KT. Sie haben die Mobiltelefone der beiden Ermordeten ausgewertet, leider ohne greifbaren Erfolg. Es gibt zwar bei beiden zur ungefähr gleichen Zeit jeweils einen Anruf, den aber mit unterdrückter Nummer. Die Jungs arbeiten daran, über die Provider mehr zu erfahren, aber ich glaube, ehrlich gesagt, da nicht wirklich an einen Erfolg. Eher an eine Prepaidkarte, gekauft irgendwo auf dem Flohmarkt. Wer solch einen Aufwand betreibt, um einen Doppelmord zu verschleiern, wird, was die dazu notwendigen Anrufe betrifft, keine Fehler machen.«

»Bliebe die Frage, was die beiden Getöteten, die sich nach übereinstimmender Meinung mehrerer Menschen auf den Tod nicht leiden konnten, dazu gebracht hat, sich gemeinsam in Yildirims Wagen zu setzen?«

»Darüber habe ich mir auch schon Gedanken gemacht. Vermutlich hängt es direkt mit dem Grund zusammen, aus dem sie ermordet wurden.«

»Was genau bedeutet?«

»Sie wussten über etwas Bescheid, von dem sie besser nichts gewusst hätten. Oder sie haben, vielleicht sogar unabhängig voneinander, jemandem auf die Füße getreten, dem das nicht gefallen hat.«

Lenz stand langsam auf und beugte sich zu seinem Kollegen hinunter.

»Was hältst du davon, wenn wir dazu einen echten Insider befragen?«

»Wenn wir den Gleichen meinen, solltest du dir darüber im Klaren sein, dass er uns nicht leiden kann. Und mich noch viel weniger als dich, vermutlich.«

»Recht hat er«, lachte der Hauptkommissar laut auf, »weil du halt ein präpotenter Lackel bist, der von der Wirtschaft und speziell dem Bankwesen, seinem Spezialgebiet, so gar nichts versteht.«

Er wandte sich zur Tür.

»Kommst du trotzdem mit?«

»Und ob! Das lasse ich mir doch nicht entgehen.«

23

Das Außenthermometer in Hains Kombi zeigte 34 Grad an, als die beiden Kommissare sich aus dem Wagen schälten und auf den Weg zur Zentrale der Nordhessenbank machten. Direkt am Haupteingang trafen sie auf ein Fernsehteam, das offenbar einen Beitrag für eine Magazinsendung produzierte. Mit abgewandtem Kopf betraten sie die weitläufige Halle und wurden am Tresen von einer künstlich lächelnden Dame begrüßt.

»Guten Tag. Was kann ich für Sie tun?«

Lenz erwiderte ihr Lächeln und hielt dabei seinen Dienstausweis hoch.

»Wir würden gern Herrn Gieger sprechen.«

Die Frau musterte zuerst den Ausweis, dann Lenz und zum guten Schluss auch noch Hain ziemlich ausführlich, um den beiden Polizisten im Anschluss eine klare Abfuhr zu erteilen.

»Herr Gieger empfängt zurzeit keine Besucher, da muss ich Sie leider enttäuschen.«

Sie blickte erneut auf die Plastikkarte in der Hand des Kommissars, dann auf einen Terminplaner, der auf ihrem Schreibtisch lag, und zeigte im Anschluss einen endlos traurigen Gesichtsausdruck.

»Sind Sie sicher, dass Sie heute einen Termin mit Herrn Gieger haben?«

»Nein, wir haben keinen Termin. Wir ermitteln in einer Mordsache.«

»Ich dachte, der Mord an Herrn Vontobel sei aufgeklärt?«

»Wegen dem sind wir auch nicht hier«, platzte es aus Lenz heraus. »Und jetzt melden Sie uns bitte bei Herrn Gieger an.«

»Wie ich schon sagte …«

»Es interessiert mich nicht, was Sie sagten. Und wenn Sie uns nicht bei ihm anmelden, müssen Sie sich am Ende dafür rechtfertigen, dass wir ihn aufs Präsidium vorladen mussten. Möchten Sie das?«

Seine letzten Worte hatten einen schneidenden Klang angenommen.

»Nein, natürlich möchte ich das nicht«, erwiderte die Frau mit einem Griff zum Telefonhörer. Dann folgte ein kurzes, sehr leise geführtes Gespräch, das sie nach ein paar Sekunden beendete.

»Herr Gieger ist leider gar nicht im Haus«, erklärte sie kleinlaut. »So gern ich also wollte, ich kann Ihnen nicht zu einem Gespräch mit ihm verhelfen.«

»Und wer hat Ihnen das erzählt?«, mischte Hain sich aus dem Hintergrund ein. »Können wir vielleicht mit dem Herrn oder der Dame sprechen?«

»Das war Herr van Roon, unser Justiziar, mit dem ich telefoniert habe. Aber ich glaube auch in seinem Fall nicht, dass er für Sie zu sprechen ist.«

»Das lassen Sie mal unsere Sorge sein«, bremste Lenz den Pessimismus der Bankmitarbeiterin. »Sagen Sie uns einfach, wo wir ihn finden.«

»Das darf …«, wollte sie erwidern, doch ein Blick in das Gesicht des Hauptkommissars ließ die Frau den Gedanken verwerfen.

»Mit dem Fahrstuhl in den fünften Stock, dann nach links, bis es nicht mehr weitergeht. Dort finden Sie seine Sekretärin, bei der Sie sich anmelden können.«

»Danke«, flötete Hain aufgekratzt. »Und sehen Sie bitte davon ab, ihn über unsere Stippvisite zu informieren. Wir stehen nämlich unglaublich darauf, unsere Kundschaft zu überraschen.«

Sie ließen die mit offenem Mund hinter ihrem Tresen stehende Frau zurück und betraten den Fahrstuhl, dessen Türen sich nahezu lautlos hinter ihnen schlossen.

»Na, brauchst du für die paar Höhenmeter meinen seelischen Beistand«, spielte Hain auf die latent auftretende Fahrstuhlphobie seines Chefs an. »Soll ich dir die Hand halten?«

»Nein, lass mal. Wenn ich wütend bin, habe ich keine Probleme.«

»Und du bist jetzt wütend?«

»Darauf kannst du wetten.«

Der Lift verlangsamte, stoppte, die Türen fuhren auseinander, und kurz darauf standen sie vor der letzten Tür des langen Flurs. Hain klopfte und trat, ohne auf eine Reaktion zu warten, in das Zimmer.

»Ja …«, hob die hinter dem Schreibtisch sitzende Frau perplex den Kopf. »Was …«

»Wir sind von der Polizei und würden gern mit Herrn van Roon sprechen.«

»Das …«

Hinter ihrem Rücken wurde eine Tür geöffnet, und der Justiziar betrat das Büro. Sein Gesichtsausdruck erinnerte an den von Peer Steinbrück, nachdem man ihm auf einer Pressekonferenz vorgeworfen hatte, es bei den Angaben zu seinen Nebeneinkünften mit der Wahrheit nicht allzu genau genommen zu haben. Und irgendwie erinnerte nicht nur das den Leiter der Kasseler Mordkommission an den SPD-Politiker.

»Lassen Sie mal, Frau Heinzemann, die Herren sind von der Polizei und tun nur ihre Pflicht. Und dabei wollen wir sie nicht behindern, auch wenn uns das als große Belästigung erscheint.«

Er machte eine einladende Geste und bat die Beamten, ihm in sein Büro zu folgen.

»Was also kann ich für Sie tun?«, fragte er mit aufgesetzter Freundlichkeit, nachdem er hinter seinem Schreibtisch Platz genommen hatte. Lenz funkelte den Mann mit zu schmalen Schlitzen verengten Augen an.

»Wie Sie bereits erfahren haben dürften, hat die Nordhessenbank erneut zwei Mitarbeiter aus dem Bereich Investmentbanking verloren, Herr van Roon.«

Der Justiziar kratzte sich am Kinn und versuchte, dabei einen traurigen Eindruck zu machen.

»Ja, ich hörte davon. Ein tragischer Unfall, wie er leider viel zu häufig vorkommt.«

»Allerdings. Und zufällig sitzen in genau dem Wagen, der von einem Betonmischer in Grund und Boden gerammt wird, zwei Ihrer Mitarbeiter, die sich, wie man hört, auf den Tod nicht leiden konnten. Macht Sie das nicht irgendwie stutzig?«

Van Roon lehnte sich in seinen Stuhl zurück.

»Wie kommen Sie denn auf diesen Unsinn, Herr Kommissar? Herr Specht und Herr Yildirim mögen zwar nicht die besten Freunde gewesen sein, aber wenn Sie unterstellen, dass die beiden *sich auf den Tod nicht leiden konnten*, schießen Sie doch sehr weit über das Ziel hinaus.«

»Wie dem auch sei«, mischte Hain sich ein, »Fakt ist, dass es sich bei diesem vorgeblichen Unfall gar nicht um einen solchen gehandelt hat, Herr van Roon.«

Der Oberkommissar machte eine kurze Kunstpause, um eine mögliche Reaktion seines Gegenübers abzuwarten, doch es gab nicht die geringste Regung bei van Roon zu beobachten.

»Es ist nämlich vielmehr so, dass die Herren Specht und Yildirim ermordet wurden.«

Wieder wartete Hain auf eine Reaktion auf der anderen Schreibtischseite, und wieder blieb es bei der Erwartung.

»Wenn dem, was ich mir beim besten Willen nicht vorstellen kann, tatsächlich so sein sollte, wäre das wirklich absolut tragisch, meine Herren, aber die von Ihnen subtil ins Spiel gebrachten, wie auch immer in Ihren Vorstellungen vorhandenen Verbindungen der Bank zu diesem tragischen Unglück kann ich nur unter Protest zurückweisen.«

»Was sollten Sie auch anderes machen?«, gab Lenz gelassen zurück. »Allerdings mutet es schon ein wenig befremdlich an, wenn innerhalb weniger Tage drei Ihrer Mitarbeiter aus dem Bereich Investment ermordet werden.«

»Moment, Moment«, spannte sich van Roons Körper. »Selbst wenn die Herren Specht und Yildirim wirklich Opfer eines Gewaltverbrechens geworden sein sollten, so gibt es doch offensichtlich keinen Zusammenhang zwischen dieser Tat und dem Tod unseres Herrn Vontobel. Dieser wurde doch eindeutig das Opfer eines fanatischen alten Mannes, der in einer Art Wahn den Freitod seiner Freundin rächen wollte, die sich von unserer Bank geprellt gefühlt hat.«

Er schüttelte heftig den Kopf.

»Völlig zu unrecht, wie ich zum wiederholten Mal betonen möchte. Unserer Bank ist im Umgang mit dieser Frau nicht das geringste Fehlverhalten nachzuweisen. Nicht das geringste!«

Den letzten Satz hatte der Justiziar fast gebrüllt, und seine linke Hand hatte schon in der Vorbereitung eines kräftigen Schlages in Richtung Tischplatte gezuckt.

»Kein Grund, sich aufzuregen, Herr van Roon«, empfahl Hain dem Mann süffisant. »Schildern Sie uns lieber, wie Sie das Verhältnis zwischen Specht und Yildirim wahrgenommen haben.«

Van Roon atmete ein paar Mal tief durch, entspannte sich ein wenig und legte die Arme auf die Schreibtischplatte.

»Als Adressat für diese Frage bin ich leider der Falsche, Herr Kommissar. Ich könnte Ihnen etwas sagen, wenn es dienstliche Verfehlungen bei den beiden gegeben hätte, oder wenn es zu arbeitsrechtlichen Auseinandersetzungen gekommen wäre, aber es gab weder bei Herrn Specht noch bei Herrn Yildirim jemals etwas in dieser Richtung.«

»Also waren beide so etwas wie Vorzeigemitarbeiter?«

Van Roons Züge entspannten sich nun vollends, und so etwas wie die Andeutung eines Grinsens huschte über sein Gesicht.

»Das will ich damit nicht gesagt haben. Sie sind einfach nicht aufgefallen.«

»Also waren sie gute Lemminge im Teich der Investmentbanker?«

»Ich muss doch sehr bitten, Herr Kommissar!«, schoss der Blutdruck des Justiziars schlagartig wieder in die Höhe. »Diese Ausdrucksweise trifft absolut nicht zu. In unserem Haus gibt es keine *Lemminge*.«

»Aber es gibt doch immerhin einen Vorstandsvorsitzenden, oder?«, wollte Lenz wissen.

Van Roon nickte irritiert.

»Ja, natürlich haben wir einen CEO.«

»Der aber leider«, ging Lenz nicht auf die international übliche Bezeichnung für den operativen Leiter einer Aktiengesellschaft ein, die der Justiziar ins Spiel gebracht hatte, »im Augenblick unpässlich ist?«

»Ich bin nicht im Detail über Herrn Giegers Terminplan informiert, wenn man Ihnen allerdings gesagt hat, dass er nicht im Haus ist, entspricht das natürlich der Wahrheit.«

»Aber Sie selbst haben es doch der Dame am Empfang ins Ohr geflüstert«, bemerkte der Hauptkommissar spitz.

Wieder atmete van Roon tief durch.

»Ja, natürlich habe ich das ... Und es entspricht, wie gesagt, den Tatsachen. Herr Gieger ist heute den ganzen Tag nicht im Haus.«

»Wo steckt er denn, der Herr Gieger?«

»Er nimmt auswärtige Termine wahr, soweit ich weiß.«

Lenz und Hain sahen sich an.

»Ja, da kann man nichts machen«, stellte der junge Polizist schulterzuckend fest. »Auswärtige Termine sind nun einmal wichtig, denke ich.«

»Sie können sich Ihre Ironie sparen!«, platzte es laut aus van Roon heraus, während seine Gesichtsfarbe sich ins Dunkelrote bewegte. Offenbar war der Mann einfach nicht stressfest. »Und wenn Sie in Zukunft etwas mit einem Mitarbeiter der Bank besprechen möchten, schicken Sie ihm einfach eine Vorladung. Dann werden wir sehen, wie wir damit umgehen. Von weiteren Besuchen bitte ich deshalb ab sofort Abstand zu nehmen.«

Er stand wütend auf.

»Und jetzt darf ich Sie bitten, das Haus zu verlassen.«

*

»So elegant bin ich noch nie irgendwo hinausgeworfen worden«, fasste Lenz die Situation zusammen, nachdem sie auf der Straße und damit in der Hitze des Nachmittags angekommen waren. »Aber trotzdem brauche ich jetzt erst mal was zu trinken. Und ein kleiner Snack wäre auch nicht schlecht.«

»Gute Idee«, stimmte Hain zu. »Bleibt nur die Frage, wohin, und wer mit dem Bezahlen dran ist?«

»Das wohin entscheide ich, das Bezahlen übernimmst du«, beschied Lenz seinem Mitarbeiter grinsend.

Eine knappe Stunde später hatte jeder der beiden Kripobeamten eine asiatische Mahlzeit verdrückt und je einen Liter Wasser intus.

»Wenn ich könnte, wie ich wollte, würde ich diesen van Roon in einer Zelle schmoren lassen, bis er darum bittet, mit uns zusammenarbeiten zu dürfen.«

»Ja, diese Allmachtsfantasien hatte ich auch zu Beginn meiner Karriere«, lachte Lenz laut auf. »Aber weitergeholfen hat so was noch nie. Als deutlich zielführender hat sich noch immer gute Polizeiarbeit herausgestellt.«

»Und wie könnte die in diesem Fall aussehen?«

»Zunächst machen wir …«

Lenz stockte, griff zu seinem vibrierenden Telefon und meldete sich.

»Ich bin's, RW. Wo steckst du?«

»Beim wohlverdienten Mittagessen. Warum, was gibt es denn?«

»Wo genau nimmst du denn dein *wohlverdientes Mittagessen* ein?«

»Beim Chinesen im City-Point.«

»Das ist gut«, resümierte Gecks zufrieden. »Dann lass mal ganz schnell die Stäbchen fallen und schieb deinen Arsch auf möglichst geradem Weg ins Präsidium. Hier ist nämlich vorhin etwas angekommen, das dich garantiert interessieren wird.«

»Was angekommen?«, fragte Lenz mit gekräuselter Stirn zurück. »Hat ein berittener Melder ein Bekennerschreiben zu unserem Fall abgegeben?«

»Nicht ganz, aber ziemlich dicht dran. Also, Paul, ich erwarte dich in spätestens zehn Minuten in meinem Büro.«

Es klackte in der Leitung, und das Gespräch war beendet. Hain sah seinen Kollegen fragend an.

»RW. Wir sollen sofort ins Präsidium kommen, dort ist irgendetwas *angekommen*.«

»Das habe ich gehört, dass etwas *angekommen* ist. Wie meint er denn das?«

»Keine Ahnung, das hat er mir nicht erzählt.«

Der Hauptkommissar stand auf und wandte sich Richtung Ausgang.

»Vergiss das Bezahlen nicht«, rief er Hain dabei zu.

Rolf-Werner Gecks erwartete seine Kollegen schon höchst ungeduldig. Als die beiden endlich in seinem Büro ankamen, sprang er aufgeregt von seinem Schreibtisch auf.

»Das hätte sicher ein paar Minuten schneller gehen können, Jungs.«

»Ja, RW, vielleicht, aber wenn das, was du auf der Pfanne hast, so wichtig ist, hättest du mir doch sagen können, um was es geht.«

Gecks machte keine Anstalten, auf die Bemerkung seines Chefs einzugehen. Vielmehr griff er zu dem Monitor auf seinem Schreibtisch, drehte ihn um etwa 90 Grad nach rechts und wies seine Kollegen an, sich zu setzen.

»Das, was wir uns jetzt anschauen, ist vor ungefähr einer Stunde über den ganz normalen E-Mail-Account des PP-Nordhessen ins Haus geflattert mit der Bitte, es an die Mordkommission weiterzuleiten. Es hat ein bisschen gedauert, bis die Kollegen das erledigen konnten, aber ich glaube, dass es ziemlich wichtig ist für uns, deshalb habe ich euch gleich angerufen.«

Er bediente ein paar Tasten auf der Tastatur und lehnte sich zurück. Auf dem großen LCD-Monitor öffnete sich das Fenster eines Programms, und ein paar Sekundenbruchteile später begann ein Film zu laufen. Zu sehen war die neonbeleuchtete Szenerie einer Toilette, aufgenommen mit einem Weitwinkelobjektiv, das nahezu den ganzen Raum erfasste. Neben den vier Toilettenkabinen gab es zwei Urinale und, durch eine offen stehende Tür zu erkennen, ein Waschbecken in einem Vorraum. Als die mitlaufende Uhr am unteren Bildschirmrand 33 Sekunden anzeigte, trat ein Mann ins Bild, wusch sich die Hände, wobei nicht sein gesamter Körper zu sehen war, und verschwand im Anschluss in der hinteren Toilettenkabine, also der rechten.

»Das ist Markus Specht!«, rief Hain. »Aber ich höre kein Türgeklapper oder so was, RW. Gibt es keinen Ton?«

»Nein, offenbar nicht.«

Es dauerte etwa weitere 30 Sekunden, bis sich die Tür zum Vorraum erneut öffnete, und zwei weitere Männer sichtbar wurden.

»Mann, Mann, Mann, das ist ja ein richtig interessantes Programm«, entfuhr es Lenz, der erkannt hatte, dass einer der beiden Sven Vontobel war.

»Der eine ist Vontobel, aber wer ist der andere?«

»Das ist Nasif Yildirim, du Blindschleiche«, stöhnte Hain. »Setz gefälligst deine Brille auf.«

Lenz dachte gar nicht daran, sondern konzentrierte sich wieder auf das, was auf dem Monitor zu sehen war. Dort schien es, als würden die beiden Bankmitarbeiter in Streit geraten. Vontobel hob drohend den rechten Zeigefinger und fuchtelte damit direkt vor der Nase des Türken herum, der jedoch keineswegs ängstlich wirkte, was den Abteilungsleiter offensichtlich noch wütender machte. Gut 15 Sekunden später fasste er deshalb Yildirim am Jackett und presste seinen Mitarbeiter an die hinter ihnen liegende Wand, womit die Oberkörper der beiden kurz aus dem Bild verschwanden. Dann jedoch änderte sich die Situation schlagartig, denn offenbar hatte Yildirim sich freigemacht und stieß seinen Chef so rüde von sich, dass Vontobel in den Raum mit den Toiletten stolperte und schließlich auf die Fliesen stürzte. Der türkische Investmentbanker setzte hinterher und baute sich drohend über ihm auf.

»Warum, verdammt, kriegen wir keinen Ton?«, fragte Hain erneut.

»Weil er entweder nicht mit aufgenommen oder bewusst gelöscht wurde«, brummte Gecks genervt. »Und jetzt hör auf rumzujammern und schau hin, du Weichei.«

Yildirims Hand fuhr nach vorn und umklammerte für ein paar Sekunden Vontobels Hals. Offenbar schrie der Türke ihm etwas ins Gesicht, das den Abteilungsleiter seiner Reaktion nach deutlich ängstigte, denn er riss die Augen auf und hob die Arme schützend vor sein Gesicht. Dann richtete der türkische Bankmitarbeiter sich auf, drehte sich um und verließ den Raum. Vontobel blieb noch etwa 10 Sekunden auf dem Boden sitzen, stand danach unsicher auf und wankte in den Vorraum, wo er sich die Hände und das Gesicht wusch. Dann band er sich die Krawatte neu, ordnete Hemd und Sakko und verließ gut zwei Minuten nach Yildirim die Toilette. Weitere eineinhalb Minuten später öffnete sich die Tür zur rechten Toilettenkabine, und es tauchte ein sichtlich vergnügter Markus Specht auf, der, ohne sich die Hände zu waschen, ebenfalls den Raum verließ.

Kurz darauf brach der Film ab, und der Eröffnungsbildschirm des Videoprogramms erschien.

»Meine Fresse, bei denen ging es ja mächtig zur Sache«, fand Hain als Erster wieder zu Worten.

»Ja, aber warum wurde das alles aufgenommen?«, fragte Lenz ebenso sich selbst wie seine Kollegen. »Und wo wurde es aufgenommen?«

»Da kommt für mich nur die Bank infrage«, antwortete Gecks. »Ich sehe nämlich nicht, wo sonst die drei sich in dieser Konstellation getroffen haben könnten. Im Übrigen lässt sich das durch einen Lokaltermin ja relativ einfach herausbekommen.«

»Das ist richtig«, stimmte Hain ihm zu. »Allerdings stellt sich zunächst die große Frage, wer uns das Video überhaupt zur Verfügung gestellt hat.«

Er sah Gecks erwartungsvoll an, der jedoch abwehrend mit den Schultern zuckte.

»Die E-Mail-Adresse, von der aus es geschickt wurde, dürfte schwer nachzuvollziehen sein, zumindest hat das meine erste, allerdings noch nicht sehr aussagekräftige Überprüfung ergeben. Und wenn die Mail dann noch in irgendeinem Internetcafé losgeschickt wurde, wird es nahezu unmöglich sein, den Absender zu ermitteln.«

Er bedachte seine Kollegen mit einem resignierten Blick.

»Euch brauche ich sicher nicht zu erklären, dass jemand, der nicht gefunden werden will und der sich halbwegs in der digitalen Welt auskennt, auch nicht gefunden wird.«

»Da gebe ich dir absolut recht«, stimmte Lenz ihm zu. »Was mich ein wenig irritiert, ist die Tatsache, dass, sollte die Aufnahme tatsächlich aus der Bank stammen, wir es hier auch mit einem sehr ernsten Fall der Missachtung von Arbeitnehmerrechten zu tun haben. Soweit ich weiß, ist es nämlich strengstens verboten, seine Mitarbeiter auf dem Klo zu filmen.«

»Im Vergleich zu dem von uns untersuchten Doppelmord sollten wir das allerdings eher hintanstellen«, bemerkte Hain süffisant.

»Schon klar, Thilo, aber es spielt uns schon einen gewissen Vorteil gegenüber der Führungsabteilung der Bank in die Hände. Wenn ich mir anschaue, wie arrogant dieser van Roon uns vorhin abgefertigt hat, dann sagt das einfach, dass er sich im Moment für ziemlich unangreifbar hält.«

Der Hauptkommissar kratzte sich am Kinn.

»Ich weiß, dass man sich wegen einer solchen Überwachungsgeschichte keine großen Sorgen machen muss, was die Bestrafung angeht, aber es verändert die Sache nach meiner Meinung schon ein wenig.«

»Allerdings«, gab Gecks zu bedenken, »bräuchten wir, um herauszufinden, ob das Video tatsächlich in der Bank aufgenommen wurde, einen Durchsuchungsbeschluss. Und da bin ich im Augenblick eher skeptisch.«

Lenz nickte.

»Ich rufe gleich mal Oberstaatsanwalt Marnet an und spreche mit ihm. Vielleicht ist ja wirklich an Thilos Vermutung etwas dran, dass der Gute auch von den Anlageberatern der Nordhessenbank über den Tisch gezogen wurde und er deswegen aus reinem Eigennutz keine Einwände geltend macht. Außerdem sollten wir den Film dieser Lippenleserin vorspielen, mit der wir schon mal zusammengearbeitet haben. Vielleicht kann sie, trotz der miesen Qualität, etwas Brauchbares erkennen.«

»Ich kümmere mich darum«, bot Rolf-Werner Gecks an.

»Und ich überlege gerade«, meinte Hain nachdenklich, »dass es doch, immer vorausgesetzt, dass wir von einem Überwachungssystem in der Bank sprechen, garantiert nicht nur diese eine Kamera gibt. Es wäre doch völlig gaga, nur dieses Klo zu überwachen. Also muss es auch einen Raum geben, in dem die ganzen Daten gesammelt werden. Außerdem braucht man Personal zum Auswerten und das alles.«

»Und es braucht einen, der die Überwachung anordnet, vergessen wir das nicht«, gab Lenz zu bedenken.

»Na ja, in einer Aktiengesellschaft hat am Ende immer der Vorstandsvorsitzende den Hut auf, und das ist unser aller Freund Rudolph Gieger.«

»Gut«, fasste Lenz zusammen, »dann versuche ich jetzt, den Durchsuchungsbeschluss zu erwirken. RW, du versuchst herauszufinden, von wem oder von wo die Mail geschrieben wurde. Und Thilo, du kümmerst dich darum, dass …«

Er wurde vom Klingeln seines Telefons unterbrochen.

»Ja, Uwe, was gibt es?«, meldete der Hauptkommissar sich nach einem Blick auf das Display.

»Komm doch bitte noch einmal kurz bei mir vorbei, wenn du Zeit hast, Paul.«

»Ich hab aber keine Zeit.«

»Dann nimm sie dir. Es ist wirklich wichtig.«

Lenz dachte einen Moment nach.

»Dann hoffe ich in deinem eigenen Interesse, dass es wirklich wichtig ist, mein Freund. Ich bin in zwei Minuten da.«

Das *Wichtige*, von dem Wagner gesprochen hatte, saß auf dem Stuhl vor dem Schreibtisch des Pressesprechers und hörte auf den Namen Günter Schwich, seines Zeichens Vorgänger von Lenz auf der Stelle des Leitenden Hauptkommissars von K11.

»Günter«, flötete der aktuelle Boss der Abteilung, nachdem sich sein erstes Entsetzen gelegt hatte. »Was treibt denn dich alten Bullen ins Präsidium?«

Schwich, ein groß gewachsener, bärenhafter Typ mit Schuhgröße 49 und schlohweißen Haaren, drehte sich um und reichte Lenz die Hand.

»Uwe hat mich angerufen und gefragt, ob ich mal auf die Schnelle vorbeikommen könnte.«

»Ach«, erwiderte Lenz mit einem funkelnden Blick in Richtung des unschuldig dreinschauenden Mannes hinter dem Schreibtisch, »der Uwe ist es also, der dir deine kostbare Zeit stehlen will.«

Schwich atmete tief durch und legte die Arme in den Schoß.

»Meine kostbare Zeit ist längst am Ablaufen, und das weiß hier im Präsidium auch jeder. Und, um es genau zu sagen, werde ich in Zukunft noch mehr Zeit für mich haben, weil ich vorgestern meine Frau beerdigt habe.«

Ach du Scheiße, dachte Lenz.

»Das tut mir leid, Günter. Mein Beileid dazu.«

Der große Mann winkte ab.

»Lass mal. Sie hat mich am Schluss nicht einmal mehr erkannt. Alles an ihr war voll mit Krebs, und dass sie gestorben ist, war für alle Beteiligten eine Erlösung.«

»Wenn ich das gewusst hätte«, warf Wagner leise ein, »hätte ich dich überhaupt nicht erst angerufen, Günter.«

»Auch das ist voll in Ordnung. Zu Hause fällt mir sowieso nur die Decke auf den Kopf.«

Er machte eine aufmunternde Geste, die allerdings eher ihm selbst gelten sollte.

»Also, Männer, wie kann ein gut 75-jähriger Greis den jungen Kollegen helfen?«

»Es geht um Rudolph Gieger«, antwortete Lenz, »und die Hintergründe seiner angeblichen Entführung in den Siebzigerjahren. Wir sind im Zuge der aktuellen Mordfälle darauf gestoßen und wollten dich fragen, ob du etwas über die Sache weißt.«

»Wie meinst du das, die aktuellen Mordfälle?«, fragte Schwich erstaunt zurück. »Ich weiß nur von dem einen Banker, der erschossen wurde.«

Wagner brachte den ehemaligen Kollegen mit ein paar Sätzen auf den neuesten Stand.

»Mit einem Betonmischer? Das ist mal eine ganz ausgebuffte Methode. Wobei man dabei schon Angst haben muss, als Täter selbst ins Gras zu beißen.«

Er fuhr sich durch seine weiße Mähne.

»Wir hatten irgendwann in den Sechzigerjahren auch mal so einen Fall. Ich war noch ein ganz kleines Licht bei der Schutzpolizei und gerade auf dem Lehrgang, der mich zur Kripo bringen sollte, da wurde ein Bauer von seinem eigenen Traktor überrollt.«

Während der pensionierte Polizist in seinen Erinnerungen kramte, wurde Lenz klar, warum er den Kontakt mit seinem Vorgänger so wenig schätzte. Wann immer Günter Schwich die Gelegenheit hatte, in seinem prall gefüllten Erinnerungsschatz zu kramen, entkam man dem nicht. Es war einfach nicht möglich.

»Zuerst sah alles nach einem tragischen Unfall aus, aber mit List und Tücke ist es uns dann doch gelungen …«

»Ich unterbreche dich wirklich nur ungern, Günter, aber ich habe gleich noch einen Termin beim Staatsanwalt«, log der Hauptkommissar, der im Gehen Thilo Hain darum gebeten hatte, wegen des Durchsuchungsbeschlusses mit Oberstaatsanwalt Marnet zu sprechen.

»Ach, der Marnet«, sinnierte Schwich. »Den habe ich noch als Assessor kennengelernt. Damals hat er sich kaum in den Gerichtssaal getraut, so sehr ging ihm die Muffe davor, vor anderen Menschen sprechen zu müssen.«

»Na wenigstens das hat sich ja geändert«, stellte Wagner mit beißender Ironie in der Stimme fest. »Aber jetzt würden wir gern hören, was du über diese alte Sache mit der Entführung weißt.«

Schwich dachte eine Weile nach und winkte dann ab.

»So viel gibt es da eigentlich gar nicht zu berichten, weil wir offiziell nie an der Sache dran waren. Rein formal gab es nämlich diese Entführung gar nicht.«

»Wie meinst du das?«

Wieder ein Augenblick des Nachdenkens.

»Auf die Geschichte aufmerksam geworden sind wir durch einen Anruf von Frau Gieger. Also der Frau von Rudolph Gieger. Die hat sich im Präsidium, das damals ja noch nicht hier war, sondern am Königstor, gemeldet und berichtet, dass ihr Mann entführt worden und sie in größter Sorge sei.«

»Aber da müssen doch bei euch alle Alarmglocken geläutet haben, Günter?«

»Dem war auch so.«

Der weißhaarige Mann sah zur Decke.

»Wenn ich mich recht erinnere, und das alles ist schließlich knapp 40 Jahre her, sind wir sofort zu den Giegers gefahren, aber dort hat man sich ganz erstaunt gegeben. *Eine Entführung?*, hat der alte Gieger, also der Vater von dem jetzigen Boss der Bank, meinen damaligen Chef gefragt. *Wie kommen Sie denn auf solch einen Unsinn? In unserem Haus gibt es keine Entführung.* Und auf die Frage, wo denn sein Sohn und seine Schwiegertochter seien, hat er ganz lapidar geantwortet, dass die beiden sich im Urlaub befänden und uns das sowieso überhaupt nichts angehen würde. Dann sind wir einfach des Hauses verwiesen worden.«

»Wahnsinn«, murmelte Lenz. »Und wie ging es weiter?«

»Schon zwei Stunden später war richtig Feuer unterm Dach. Wir sind aufgefordert worden, in dieser Sache nichts, aber auch rein gar nichts zu unternehmen, und die Anweisung dazu kam direkt aus Wiesbaden.«

Er holte tief Luft.

»Ob es der Innenminister war, der uns das auferlegt hat, oder der Justizminister, daran kann ich mich aber leider nicht mehr erinnern.«

»Der Sache nach müsste es, wenn es tatsächlich diese Einflussnahme gegeben hat, der Innenminister gewesen sein«, schloss Wagner die Erinnerungslücke des ehemaligen Kollegen.

»Und ihr seid dann ohne weiteres Nachfragen aus den Ermittlungen ausgestiegen?«

»Worauf du Gift nehmen kannst, Paul. Keiner von uns wollte seine Karriere durch irgendeinen Blödsinn in dieser Angelegenheit aufs Spiel setzen. Das war die Sache einfach nicht wert.«

»Aber es gab doch den Anruf der Frau? Habt ihr nie daran gedacht, noch mal bei der nachzuhaken?«

»Nein!«, rief Schwich mit erhobener Stimme. »Wir hatten die Order, die Finger von der Sache zu lassen, und das haben wir gemacht.«

Er blickte seine beiden Ex-Kollegen gereizt an.

»Es kann sein, dass man sich heute leichter über eine Anweisung seines Vorgesetzten hinwegsetzt, aber damals war das wirklich nicht üblich; zumal, wenn die Anweisung direkt aus Wiesbaden gekommen ist. Außerdem hatten wir noch dazu einen Maulkorb umgehängt bekommen, und was das heißt, dürfte auch heutigen Kriminalbeamten nicht ganz unbekannt sein.«

»Ihr durftet nicht einmal über die Sache sprechen?«

»Genau das. Wir durften nicht einmal über die Sache sprechen. Und wenn wir es trotzdem gemacht hätten, wäre uns das garantiert nicht gut bekommen auf unserem weiteren Karriereweg.«

»Immerhin hat dir dein Schweigen nicht geschadet«, stellte Wagner möglichst wertfrei fest.

»Das weiß ich nicht. Aber vermutlich hätte ich es nicht bis an die Spitze von K11 geschafft, wenn ich damals mein Maul aufgerissen hätte.«

»Und es gab nie irgendwelche Hinweise an die Presse oder so was?«, wollte Lenz erstaunt wissen.

»Und wenn es die gegeben hätte, wäre die Sache auch

nicht anders ausgegangen«, echauffierte Schwich sich mit hochrotem Kopf. »Die Giegers gingen bei den Dippels, der Herausgeberfamilie unserer Lokalpostille, ein und aus. Glaubst du, da hätte eine Krähe der anderen ein Auge ausgehackt? Und solch modernes Zeug wie dieses Internet, wo alles innerhalb von Sekunden in die Welt hinausposaunt werden kann, war damals zum Glück noch nicht erfunden.«

»Hast du diesen Gieger eigentlich mal persönlich kennengelernt?«, wollte Wagner wissen.

»Nein, wo denn auch? So Leute wie die Giegers haben sich doch mit einfachen Bullen wie mir nicht abgegeben.«

»Schon klar«, stellte Lenz fest. »Rudolph Gieger ist irgendwann von selbst wieder aufgetaucht, und die ganze Sache war vergessen?«

»Genau so«, bestätigte Schwich. »Hinter vorgehaltener Hand hat man solche Sachen gemunkelt wie die, dass die Giegers zur Bereinigung der Geschichte eine ganze Armada von Privatdetektiven angeheuert hätten, und dass auch ein dickes Lösegeld gezahlt worden sei, aber das ist, wie gesagt, nur Hörensagen.«

»Waren damals eigentlich Giegers Kinder schon auf der Welt?«

»Nein, die kamen erst später. Mit seiner ersten Frau hatte Rudolph Gieger keine Kinder.«

»Gieger ist zum zweiten Mal verheiratet?«, hakte Lenz erstaunt nach. »Davon wusste ich nichts.«

»Ja, klar ist er in zweiter Ehe verheiratet. Die erste Frau hat versucht, sich das Leben zu nehmen, was im Rollstuhl geendet hat, und ist in der Folge dauerhaft in einem Pflegeheim gelandet.«

Er rechnete kurz mit vor dem Körper ausgestreckten Händen.

»Die Frau müsste in meinem Alter sein, vielleicht etwas jünger. Stellt sich die Frage, ob sie überhaupt noch lebt.«

»Das müsste herauszufinden sein«, murmelte Lenz, in dessen Gehirn sich langsam so etwas wie ein Puzzle der Gieger'schen Familienverhältnisse zusammenfügte. »Kannst du dich noch daran erinnern, wie viel Zeit zwischen der vermeintlichen Entführung und dem Suizidversuch der Frau lag?«

»Nein, so genau weiß ich das nicht mehr, Paul. Aber allzu lang war es nicht. Vielleicht ein viertel Jahr, mehr auf keinen Fall.«

»Und danach ist sie dauerhaft in einem Pflegeheim verschwunden?«

Schwich nickte traurig.

»Eine ganz tragische Geschichte, wenn du mich fragst. Ich will mir gar nicht vorstellen müssen, dass meine Frau versucht hätte, sich das Leben zu nehmen. Irgendwie bleibt man da, glaube ich zumindest, immer mit dem Gedanken zurück, dass man mehr hätte tun müssen, um es zu verhindern. Auch wenn es letztlich beim Versuch geblieben ist.«

24

Manfred Eisenberg blickte nervös auf seine Armbanduhr.

19.15 Uhr, und er hatte noch keine Bestätigung, dass der Auftrag, den er erteilt hatte, zu seiner Zufriedenheit ausgeführt war. Er sah sich in seinem Arbeitszimmer um, brachte zum x-ten Mal die Stifte und den Rest der Utensilien auf dem Schreibtisch in eine für ihn geordnet wirkende Position und holte sich anschließend eine weitere Tasse Kaffee aus der Küche.

»Hast du noch länger im Büro zu tun?«, wollte seine Frau aus dem Wohnzimmer wissen, nachdem das Rattern ihrer Nähmaschine für ein paar Sekunden ausgesetzt hatte.

»Ja. Ich muss mich noch um ein paar Dinge kümmern und warte außerdem auf einen Anruf.«

»So spät noch?«

Eisenberg atmete genervt durch, doch Margot, seine Frau, war weit genug entfernt, um diese Gemütsregung nicht wahrzunehmen.

»Ja, Liebes, so spät noch. Es geht um einen wirklich wichtigen Auftrag.«

»Na, dann drücke ich dir mal ganz fest die Daumen«, erwiderte sie optimistisch, und kurz darauf erklang wieder das charakteristische Geräusch der Nähmaschine.

Eisenberg wollte gerade zum Telefonhörer greifen, als der Apparat anfing zu klingeln. Er sah auf das Display, atmete erleichtert durch und nahm den Hörer aus der Ladeschale.

»Das wurde aber auch Zeit«, meldete er sich mit vorwurfsvollem Unterton.

»Hier ist Werner«, kam es gequält aus dem Lautsprecher an Eisenbergs Ohr. »Und leg um Gottes willen nicht auf, Manfred.«

»Nein, keine Sorge. Was ist passiert?«

Ein kurzes Zögern.

»Bist du nicht allein? Kannst du nicht sprechen?«

»Nein, ich bin nicht allein. Ich habe Besuch von … einem Mann, den du gut kennst. Einem Mann, der eigentlich nicht mehr …«

Eisenbergs Schlucken klang in seinen eigenen Ohren wie eine Detonation.

»Was will er?«

Wieder eine Pause. Dann ein paar Knisterlaute.

»Er will seinen Lohn«, ertönte leise die Stimme von Norman Wachter.

»Das hatten wir geklärt. Und da gibt es auch nichts mehr zu verhandeln.«

»Es würde Ihrem Subunternehmer hier bestimmt nicht gefallen, wenn Sie bei dieser rigiden Haltung blieben, weil es unabsehbare Folgen für ihn haben könnte.«

»Das würde ich bedauern, könnte es aber nicht ändern. Ich habe nun einmal meine Grundsätze. Und zu denen gehört, dass schlechte Arbeit nicht entlohnt wird.«

»Uh«, kam es sarkastisch von der anderen Seite, »das macht mich richtiggehend sentimental, wenn Sie so reden. Bleibt allerdings die Frage, warum Sie Ihren Kumpel hier beauftragt haben, mir einen Besuch abstatten zu lassen?«

»Wie meinen Sie das, Ihnen *einen Besuch abstatten zu lassen*?«

»Ach so«, schaltete Wachter blitzschnell, »der Strolch hier sollte die Sache also selbst erledigen? Was das angeht, muss ich Sie leider enttäuschen, er hat den Auftrag seinerseits an eine echte Amateurcombo weitergereicht.«

Manfred Eisenberg biss sich auf die Unterlippe.

»Wie Sie zu recht erkennen, haben wir es hier mit einem Fall von absolutem Dilettantismus zu tun, für den ich die volle Verantwortung trage. Allerdings gilt das im gleichen Maß für den Auftrag, den Sie zu erledigen hatten, also beschweren Sie sich besser nicht.«

Wachter ging nicht auf die Provokation seines Auftraggebers ein. Stattdessen gab es das bekannte Knistern.

»Bitte Manfred«, erklang wieder die weinerliche Stimme von Werner Bellof, »lass mich nicht über die Klinge springen.«

Ein Schnaufen.

»Tu es um der alten Zeiten willen.«

»Er wird es ohnehin tun«, gab Eisenberg eiskalt zurück. »Ob ich seinen Forderungen nachkomme oder nicht, spielt einfach keine Rolle, verstehst du?«

»Gib dem Mann sein Geld, dann hätte ich vielleicht eine kleine Chance.«

»Nein, Werner, die hast du nicht. Und offen gestanden hättest du sie auch nicht verdient, so wie du mich übers Ohr hauen wolltest.«

»Du verdammtes Dreckschwein.«

»So ist das Leben, das weißt du.«

Wieder das Knistern, dann die leise Stimme von Wachter.

»Der alte, harte Hund: ganz so, wie man ihn kennt. Was soll ich nur mit Ihnen machen?«

»Vergessen Sie einfach, dass Sie mich jemals gekannt haben, und tauchen Sie nie mehr in meinem Leben auf.«

Eine kurze Pause.

»Allerdings befürchte ich, dass dies ein frommer Wunsch bleiben dürfte, also mache ich Ihnen einen Vorschlag. Meine Auftraggeber haben wegen der stümperhaften Ausführung ihres Auftrags schwere Konsequenzen zu tragen, weswegen sie nicht bereit sind, auch nur einen einzigen Euro der vereinbarten Summe zu bezahlen. Das kann ich verstehen, aber ich kann auch Ihren Standpunkt nachvollziehen. Deshalb mache ich Ihnen einen Vorschlag, den Sie annehmen können oder nicht, aber es wird keine Verhandlungen geben. Ich bezahle Ihnen ein Drittel der ausgemachten Summe aus meinem eigenen

Portemonnaie, und damit sind alle gegenseitigen Forderungen abgegolten.«

»Ein Drittel?«

»Ja, ein Drittel. Und wie gesagt, es ist ein nicht zu verhandelndes Angebot.«

Hätte Manfred Eisenberg in diesem Augenblick über eine Leitung verfügt, die auch ein Bild überträgt, hätte er das Schmunzeln in Wachters Gesicht klar und deutlich erkennen können. So jedoch bekam er von der offensichtlichen Erheiterung seines Gesprächspartners nicht das Geringste mit.

»Gut«, erwiderte der ehemalige Elitesoldat nach ein paar weiteren Augenblicken des Nachdenkens. »Gut, so machen wir es. Wann kann ich mit dem Eingang der Summe rechnen?«

»Nicht mehr in dieser Woche. Ich muss zuerst das Geld freimachen.«

»Spätestens nächsten Mittwoch ist Zahltag, sonst werde ich ernsthaft ungehalten.«

»Bis dahin sollte alles über die Bühne gegangen sein.«

Es knackte in der Leitung, und das Gespräch war beendet. Eisenberg wählte sofort eine Nummer und nahm das Gerät wieder ans Ohr.

»Ja bitte«, meldete sich eine dunkle Männerstimme.

»Wir haben ein Problem.«

»Nein, das siehst du falsch. Nicht *wir* haben ein Problem, sondern *du* hast eins.«

»Das mag sein, aber aus meinem Problem könnte umgehend eines werden, das uns allen über den Kopf wächst.«

»Ich bezahle dich dafür, keine Probleme zu haben. Also verschon mich mit solchen dummen Argumenten.«

»Die Sache ist diesmal leider nicht so einfach zu lösen. Am besten wäre es, wenn wir uns treffen könnten.«

»Das ist im Augenblick nicht möglich, und du weißt genau, warum das so ist. Oder besser, du bist der Auslöser dafür.«

»Ist das dein letztes Wort?«

»Definitiv ja.«

»Und es bleibt dabei, dass du die Zahlung für den letzten Auftrag verweigerst?«

»Auch das ist definitiv, ja.«

»Du pokerst wirklich hoch.«

»Das hat mich zu dem gemacht, der ich bin.«

Ein weiteres Knacken, und auch diese Verbindung war unterbrochen.

Zur gleichen Zeit saß in Lollar Norman Wachter einem zutiefst verängstigten Werner Bellof gegenüber.

»Glaubst du, unser gemeinsamer Freund meint das ernst?«, wollte der Mann mit der Waffe in der Hand wissen. »Meinst du, er gibt mir wirklich etwas von seinem eigenen Geld?«

Bellof schüttelte schluckend den Kopf.

»Siehst du, Werner, das Gleiche hab ich auch gedacht, als er mit dieser Geschichte um die Ecke kam.«

»Irgendwie erinnert mich das alles an eine Fernsehserie aus dem letzten Jahrhundert, die hieß *Gauner gegen Gauner*. Müsste ein Mann in deinem Alter eigentlich kennen.«

Bellof nickte ergeben.

»Ja, ich kenne sie.«

»Aber das hilft dir in deiner jetzigen Situation leider auch nicht viel weiter.«

Damit hob Wachter seine Waffe und richtete sie auf die Stirn des völlig hilflos zitternden Mannes auf dem Boden.

»Wenn du mich am Leben lässt«, erklärte Bellof mit bebender Stimme, »erzähle ich dir eine Geschichte, die alles verändert, glaub mir.«

»Eine Geschichte? Geht sie wenigstens gut aus?«

»Das weiß ich erst, wenn du hier raus bist und mein Herz noch schlägt.«

25

»Ich hab ihn«, hatte Hain triumphierend seinem Boss erklärt, während er mit dem Durchsuchungsbeschluss in der rechten Hand auf ihn zugestürmt kam. Danach hatten die beiden alles für die auf den nächsten Morgen um 8.00 Uhr angesetzte Aktion vorbereitet. Als sie gegen 20.00 Uhr das Präsidium verließen, waren mehr als 40 Kripobeamte, Schutzpolizisten und Mitarbeiter der Staatsanwaltschaft davon in Kenntnis gesetzt worden, dass sie am nächsten Tag an einer großen Aktion beteiligt sein würden. Den genauen Ablauf und das Ziel würde Oberstaatsanwalt Marnet auf seinen Wunsch hin erst bei der Abfahrt vom Präsidium bekanntgeben.

»Boah, das war mal wieder ein anstrengender Tag«, fasste Hain die Ereignisse der vergangenen 15 Stunden zusammen, während er mit seinem Boss im Schlepptau das Präsidium verließ.

»Stimmt. Und morgen dürfte es nicht viel einfacher werden.«

»Meinst du, Marnet hat Angst, dass bis morgen früh etwas zur Nordhessenbank durchsickern könnte?«

»Warum sonst sollte er solch einen Bohei um die Geheimhaltung machen? Es wäre nicht das erste Mal, dass einer unserer Bullen oder ein Mitarbeiter der Staatsanwaltschaft, aus welchem Grund auch immer, Details an wen auch immer weitergibt.«

»Ja, das ist wahr. Und jetzt lass uns nach Hause fahren, ich bin hundemüde.«

Lenz nickte, schien es sich jedoch schlagartig anders überlegt zu haben, denn er schlug sich mit verkniffenem Gesichtsausdruck die Innenfläche der rechten Hand gegen die Stirn.

»Verdammt, ich hab was vergessen.«

»Was denn?«

»Ich hatte mir vorhin extra die Adresse von Nasif Yildirims Eltern besorgt, weil ich noch bei denen vorbeiwollte. Die Kollegen der Schutzpolizei haben zwar heute Vormittag schon die Todesnachricht überbracht, wie ich erfahren habe, aber ich wollte selbst gern kurz mit den Leuten reden.«

Er sah auf die Uhr.

»Schon knapp acht. Meinst du, das geht noch?«

Hain verzog angesäuert das Gesicht.

»Wenn du damit meinst, dass wir beide da hinfahren, dann mein kategorisches nein. Wenn es um dich allein geht, würde ich sagen, dass es noch nicht zu spät ist.«

»Nein, lass mal, ich mach das schon. Ich geh schnell rein und hol mir den Schlüssel für einen Dienstwagen.«

»Aber den musst du doch dann wieder zurückbringen. Das dauert ja alles ewig.«

»Na ja, das ist nun mal nicht zu ändern. Mit der Straßenbahn würde es noch länger dauern.«

»Meine Fresse, Paul, warum habe ich gerade den Eindruck, dass du mich hier mit einem Lächeln auf den Lippen abkochst?«

»Keine Ahnung, ich weiß nicht mal, was genau du meinst?«

»Ich meine, dass du mir, verklausuliert und subtil, zu verstehen gibst, dass du mich gern an deiner Seite hättest.«

»Mhh. Nein sagen würde ich bestimmt nicht, wenn du dich entschließen könntest, das schnell mit mir zu erledigen.«

»*Schnell zu erledigen*«, feixte der junge Oberkommissar, während er den Autoschlüssel aus der Jacke zog und auf seinen Kombi zuhielt.

*

In der gesamten Straße, in der die Eltern von Nasif Yildirim wohnten, war kein Parkplatz zu finden, deshalb mussten die beiden Polizisten den Toyota einen Block entfernt abstellen und ein paar Minuten zu Fuß gehen. Es war noch immer knapp 30 Grad warm, und die Sonne spiegelte sich in den nach Westen gerichteten Fenstern, von denen viele offen standen. Aus manchen drang Musik, die in den Ohren der Beamten orientalisch klang, und in der Luft lag der typische, die Geschmackssinne anregende Geruch von Holzkohle.

»Da vorn ist es«, deutete Lenz auf einen Eingang, vor dem ein paar Männer mit Zigaretten in den Händen standen.

Sie passierten die kleine Gruppe, die ihren Weg ins Innere des Hauses skeptisch verfolgte.

»Wo wollen Sie denn hin?«, fragte einer.

»Danke, wir kommen schon klar«, gab Hain freundlich zurück, während er die Wand mit den Briefkästen absuchte. Als er fündig geworden war, nickte er Lenz kaum erkennbar zu.

»Scheint im zweiten Stock zu sein.«

Seine Vermutung bestätigte sich, und so legte er kurz darauf den Finger auf die Klingel neben dem golden glänzenden, in dem leicht heruntergekommenen Hausflur deplatziert wirkenden Namensschild.

Es dauerte eine Weile, bis die Tür geöffnet wurde und ein etwa 38-jähriger Mann mit verheulten Augen sie anstarrte.

»Ja bitte?«

Lenz versuchte, so höflich wie möglich zu wirken, als er zu seiner Antwort ansetzte.

»Guten Tag. Wir sind von der Kriminalpolizei und möchten gern zu den Eltern von Nasif Yildirim.«

»Kriminalpolizei? Was wollen Sie denn von uns?«

»Darf ich fragen, wer Sie sind?«

»Ich bin Osman Yildirim, Nasifs Bruder.«

»Dann möchten wir auch Ihnen unser tief empfundenes Mitgefühl zum Tod Ihres Bruders aussprechen.«

»Danke, aber das passt jetzt alles ganz schlecht. Unsere ganze Wohnung ist voll mit Familie und Freunden.«

Lenz machte eine verständnisvolle Geste.

»Es gibt vermutlich keinen schlechteren Moment, um unsere Fragen zu stellen, aber bitte glauben Sie mir, dass es sehr, sehr wichtig ist.«

Der Mann nickte und zog die Tür endgültig auf.

»Ich weiß zwar nicht, was die Kriminalpolizei mit dem Unfall meines Bruders zu tun hat, aber dann kommen Sie mal rein. Bitte die Schuhe ausziehen und Rücksicht darauf nehmen, dass meine Eltern gerade ihren jüngsten Sohn verloren haben. Ich glaube zwar, dass es noch nicht so richtig in ihren Köpfen angekommen ist, aber die beiden sind, wie wir alle, ziemlich durch den Wind.«

»Wir werden darauf achten, versprochen.«

Die Kripobeamten folgten Osman Yildirim, der sie mit gesetzten Schritten ins Innere der riesigen Wohnung führte. In der Küche, an der sie vorbeikamen, standen mehrere Frauen zusammen, manche mit weißen Taschentüchern in den Händen und mit rot geränderten Augen.

»Da, das ist mein Vater«, deutete Osman auf einen Mann von etwa 68 Jahren mit gegerbter, dunkelbrauner Haut und silbergrauen Haaren, der neben einer etwa gleichaltrigen, leise schluchzenden Frau auf einem dunkelgrünen Sofa saß.

»Baba? Kommst du mal bitte?«

Der alte Türke erhob sich kraftlos und kam fragend auf die drei Männer zu. Jede der etwa 15 anderen Personen im Raum hatte die Augen auf die beiden Fremden geheftet.

»Herr Yildirim?«, fragte Lenz so höflich wie möglich.

»Ja, ich bin Hamit Yildirim.«

Der Hauptkommissar stellte sich und seinen Kollegen vor.

»Wir sind von der Kriminalpolizei und würden Ihnen gern ein paar Fragen stellen. Meinen Sie, das wäre jetzt möglich?«

»Kriminalpolizei?«

Er sah seinen älteren Sohn an, der jedoch nur mit den Schultern zuckte.

»Gut, kommen Sie mit«, entschied Hamit nach einer kurzen Denkpause. »Wir gehen in Nasifs ehemaliges Zimmer, dort sind wir ungestört.«

»Vielen Dank, Herr Yildirim, wir wissen Ihr Entgegenkommen zu schätzen.«

Nasif Yildirims Jugendzimmer wirkte, als hätte der Banker erst gestern zum letzten Mal darin übernachtet. Alles war sauber und ordentlich, das Bett in der Mitte riesig für einen Junggesellen, und die Poster an der Wand ließen den Schluss zu, dass der tote Türke ein Freund der Popdiva Madonna gewesen sein musste. Yildirim bot den Besuchern die beiden Stühle an, während er sich auf das Bett setzte.

»Ich weiß«, begann er, noch bevor Lenz oder Hain etwas gesagt hatten, »dass mein Nasif in den letzten Jahren nicht immer alles richtig gemacht hat.«

Er hob die Hände, als wolle er damit das Fehlverhalten seines Sohnes entschuldigen.

»Und ich würde meinen linken Arm dafür geben, wenn ich es ungeschehen machen könnte, aber das geht nun mal nicht. Also seien Sie bitte nicht so streng mit ihm, denn er hat immerhin sein Leben verloren.«

»Wir wissen, dass Ihr Sohn sein Leben verloren hat, und deswegen sind wir auch zu Ihnen gekommen, Herr Yildirim. Deshalb möchten wir Ihnen zunächst unser tief empfundenes Mitgefühl ausdrücken.«

»Sie sind wegen des Unfalls hier? Und nicht wegen der Geldgeschäfte, die Nasif gemacht hat?«

Lenz schüttelte den Kopf.

»Wir wissen zwar, dass Ihr Sohn im Rahmen seiner Banktätigkeit nicht immer ganz korrekt gehandelt hat, aber deswegen kommen wir, wie gesagt, nicht zu Ihnen. Wir sind von der Mordkommission.«

Die Mundwinkel des alten Türken kippten nach unten.

»Von der Mordkommission? Was hat Nasif denn mit der Mordkommission zu schaffen?«

Lenz schluckte.

»Es kann sein …, nein, es ist mit an Sicherheit grenzender Wahrscheinlichkeit so, dass Ihr Sohn nicht das Opfer eines Verkehrsunfalls geworden ist, sondern dass er ermordet wurde.«

»Nasif … ermordet? Wer … sollte so etwas machen? Und warum?«

»Das wissen wir noch nicht, und um es möglichst schnell herauszufinden, müssen wir so viel wie möglich erfahren über Ihren Sohn.«

Hamit Yildirim hatte, während Lenz sprach, die Hände vors Gesicht geschlagen.

»Das kann doch alles gar nicht sein.«

Er hob den Kopf und sah Lenz forschend an.

»Sind Sie sicher, dass Sie wirklich von *meinem* Sohn sprechen?«

»Leider ja.«

»Aber wie kann das sein? Die Polizisten, die hier waren, haben uns erzählt, dass er mit einem Lastwagen zusammengestoßen ist. War er schon vorher tot?«

»Nein«, erklärte Hain dem Mann, »er ist bei dem Unfall gestorben, aber der Unfall wurde absichtlich herbeigeführt.«

Der junge Polizist sah in Hamit Yildirims fragendes Gesicht.

»Es war so etwas wie ein Anschlag, verstehen Sie?«

»Nein, das verstehe ich nicht.«

»Der LKW ist bewusst in das Auto Ihres Sohnes gelenkt worden, um ihn und seinen Kollegen zu töten.«

Nun schien der Mann mit den grauen Haaren verstanden zu haben.

»Der Lastwagen hat Nasif absichtlich gerammt?«

»Ja, genau.«

Wieder bedeckten die Hände des Vaters für ein paar Augenblicke sein Gesicht.

»Aber Sie wissen noch nicht, wer das gemacht hat, sagen Sie?«

»Nein, die Ermittlungen laufen noch.«

Yildirim dachte kurz nach.

»Vielleicht war ja gar nicht Nasif gemeint. Vielleicht sollte ja sein Kollege ermordet werden.«

»Auch das fassen wir natürlich ins Auge, Herr Yildirim. Allerdings können wir im Moment noch genauso wenig etwas bestätigen, wie wir etwas ausschließen können. Wir stehen, wie gesagt, ganz am Anfang der Ermittlungen.«

»Gut. Wie, meinen Sie, kann ich Ihnen helfen?«

»Wir wissen, dass Nasif gestern Abend hier war, weil es etwas mit der Familie zu besprechen gab. Um was genau ging es dabei?«

Hamit Yildirim senkte den Kopf.

»Es ging, wie immer in den letzten Monaten, um das Geld, das unsere Familie verloren hat. Das Geld, das wir noch hätten, wenn Nasif uns nicht ermutigt hätte, damit zu spekulieren.«

»Sie haben viel Geld verloren?«

»Alles, was wir hatten. Alles, was meine Brüder gespart hatten, um nach der Verrentung in der Türkei leben zu können. Alles, was mein ältester Sohn in seinem Leben zur Seite gelegt hatte und noch viel mehr.«

»Das tut mir leid.«

»Ich würde jedem Euro einen Kuss hinterherschicken, wenn ich dafür meinen Sohn zurückbekommen könnte. Aber …«

»Vermutlich gab es Streit wegen der Verluste?«

»Natürlich gab es Streit deswegen, und es sind auch böse Worte gesagt worden, ja.«

»Hat Ihr Sohn auch andere Landsleute von Ihnen zu dieser Investition animiert?«

»Was meinen Sie mit … animiert?«

»Ob er anderen Ihrer Landsleuten dazu geraten hat, Geld bei der Nordhessenbank anzulegen.«

Es dauerte eine Weile, bis der Türke antwortete, und es kam Lenz vor, als sei das Zusammenfügen der Buchstaben im Kopf eine Qual für ihn.

»Es tut mir wirklich in der Seele weh, es zugeben zu müssen, aber ja, er hat auch Freunden und Bekannten von uns dazu geraten, diese dummen Aktien zu kaufen.«

Seine Hände legten sich wieder für einige Sekunden vor sein Gesicht.

»Er hat mir mehrmals in die Hand versprochen, dass er wirklich nicht gewusst hat, wie viel Ärger und Risiko damit verbunden sein könnten.«

Yildirim sah von einem Beamten zum anderen.

»Wissen Sie, ich habe manchmal gedacht, dass Nasif doch auch nur ein ganz kleines Rädchen in diesem Getriebe ist, das immer mehr und mehr will. Schon vor mehr als zwei Jahren habe ich ihn auf einer Familienfeier zur Seite genommen und ihn gefragt, ob er mit seiner Arbeit glücklich ist. Oder zumindest zufrieden.«

»Und, was hat er Ihnen geantwortet?«

»*Ich lebe davon*, hat er geantwortet. Und dann hat er mir erklärt, dass er eigentlich gar keine andere Wahl hätte, als das weiter zu machen. *Denn*, so sagte er damals, *das normale Bankgeschäft, wie ich es gelernt habe, gibt es gar nicht mehr. Alles dreht sich nur noch um das große Geld, um immer höher und immer weiter und immer reicher.* Ich glaube, er war sehr unglücklich, aber wenn er gekündigt und sich einen anderen Arbeitsplatz gesucht hätte, wäre es an der gleichen Stelle weitergegangen. Die jungen Leute, die auf dieser Ebene arbeiten, werden eingestellt, ausgepresst, bis nichts mehr aus ihnen heraus kommt, und dann einfach wieder ausgespuckt. Das ist meine Meinung dazu, und damit will ich Nasif nicht in Schutz nehmen, denn er war ganz sicher nicht völlig unschuldig daran, dass die Familie so viel Geld verloren hat.«

»Wissen Sie, wie viel Ihr Sohn verdient hat?«

Der ehemalige VW-Mitarbeiter schüttelte den Kopf.

»Nein, das weiß ich nicht. Aber ich weiß, dass sein Konto im Minus gewesen ist, weil ich neulich, als er uns bei sich zum Essen eingeladen hatte, zufällig einen Auszug gesehen habe.«

Wieder vergrub er sein Gesicht in den Händen.

»Es ist alles so schwer für uns, Herr Kommissar. Aber es ist vermutlich immer schwer, wenn man sein Kind verliert.«

»Da kann und will ich Ihnen nicht widersprechen.«

Es vergingen einige Sekunden, während denen sich Hamit Yildirim im Kinderzimmer seines Sohnes umsah.

»Meinen Sie, Nasifs Tod hängt mit der Ermordung seines Chefs zusammen?«

»Das wohl eher nicht, weil der Täter dieses Falles bereits in Haft ist.«

»Ja? Das wusste ich nicht. Aber wir lesen auch selten deutsche Zeitungen. Wer ist es gewesen?«

»Ein älterer Mann. Es ging dabei wohl um Dinge, die mit der Bank zu tun hatten.«

»Diese Bank! Diese Bank bringt nur Unglück über die Menschen!«

Da kann ich dir nicht widersprechen, dachte Lenz.

»Ihr Sohn hat allein gelebt?«, wollte Hain mit gedämpfter Stimme wissen.

»Ja, soweit ich weiß, schon.«

»Was meinen Sie mit *soweit ich weiß*?«

Zum ersten Mal hellte sich das Gesicht des alten Mannes ein wenig auf.

»Ich glaube nicht, dass er sich an einem Tag mit der roten und am anderen mit der gelben Zahnbürste die Zähne geputzt hat, die beide in seinem Bad herumlagen. Nasif hat es nie schwer gehabt bei den Mädchen, das weiß ich, und ich vermute, dass er eine Freundin hatte, die er uns nicht vorstellen wollte oder konnte. Vielleicht dachte er, sie würde uns nicht gefallen oder so etwas.«

»Aber darüber gesprochen haben Sie nie mit Ihrem Sohn?«

»Nein, das habe ich nicht. So etwas machen wir lieber nicht. Wir Türken warten, bis er mit der Richtigen, hoffentlich einer Türkin, kommt, sie uns vorstellt und dann heiratet, aber so war Nasif einfach nicht.«

Seine Züge wurden noch eine Spur weicher.

»Meine Frau hat ihm natürlich immer die Hölle heiß gemacht deswegen, aber er konnte sie halt gut um den Finger wickeln und sich immer wieder damit herausreden, dass er noch nicht die Richtige gefunden hatte.«

»Wäre es für Sie ein Problem gewesen, wenn es sich dabei um eine deutsche Frau gehandelt hätte?«

Wieder eine kurze Phase des Nachdenkens.

»Ach, was heißt schon *ein Problem*? Als ich vor 44 Jahren in dieses Land gekommen bin, war das unvorstellbar, von beiden Seiten übrigens, aber heute? Ich hätte mich einfach für ihn gefreut, wenn er endlich ein nettes Mädchen gefunden hätte, egal aus welchem Land und egal mit welcher Religion.«

Yildirim bedachte Hain mit einem forschenden Blick.

»Wissen Sie vielleicht etwas, von dem ich noch nichts weiß?«

»Nein«, log Hain, dem bewusst war, dass die Wahrheit in diesem Augenblick niemandem dienen würde. »Wir wissen nicht mehr als Sie.«

26

Etwa eine Stunde, nachdem sich die beiden Kommissare von Hamit Yildirim verabschiedet hatten, saß Lenz in der Badewanne, während seine Frau gerade dabei war, sich vor seinen Augen langsam auszuziehen.

»Da denkst du«, sinnierte Maria, »ein Fall sei erledigt, und schon kommt aus der gleichen Richtung der nächste um die Ecke.«

Lenz, der ihre Bewegungen mit einem wohligen Gefühl beobachtete, nickte.

»So ist mein Job nun einmal. Es nimmt einfach kein Ende mit den bösen Buben.«

»Und so, wie du mir den Besuch bei der türkischen Familie geschildert hast, kann man wirklich Tränen in die Augen kriegen. Welch eine Tragödie.«

»Ja, zumal die alle ihre kompletten Ersparnisse verloren haben. Alles hat sich einfach in Luft aufgelöst.«

Maria steckte sich die Haare hoch, machte zwei lange Schritte und stieg mit dem rechten Fuß in die Wanne.

»Herrje, ist das heiß! Ich werde nie verstehen, wie du das immer schaffst, da einfach reinzusteigen.«

Es dauerte etwa drei Minuten, bis sie in einer komfortablen Position ihm gegenüber Platz genommen hatte.

»Wusstest du, dass Gieger in zweiter Ehe verheiratet ist?«

Maria sah ihn erstaunt an.

»Nein. Wo hast du das denn her?«

»Mein Vorgänger, Günter Schwich, hat mich heute im Präsidium besucht. Uwe hatte ihn eingeladen, weil er dachte, dass er mir was über die seinerzeitige Entführung erzählen könnte.«

»Und, konnte er?«

»Nichts Genaues zumindest. Immerhin wusste er, dass Giegers damalige Frau die Polizei über die Entführung informiert hat, aber auf Nachfragen wurde von der Familie alles abgestritten. Und etwa drei Monate danach unternahm Frau Gieger einen Suizidversuch, den sie, allerdings körperlich gehandicapt, überlebte. Angeblich sitzt sie seitdem im Rollstuhl und ist in einem Heim untergebracht.«

»Das ist ja furchtbar.«

»Ja. Und wie es scheint, haben seinerzeit alle Beteiligten so etwas wie ein Schweigegelübde abgelegt, inklusive der Politiker in Wiesbaden, die jegliche Aktivitäten in dieser Sache im Keim erstickt haben.«

»Tja«, wischte die ehemalige Frau des Kasseler Oberbürgermeisters sich ein wenig Schaum aus dem Gesicht, »die Familie Gieger wusste schon immer, wen man zum Freund haben muss, um unangenehme Dinge möglichst geräuscharm zu regeln.«

»So schaut es aus, ja. Trotzdem werde ich versuchen, mit dieser damaligen Ehefrau zu sprechen. Sofern sie überhaupt noch lebt.«

»Bringt euch das denn weiter in dem aktuellen Fall?«

Lenz legte den Kopf nach hinten und atmete tief ein und wieder aus.

»Ach was, das glaube ich nicht. Aber irgendwie erscheint mir diese Entführungsgeschichte interessant zu sein.«

Maria bedachte ihren Mann mit einem süffisanten Blick.

»Und es geht dir natürlich überhaupt nicht darum, diesem arroganten Kotzbrocken Rudolph Gieger mal ein bisschen ans Bein zu pinkeln.«

»Wie kommst du denn auf solch eine scheußliche Idee, Maria?«

*

Um Viertel nach zwölf kämpfte Lenz noch immer mit dem Einschlafen. Er lag neben der leise vor sich hin schnarchenden Maria, hielt sanft ihre Hand und wunderte sich, dass er trotz der bleiernen Müdigkeit, die ihn fest im Griff hatte, nicht in den Schlaf finden konnte. Wieder und wieder durchdachte er alle Facetten des ungewöhnlichen Doppelmordes, versuchte, gedanklich unter jeden Stein und hinter jede Mauer zu schauen, doch es erwuchsen daraus keine neuen Lösungsansätze oder Ideen. Endlich, um kurz vor halb drei, fiel er in einen unruhigen, von wilden Träumen geprägten Schlaf, in denen er die Durchsuchung der Nordhessenbank vom nächsten Morgen in allen nur denkbaren Varianten durchlebte. Als der Alarm des Weckers um Punkt sechs ertönte, fühlte er sich matt und ausgelaugt, schwang sich trotzdem sofort hoch und ging ins Bad, um sich vorzeigbar für den Tag zu machen. Als er um 7.00 Uhr das Präsidium betrat, klingelte sein Telefon.

»Ja?«

»RW hier. Bist du schon im Haus?«

»Ja, gerade angekommen.«

»Dann komm doch am besten gleich bei mir vorbei. Unser Kinoprogramm hat eine Fortsetzung bekommen.«

»Wie?«

»Es gibt einen neuen Film, und dieses Mal ist klar, dass er in der Nordhessenbank aufgenommen wurde.«

»Ich bin sofort bei dir«, gab Lenz aufgeregt zurück und drückte auf die rote Taste des Telefons.

»Dass mein Boss mal vor mir am Arbeitsplatz sein würde, hätte ich in diesem Leben nicht mehr erwartet«, kam es in diesem Moment von hinten, wo ein gut gelaunter Thilo Hain auftauchte.

»Moin, Thilo, gut, dass du schon da bist.«

Er schnappte seinen Kollegen am Arm und zog den widerstrebend Folgenden in Richtung Treppenhaus.

»Beweg dich, wir haben keine Zeit für Mätzchen.«

Gecks hatte die Sequenz schon auf Anfang gesetzt, sodass die drei Polizisten sofort mit dem Anschauen des Materials beginnen konnten. Auf dem Monitor tauchte der Haupteingang der Nordhessenbank mit der automatischen Tür im Vordergrund auf. Dann erschien ein älterer Mann, der das Geldinstitut betrat, aus dem Bild verschwand – und der Film stoppte.

»Was soll das denn?«, fragte Hain irritiert.

»Warte«, bat Gecks.

Es dauerte etwa fünf Sekunden, dann gab es eine ähnliche Szene zu sehen. Der gleiche Mann, nur zu einem anderen Zeitpunkt. Das Ganze wiederholte sich fünf Mal.

»Kennt jemand von euch das Gesicht?«, wollte Gecks wissen. Seine Kollegen schüttelten die Köpfe.

»Nie gesehen«, meinte Lenz. »Aber das soll nichts heißen.«

Er sah auf das Standbild, das Gecks auf dem Monitor belassen hatte.

»Wie ein Banker sieht der Kerl allerdings nicht aus. Vielleicht eher wie ein Privatschnüffler.«

»Hör auf, Paul«, rief Hain. »So sieht jeder Zweite um die Siebzig in diesem Land aus. Die Frage ist aber, warum wir genau auf den hingewiesen werden?«

»Das ist wirklich eine spannende Frage.«

Der Hauptkommissar sah Gecks an.

»Haben wir ihn im System?«

»Ich habe noch keine Zeit gehabt, das zu überprüfen. Das Video ist fünf Minuten, bevor ich dich angerufen habe, bei mir angekommen. Aber ich kümmere mich darum.«

»Apropos kümmern, RW. Gibt es schon was von der Lippenleserin?«

»Kommt heute Morgen, ist alles veranlasst.«

»Gut.«

»Dann lass ich jetzt dieses Bild hier durch den Computer laufen.«

Er schlug sich mit der flachen Hand an die Stirn und griff nach einem Blatt Papier auf seinem Schreibtisch.

»Das ist das Phantombild des mutmaßlichen Mörders der beiden Banker, der aus dem Betonmischer gefallen ist, angefertigt nach den Angaben unseres jugendlichen Schwarzfahrers. Die Fahndung nach ihm läuft bereits, im System allerdings scheint nichts über ihn auf. Ich bleibe aber, was das angeht, am Ball. Wollt ihr eines mitnehmen?«

Hain betrachtete kurz die fotorealistische Zeichnung,

auf der ein etwa 38-jähriger Mann mit mittellangem Haar und auffallend stechendem Blick zu erkennen war.

»Kann ja nichts schaden, oder?«

»Dann pack's dir ein.«

Lenz sah auf seine Uhr und danach Thilo Hain an.

»Komm, wir müssen nach oben und schauen, dass die Aktion wie geplant beginnen kann.«

Um genau 8.11 Uhr betraten mehr als 40 Männer und Frauen die Halle der Nordhessenbank, einige davon in Uniform. Diese Mitarbeiter der Schutzpolizei sorgten sofort dafür, dass niemand mehr die Bank betreten oder verlassen konnte. Ebenso wurden um das gesamte Gebäude herum Polizisten in Uniform postiert, die dafür sorgten, dass kein Mitarbeiter durch Seiten- oder Hintereingang oder Tiefgarage das Gebäude verließ. Die überforderte Rezeptionistin, eine andere als die, die Lenz und Hain am Tag zuvor empfangen hatte, wollte sofort zum Telefonhörer greifen, was Oberstaatsanwalt Marnet mit einem einzigen, jedoch sehr direktiv vorgetragenen Satz unterband.

»Lassen Sie das bitte!«

Dann legte er den Beschluss auf die Theke und sah die Frau durchdringend an.

»Ist einer der Herren Vorstände im Haus? Vorzugsweise natürlich der Vorsitzende des Gremiums, Rudolph Gieger?«

»Das kann ich Ihnen leider nicht sagen«, entgegnete die völlig eingeschüchterte junge Frau. »Herr Gieger kommt immer direkt über die Tiefgarage, deshalb …«

»Was hat dieser völlig übertriebene Auflauf hier zu bedeuten?«, polterte eine Männerstimme vom Fahrstuhl her, dessen Tür sich noch nicht einmal zur Gänze geöffnet hatte, weshalb Willem van Roon sich durch den kleinen Spalt drängen musste. Marnet hielt dem Justiziar den Durchsuchungsbeschluss hin.

»Mit wem habe ich das Vergnügen?«, wollte er völlig ungerührt wissen.

»Mein Name ist Willem van Roon, ich bin der Justiziar der Nordhessenbank.«

»Das trifft sich gut«, meinte der Oberstaatsanwalt spitz, »soweit ich informiert bin, sind Sie eines der Vorstandsmitglieder. Dann ist hiermit den gesetzlichen Bestimmungen Genüge getan, obwohl das, wie Sie sicher wissen, nicht unbedingt notwendig wäre.«

Er drehte sich um und bedeutete der wartenden Armee, mit der Arbeit zu beginnen. Sofort setzten sich die Polizei- und Justizbeamten in Bewegung und gelangten sowohl mit dem Fahrstuhl als auch über die Treppe in die oberen Stockwerke.

»Ich protestiere auf das Schärfste«, fauchte van Roon hysterisch. »Sie müssen sich auf wirklich unangenehme Konsequenzen einstellen, wenn Sie diesen Beschluss umsetzen.«

»Schon klar«, murmelte Marnet. »Darüber sprechen wir, wenn es so weit ist. Und jetzt würden wir gern den Raum sehen, in dem die Daten Ihrer Überwachungsanlage gesammelt werden.«

In van Roons Gesicht war so etwas wie ein leichtes Zucken zu erkennen, doch er hatte sich augenblicklich wieder im Griff.

»Ich weiß nicht, von welcher Überwachungsanlage Sie sprechen, Herr Staatsanwalt. Etwas Derartiges gibt es in unserem Haus nicht.«

»Auch das habe ich erwartet«, erwiderte Marnet, drehte sich zu Lenz und Hain um und nickte auch ihnen zu.

»Schauen Sie mal nach, ob Herr van Roon mit seiner Aussage nicht etwas voreilig daherkommt«, meinte er augenzwinkernd, woraufhin die beiden Polizisten sich auf den Weg zur Treppe machten.

Eine Etage höher gingen sie über den Flur, bis sie vor einer Tür standen, neben der das Piktogramm eines Mannes zu sehen war. Direkt daneben das gleiche Schild, nur mit dem Bild einer stilisierten Frau. Sie stießen die Tür auf, worauf die über einen Bewegungsmelder gesteuerten Neonröhren flackernd zu leuchten begannen. Die beiden hoben suchend die Köpfe und sahen sich um, konnten in dem kleinen Vorraum jedoch keinen Hinweis auf irgendwelche Überwachungstechnik erkennen.

»Hier scheint nichts zu sein«, stellte Hain schließlich fest und betrat den eigentlichen Toilettenraum, der von der Anlage her haargenau dem auf dem Video entsprach.

»Das hab ich alles irgendwo schon mal gesehen«, frotzelte der Oberkommissar mit Blick auf den Lüftungskanal, wo jedoch auf den ersten Blick nichts zu sehen war, das auf eine Kamera hinwies. Lenz zog eine kleine, aber sehr helle LED-Taschenlampe aus der Jacke und leuchtete auf die elfenbeinfarbene Kunststoffabdeckung.

»Sieht schlecht aus«, stellte er unzufrieden fest, während Hain zurück in den Vorraum ging, den Deckel des Schwingdeckelmülleimers auf den Boden warf, den Behälter umdrehte und unter dem Lüftungsdeckel in Stellung brachte.

»Den Stunt solltest du mit deinem Gewicht besser nicht probieren«, meinte er lakonisch, während er nach der Hand seines Chefs griff und balancierend auf die Kanten des Plastikbehälters stieg.

»Wenn ich zehn Kilo mehr hab als du, wär das viel«, entgegnete Lenz ruhig.

»Zehn Kilo«, kam es von oben zurück, während Hain mit der rechten Hand nach der Taschenlampe griff. »Zehn Kilo können nun mal die Welt verändern. Oder aus einer mittelmäßigen eine erfolgreiche Durchsuchung machen.«

»Der Eimer würde garantiert auch mein Gewicht tragen«, brummte Lenz, hob den Arm, und reichte die Lampe seinem Kollegen, der sofort den Lichtstrahl nach oben richtete, um den Lüftungsdeckel genauer in Augenschein zu nehmen.

»Du hast recht, mein Freund, das sieht wirklich schlecht aus«, bemerkte er trocken, während er mit dem linken Zeigefinger an einer der Halteschrauben herumfummelte, »aber nicht für uns, sondern leider für die Jungs von der Bank.«

»Wieso? Hast du was gefunden?«

Ohne zu antworten, sprang Hain zurück auf den Boden, griff nach dem Funkgerät, das er an seinem Gürtel trug, hob es vor den Mund und forderte einen der Polizeitechniker an.

»Das, was da oben aussieht wie vier Halteschrauben, sind in Wirklichkeit nur drei«, erklärte er mit breitem Gewinnerlächeln. »Die vierte ist eine ziemlich kleine, ziemlich raffiniert angebrachte und vermutlich ziemlich teure Mikrokamera.«

»Wahnsinn.«

»Na, meine Herren, schon fündig geworden?«, ertönte aus dem Vorraum die Stimme von Oberstaatsanwalt Marnet, in dessen Schlepptau sich ein in einem blauen Overall steckender Polizist mit einem großen Werkzeugkoffer in der einen und einer Leiter in der anderen Hand befand.

»Ja«, antwortete Hain mit einem Fingerzeig nach oben. »Die Kamera ist sehr klein, aber von der Bildqualität, die sie liefert, konnten wir uns ja schon überzeugen.«

Der Techniker brachte die Leiter in Stellung, griff sich ein paar Schraubendreher und begann vorsichtig, den Deckel der Lüftungsanlage zu lösen, was keine Minute dauerte. Dann zog er ihn langsam so weit nach unten, bis das Kabel der Kamera gespannt war.

»Das Ding ist deshalb so klein«, dozierte er mit einem Blick in das entstandene Loch, »weil die gesamte Elektronik der Kamera weiter oben platziert ist.«

Mit ein paar geschickten Handgriffen hatte er die Linse von dem Rest getrennt und reichte sie nach unten. Dann fuhr er mit einer langen Zange in die Öffnung und barg ein kleines, hellblaues Kästchen von der Größe einer halben Zigarettenschachtel, an dessen langer Seite sich ein etwa vier Zentimeter langer, mit Kunststoff überzogener Draht befand.

»Die arbeiten mit Funkübertragung«, betonte er anerkennend, während er auch den Technikteil der Überwachungseinheit von seinem Stromanschluss befreite. »So was kriegt man beileibe nicht jeden Tag zu sehen.«

»Das heißt«, nahm Hain seinen Gedanken auf, »dass wir nicht einfach einem Kabel folgen können und irgendwann in dem Raum landen, wo die ganzen Bilder ankommen?«

Der Techniker schüttelte den Kopf.

»Das können Sie vergessen. Es ist noch nicht einmal gesagt, dass sich die Schaltzentrale hier im Haus befindet.

An deren Stelle hätte ich, schon um irgendwelchem Ärger mit der Arbeitnehmervertretung aus dem Weg zu gehen, den Monitorraum oder die Aufzeichnungsgeräte in einem anderen Gebäude untergebracht.«

»Das kann ja heiter werden«, meinte Lenz sarkastisch. »Können Sie wenigstens erkennen, ob mit diesem Ding auch der Ton aufgezeichnet wird, oder ob es sich nur um Bildmaterial handelt?«

»Beides«, erklärte der Mann im Overall nach einem kurzen Blick auf das kleine Technikwunder in seiner Hand. »Man kann es kaum erkennen, aber direkt neben der Linse sitzt ein kleines Mikrofon.«

»Aber betriebsbereit war das Ganze schon, oder?«

»Auf jeden Fall. Das können Sie schon daran erkennen, dass die kleine Kiste hier ziemlich warm ist.«

»Gut«, erklärte Marnet dem Mann, »Sie wissen jetzt, wonach Sie suchen müssen, also können Sie loslegen. Schauen Sie bitte in jedem Raum nach, ob es vergleichbare Technik gibt.«

»Wird gemacht.«

Damit packte der Techniker seine Sachen und verschwand ein paar Sekunden später.

*

»Ich habe etwas Derartiges noch nie in meinem Leben gesehen«, behauptete Willem van Roon, nachdem die beiden Polizisten und der Staatsanwalt ihn mit dem Fund aus der Toilette konfrontiert hatten. »Und ich weiß natürlich auch nicht, wer dafür verantwortlich ist, dass dieses Ding an dem Platz war, wo Sie es gefunden haben wollen. Wenn es denn tatsächlich dort gewesen ist.«

»Wollen Sie jetzt allen Ernstes behaupten, wir würden versuchen, Ihnen belastendes Material unterzuschieben?«, fragte Marnet aufgebracht zurück.

»Was weiß ich? Man liest doch immer wieder von solchen Dingen.«

»Das ist ein Niveau, Herr van Roon, auf dem ich …«

»Auf dem Sie was?«, ertönte in ihrem Rücken eine relativ leise, jedoch beeindruckend präsente Stimme.

Alle im Raum sahen zur Tür von van Roons Büro, in der Rudolph Gieger aufgetaucht war und die Versammlung geringschätzig musterte.

»Was soll dieser Überfall auf meine Bank, Herr Marnet?«, richtete der Vorstandsvorsitzende direkt das Wort an den Staatsanwalt.

»Es handelt sich nicht um einen Überfall, wie Sie ganz sicher wissen, sondern um einen polizeilichen Einsatz. Zunächst bestand der Verdacht, dass hier Arbeitnehmerrechte massiv missachtet werden, allerdings bin ich im Licht der bisherigen Erkenntnisse zu dem Schluss gelangt, die Untersuchungen auch auf mögliche Betrugsdelikte zum Nachteil von Kunden der Nordhessenbank auszuweiten.«

»Betrug?«, rief van Roon aufgebracht. »Sind Sie verrü…?«

Ein einzelner gezielter und unmissverständlicher Blick seines Chefs hatte den Justiziar zum Schweigen gebracht.

»Wir werden in vollem Umfang mit den Behörden kooperieren, Herr Marnet. Allerdings sollten Sie sich darüber im Klaren sein, dass die Angelegenheit damit keinesfalls erledigt ist, denn wir werden alle uns zur Verfügung stehenden Rechtsmittel ausnutzen, um uns gegen diese infame Aktion zur Wehr zu setzen.«

»Das bleibt Ihnen unbenommen, Herr Gieger«, gab Marnet gelassen zurück und hob die kleine Überwachungsanlage in die Höhe. »Bestandteil dieser Verteidigung wird vermutlich auch eine Erklärung zu dieser innovativen Technik sein, wie ich vermuten darf.«

Wenn dieser Hinweis bei Gieger Wirkung zeigte, so ließ er es sich zumindest nicht anmerken.

»Es handelt sich bei dieser *innovativen Technik*, wie Sie es nennen, um ein System, das wir zwar installiert, aber nicht in Betrieb genommen haben. Demzufolge ist es weder illegal, noch moralisch verwerflich.«

»Und Sie wollten garantiert Ihre Mitarbeiter fragen, ob sie etwas dagegen haben, bevor das Ganze in Betrieb genommen worden wäre, vermute ich«, ätzte Hain, dem Gieger jedoch nicht einmal im Ansatz Beachtung schenkte, und dessen Blick stur auf Marnet geheftet blieb.

»Ich muss mich wirklich über die Kasseler Staatsanwaltschaft wundern, Herr Marnet. Es gäbe so viel Wichtiges zu tun, und Sie vertrödeln Ihre Zeit mit Dingen, die am Ende nicht einmal eine Anklage erwarten lassen.«

»Das werden wir sehen, Herr Gieger. Das werden wir sehen.«

Der Banker zog die Stirn hoch und verengte seine Augen.

»Vermutlich haben Sie recht, und ich will beileibe nicht voreilig erscheinen. Aber meinen Sie nicht auch, dass es sich in den Medien wirklich schlecht machen würde, wenn durchsickert, dass sowohl die Frau als auch die Mutter des das Verfahren leitenden Oberstaatsanwalts bei gewagten Aktienspekulationen mehrere 10.000 Euro verloren haben? Bei Aktienspekulationen, die über Depots bei der Nordhessenbank abgewickelt wurden? Meinen Sie nicht auch, dass Ihre Aktion vor diesem Hintergrund ein wenig ein Geschmäckle hat?«

Lenz und Hain warfen sich einen kurzen Blick zu, verkniffen sich jedoch jeglichen Kommentar.

27

Manfred Eisenberg ließ das Garagentor in seinem Rücken nach oben fahren, startete den Motor des Mercedes-Coupés und setzte den schweren Wagen behutsam so weit zurück, dass er ohne weiteres Rangieren vorwärts die Einfahrt verlassen konnte. Etwa zehn Minuten später hatte er die auf einer Anhöhe über der Stadt liegende Grundschule erreicht, wo er direkt am Eingang einen Parkplatz fand, ausstieg und sich, von der erbarmungslos vom Himmel knallenden Sonne schwitzend, einmal in jede Richtung umsah. Ein paar Augenblicke später ertönte ein lautes Klingeln, und einer Stampede gleich strömten kurz darauf Dutzende Kinder mit großen Schulranzen auf dem Rücken ins Freie. Eisenberg wusste, dass seine Enkeltochter immer etwas mehr Zeit als die anderen brauchte, weil sie, einem Ritual gleich, einfach immer noch einen Toilettenbesuch einschieben musste, bevor sie zur Abfahrt bereit war. Die Schüler verteilten sich kreischend, plappernd, sich schubsend und mit schnellen Schritten an der Haltestelle oder sprangen gleich in die schon bereitstehenden Busse. Als der größte Andrang vorbei war und nur noch vereinzelte Kinder durch die große Tür kamen, ging er mit langsamen Schritten auf den Ausgang zu. Eine Mitschülerin von Louise, seiner Enkelin, die er schon das eine oder andere Mal mitgenommen hatte, kam ihm nun entgegen, grüßte schüchtern und wollte weiterlaufen.

»He, Martina, warte mal bitte!«, rief er hinter ihr her. »Hast du Louise gesehen?«

»Nein, habe ich nicht«, gab sie ohne anzuhalten oder sich auch nur umzudrehen keuchend zurück.

Der ältere Mann mit der Hornbrille und dem eleganten Sakko trat ins Innere des kühlen, mindestens 100 Jahre alten Schulgebäudes, bog nach links ab und nahm Kurs auf die Toiletten. Dort schob er vorsichtig die Tür zur Mädchenabteilung auf.

»Louise?«, rief er leise.

Als keine Reaktion kam, versuchte er es noch einmal etwas lauter.

»Louise?«

Wieder keine Antwort.

Im gleichen Sekundenbruchteil lief Eisenberg ein Schauer über den Rücken, er schluckte unwillkürlich, bemerkte, wie ihm der Schweiß ausbrach, und stürmte mit einer Vehemenz in die Toilette, die ein neutraler Beobachter dem Mann vermutlich nicht zugetraut hätte. Nach und nach stieß er jede Tür auf und blickte kurz hinein, bis er sicher war, dass seine Enkelin sich nicht in der Kabine aufhielt. Dann drehte er sich um, schoss zurück auf den Flur und nahm Kurs auf Louises Klassenraum im zweiten Stock. Während er die Treppen hinaufhetzte, konnte er spüren, wie ihm die Furcht, oder besser die nackte Panik, den Rücken hinauf kroch. Sie nahm ihm die Luft zum Atmen, sie beschleunigte sein Herz so sehr, dass er für einen Moment glaubte, ohnmächtig zu werden, und sie trieb dem alten Mann die Tränen in die Augen.

»Louise!«, schrie er, als er den Absatz zum zweiten Stock erreicht hatte und auf ihren Klassenraum zustürmte.

»Hallo, Opa, hier bin ich«, kam es von drinnen, noch bevor er die Türklinke in der Hand hatte. Mit einer beherzten Bewegung riss Eisenberg die Tür auf, sah sich kurz um und hätte am liebsten angefangen zu weinen, als er seine Enkelin mit einer Seifenblasendose in der Hand am Fenster stehen sah.

»Louise, was machst du denn für Sachen? Ich warte doch auf dich!«

»Ich wollte nur noch ein paar Seifenblasen aus dem Fenster lassen, Opa. Von hier oben geht das so schön.«

Die Kleine stellte die Dose ab, lief auf ihn zu und warf sich in seine Arme.

»Ich habe versucht, ob es eine Seifenblase bis auf den Boden schafft, aber die gehen immer alle vorher kaputt. Das ist komisch, oder?«

»Ja, das ist wirklich komisch, da gebe ich dir recht«, antwortete er mit zitternder Stimme. »Aber jetzt komm, die Oma wartet mit dem Essen auf uns.«

Das Mädchen machte sich von ihm frei, schnappte sich ihren Ranzen, griff nach seiner Hand und sah ihn ein klein wenig schuldbewusst an.

»Du bist mir doch nicht böse, oder?«

»Nein, natürlich bin ich meiner kleinen Prinzessin nicht böse. Aber beim nächsten Mal darfst du mich nicht mehr so lang draußen warten lassen, ja? Versprichst du mir das?«

Sie nickte ergeben.

»Ich verspreche es.«

»Gut, dann können wir jetzt gehen.«

Die beiden schlenderten nebeneinander bis zur Treppe, wo Louise ihren Großvater grinsend ansah.

»Trägst du mich runter?«

Er schüttelte den Kopf.

»Ach, Louise, dein Ranzen wird doch immer schwerer. Und du wächst mir auch langsam über den Kopf.«

»Ich weiß.«

Sie setzte ihr gewinnendstes Lächeln auf.

»Bitte, nur noch dieses eine Mal, Opa. Bitte!«

»Gut, aber das ist wirklich das letzte Mal, ja?«

»Großes Ehrenwort.«

Mit seiner Enkelin auf dem Rücken stapfte er die harten, an den vorderen Kanten von vielen Kinderschuhen abgewetzten Stufen hinunter, und als sie im Erdgeschoss angekommen waren, lief ihm der Schweiß in Strömen den Rücken hinunter.

»So, das reicht für heute«, entschied er keuchend, während sie mit den Füßen nach dem Boden hangelte.

»Danke«, erwiderte sie lachend. »Beim nächsten Mal kann es aber ruhig etwas schneller gehen.«

Damit schoss das Mädchen laut giggelnd davon und auf den Ausgang zu.

»Na warte«, rief er ihr mit gespielter Empörung hinterher. »Wenn ich dich kriege!«

Louise kam ein paar Sekunden vor ihrem Großvater an dessen Mercedes an und wartete ungeduldig auf der Beifahrerseite darauf, dass er die Türen aufklicken würde. Eisenberg drückte auf den Knopf an seinem Schlüssel, half ihr in den Fond und beim Anschnallen, schob den Sitz in seine Position und schlug die Tür zu. Während er, immer noch von großer Erleichterung ergriffen, um die Motorhaube herumging, fiel sein Blick auf den Strafzettel, der an der Windschutzscheibe unter dem linken Scheibenwischer klemmte. Erstaunt sah er sich um, weil er davon überzeugt war, nichts falsch gemacht zu haben, und griff nach dem gelben Zettel. Schon während er ihn mit zitternden Fingern auseinanderfaltete, wusste er, dass es sich keineswegs um einen Strafzettel oder etwas Ähnliches handelte, sondern um einen Hinweis. Oder eine Botschaft. Eisenberg griff in die Innentasche seines Sakkos, zog das Etui mit der Lesebrille heraus, brachte die Sehhilfe in die richtige Position und las. Dann las er erneut und noch einmal. Erst als sich seine Enkeltochter vom Rücksitz laut beschwerte, dass doch *die Oma mit dem Mittagessen* warten würde, konnte er seinen Blick von den sieben Wörtern nehmen, die in ihrer Unmissverständlichkeit sein Leben komplett auf den Kopf stellten. Dann las er ein letztes Mal.

Ich kenne jetzt dein kleines, dreckiges Geheimnis!

28

»Was meine Frau und meine Mutter mit ihrem Geld machen oder wie sie es anlegen, hat weder mit meiner Funktion noch mit dem heutigen Einsatz zu tun«, brummte Oberstaatsanwalt Marnet missmutig. »Allerdings weiß ich anhand der Schilderungen von Betroffenen, wie und mit welchen zweifelhaften Methoden Ihre Berater die Kunden der Nordhessenbank dazu animieren, in mehr als riskante Aktien zu investieren.«

Er schnaubte aufgebracht.

»Und wenn dann noch Aktien des eigenen Hauses, die im Rahmen einer Kapitalerhöhung emittiert wurden, an diese Kunden mit dem Hinweis verschoben werden, dass jeder, der nicht sofort zugreift, am Ende leer ausgeht und einen todsicheren Gewinn ausschlägt, kommt mir wirklich, das kann ich nicht anders sagen, der Kaffee hoch, Herr Gieger.«

Der Vorstandsvorsitzende hob die Augenbrauen.

»Jeder, der sich mit Aktien beschäftigt, weiß, dass es auf und ab geht mit den Kursen. Unserem Haus und speziell unseren Beratern deshalb einen Vorwurf machen zu wollen, ist nachgerade absurd.«

»Ich möchte betonen«, beeilte sich van Roon einzuwerfen, »dass jeder Anleger, der Aktien unseres Hauses gezeichnet hat, freiwillig und aus freien Stücken ein Protokoll unterzeichnet hat, in dem er bestätigt, dass er auf die Risiken hingewiesen wurde, die mit dem Kauf von Wertpapieren verbunden sind. Es gibt nicht einen Kunden, von dem wir dieses Protokoll nicht im Tresor liegen hätten.«

»Ich weiß«, bestätigte der Oberstaatsanwalt. »Ich habe dieses Dokument bereits in Kopie bewundern dürfen. Sehr ausgefeilt, und für Sie und Ihr Bankhaus wasserdicht abgefasst.«

»Also, was sollen Ihre haltlosen Vorwürfe, die Sie offenbar mit diesem persönlichen Rachefeldzug zu krönen versuchen?«

Marnet hob den Kopf und sah den Justiziar entspannt an. Wie es schien, hatte er sich wieder voll im Griff.

»Im Augenblick ermitteln wir wegen der Verletzung von Arbeitnehmerrechten. Ein Nebenstrang dieser Durchsuchungsaktion beschäftigt sich mit dem Verdacht, dass die Bank Kunden dadurch betrogen hat, indem sie ihnen

Aktien des eigenen Hauses in der sicheren Kenntnis eines drohenden Verlustes empfahl.«

Van Roon lachte laut auf.

»Ich hoffe für Sie und Ihre weitere Karriere, dass Sie diese aberwitzige Geschichte irgendwann auch beweisen können. Bis dahin allerdings müssen Sie anerkennen, dass wir uns juristisch in einer sehr komfortablen Lage befinden.«

Marnet blickte von van Roon zu Gieger und wieder zurück.

»Wir werden sehen. Abgerechnet wird zum Schluss, meine Herren.«

Damit nickte er Lenz und Hain zu, die daraufhin gemeinsam mit Marnet das Büro verließen.

»Das wird definitiv kein Zuckerschlecken«, bemerkte der Staatsanwalt trocken, während sie über die Treppe nach unten gingen.

»Meinen Sie, dass Ihnen Ärger droht, weil Ihre Frau und Ihre Mutter in die Sache involviert sind?«

»Das könnte ich mir sehr gut vorstellen, wenn wir in Deutschland die Sippenhaftung im Gesetz stehen hätten; dem ist glücklicherweise nicht so.«

Marnet blieb stehen und dachte kurz nach.

»Trotzdem wird sich eine Verteidigungslinie der Bank sicher mit diesem Komplex beschäftigen.«

Sie betraten die Halle, wo noch immer Uniformierte das Sagen hatten und jeglichen Publikumsverkehr unterbanden. Vor dem Eingang allerdings drängten sich jede Menge Gaffer, und auch zwei Kamerateams hatten, neben mehreren Fotoreportern, ihr Equipment aufgebaut.

»Herr Marnet«, rief eine Frau, die sich mit schnellen Schritten näherte, von der Treppe her.

»Wir bräuchten Sie im zweiten Stock, da gibt es einen Haufen Probleme.«

»So, was denn?«

»Wir schlagen uns mit mehreren Anwälten herum, die, als ob sie vom Himmel gefallen wären, kurz nach dem Beginn unserer Aktion hier aufgetaucht sind. Alles Mitarbeiter der Kanzlei Stein, Schröder und Hinrichs, die versuchen, uns die Arbeit so schwer wie möglich zu machen.«

»Aber einen Raum, in dem die Kameradaten zusammenlaufen, haben wir noch nicht gefunden?«

Sie schüttelte den Kopf.

»Und die Kollegen oben wären wirklich daran interessiert, dass Sie möglichst gleich …«

»Gut, ich komme.«

Damit wandte er sich den beiden Polizisten zu.

»Mit Juristen ist nicht gut Kirschen essen, meine Herren, aber wir sehen uns spätestens heute Nachmittag auf der Pressekonferenz, ja?«

Ein kurzes Nicken, dann war er auch schon auf dem Weg nach oben.

»Wenn das mal keinen Ärger gibt«, murmelte Lenz.

»Ich hab's dir immer gesagt, Paul, dass der eigene Interessen verfolgt. Hoffentlich wird jetzt nicht wirklich alles auf diese Verbindung reduziert.«

Lenz winkte ab.

»Der ist schon groß, und wie wir ihn kennen, dürfte es die reine Freude für ihn …«

Der Hauptkommissar stockte, weil in diesem Augenblick Rolf-Werner Gecks mit hochgehaltenem Dienstausweis durch die Tür und auf sie zu trat.

»Na, Jungs, Erfolg gehabt?«, fragte er erwartungsvoll.

»Ja«, nickte Hain. »Wahrscheinlich alles voller Kameras hier, aber bis jetzt haben wir noch nicht gefunden, wo alles zusammenläuft und gesammelt wird.«

Er gab seinem Kollegen einen kleinen Abriss dessen, was die Durchsuchung bis zu diesem Moment gebracht hatte.

»Na, immerhin haben wir festgestellt, dass die Leute hier sogar auf dem Klo überwacht werden«, fasste der dienstälteste Kollege des Kommissariats zusammen.

»Und«, sah Lenz ihn fragend an, »was treibt dich hierher? Du kommst doch nicht, weil du uns nach unseren Erfolgen ausfragen willst.«

»Nein, das nicht«, grinste Gecks. »Ich will euch eher von meinen Erfolgen berichten.«

»Dann lass mal hören.«

»Also, die Fahndung nach dem Audi mit dem Frankfurter Kennzeichen war schon erfolgreich. Er wurde auf einem ziemlich abgelegenen Waldparkplatz im Taunus gefunden. Leer, und wie es aussieht, hat jemand ihn komplett mit Lauge ausgespritzt.«

»Damit wir keine DNA-Spuren finden.«

»Genau deshalb.«

»Dann wissen wir jetzt zumindest endgültig, dass wir es mit echten Profis zu tun haben«, bemerkte Hain.

»Ja. Mich wundert, dass sie ihn nicht abgefackelt haben, aber vielleicht hatten sie Angst, dass dabei was schiefgeht. Auf jeden Fall hätten wir ihn dann früher gefunden.«

»Und auf jeden Fall bringt uns die Kiste zunächst mal nicht weiter«, brummte Lenz.

»Auch richtig«, gab Gecks trocken zurück und zog ein gefaltetes Din-A4-Blatt aus der Innentasche seines Sakkos. »Aber das war ja nicht alles, was ich auf der Pfanne habe.«

»Du machst es aber spannend heute, RW.«

»Die Videoaufnahme, die wir uns heute Morgen angesehen haben, zeigt einen gewissen Manfred Eisenberg. Er wurde 1944 geboren, wohnt in Kassel und ist eine, vorsichtig ausgedrückt, etwas zwielichtige Erscheinung.«

Lenz bedachte seinen Kollegen mit einem anerkennenden Blick.

»Wie bist du so schnell auf ihn gekommen?«

»Reine Glückssache. Er ist zwar bei uns nicht im System, aber der Computer hat ihn in Frankreich ausfindig gemacht, nachdem ich ihn europaweit habe suchen lassen. Dort hat er vor ein paar Jahren im Urlaub unter Alkoholeinfluss ein Kind totgefahren und ist deshalb zu einer Bewährungsstrafe verurteilt worden. Und im Zuge dieser unschönen Geschichte ist er natürlich erkennungsdienstlich behandelt worden. So kam dann eines zum anderen. Und unsere neue Bilderkennungssoftware hat dabei überaus gute Dienste geleistet.«

»Du bist mein Held, RW«, feixte Hain. »Auf die Idee, über das europäische System nach ihm Ausschau zu halten, muss man erst mal kommen.«

»Danke.«

»Was aber macht ihn jetzt zur *zwielichtigen Erscheinung*?«, wollte Lenz wissen. »Nur der Unfall in Frankreich wird es doch nicht sein?«

»Nein, auf keinen Fall. Selbstverständlich habe ich ihn mir sofort etwas intensiver vorgenommen, und dabei bin ich darauf gestoßen, dass der Mann in jungen Jahren ein ziemlich übler Zeitgenosse gewesen sein muss. Die meisten Daten über ihn sind zwar mittlerweile längst gelöscht, aber ein paar Fragmente sind glücklicherweise erhalten geblieben. Es gab eine Verurteilung wegen eines Raubes und eine weitere wegen schwerer Körperverletzung. Dazu scheint er eine steile Drogenkarriere hingelegt zu haben, denn ein Aspekt der Verurteilung wegen der Raubsache war eine Drogentherapie.«

»Aber der Kerl ist doch mittlerweile um die 70«, gab Hain zu bedenken. »Meint ihr wirklich, dass er immer noch ein schwerer Junge ist?«

»Das wohl eher nicht«, schränkte Gecks ein. »Allerdings gibt es ein paar Dinge, die mir an ihm so ganz und gar nicht gefallen wollen.«

»Zum Beispiel?«

»Dass er irgendwann nach seiner Sturm- und Drangzeit wieder auf den Pfad der Tugend gefunden hat, will ich nicht bestreiten, aber wie sich sein Leben dann entwickelte und er bis heute lebt, wirft schon die eine oder andere Frage auf.«

Sowohl Lenz als auch Hain hoben interessiert die Köpfe, während Gecks einen weiteren Zettel aus der Sakkotasche kramte.

»Ich habe mich mit meinem Kumpel vom Finanzamt kurzgeschlossen und ihn um ein paar Informationen gebeten, und dabei ist etwas Kurioses herausgekommen. Manfred Eisenberg betreibt eine Beratungsgesellschaft, deren einziger Kunde die Nordhessenbank ist. Seit 1995, so weit reichen die Aufzeichnungen im Finanzamt zurück, hat er Jahr für Jahr von der Bank etwa 50.000 DM und nach der Währungsumstellung die umgerechnete Summe in Euro erhalten. Immer gegen Rechnung, immer alles sauber.«

»Das würde immerhin erklären, warum er hier ein und aus geht«, gab Lenz zu bedenken.

»Das schon«, schränkte Gecks ein. »Allerdings gönnt der Mann sich einen Lebensstil, der diesem Einkommen in keiner Weise entspricht. Auf ihn sind zum Beispiel drei

Autos angemeldet, unter anderem ein großes Mercedes-Coupé und ein sündhaft teures Wohnmobil. Außerdem bewohnt er ein Anwesen in Wilhelmshöhe, um das ihn vermutlich die meisten Kasseler glühend beneiden.«

»Hast du es dir schon angesehen?«, wollte Lenz erstaunt wissen.

»Ja, von oben, auf dem Computer. Die modernen Medien sind manchmal wirklich eine große Hilfe.«

Gecks reichte seinen Kollegen den Ausdruck einer Luftansicht, die er über einen Kartendienst gemacht hatte.

»Meine Herren, ich gebe dir recht«, meinte Thilo Hain. »Da würde ich auch gern wohnen.«

»Siehst du. Und wenn du dann noch weißt, dass der Mann und seine Frau offiziell knapp über der Armutsgrenze dahinvegetieren, bekommt der Ausdruck *zwielichtige Gestalt* schon eine gewisse Berechtigung.«

»Vielleicht hat seine Frau ja das Vermögen mit in die Ehe gebracht?«, gab Lenz zu bedenken, was ihm ein nachdrückliches Kopfschütteln und einen ziemlich bösen Blick von Gecks einbrachte.

»Jetzt beleidigst du aber wirklich meine Intelligenz, mein Freund«, beschwerte der sich. »Selbstverständlich war mir diese Idee auch gekommen, aber weder er noch sie haben jemals eine größere Erbschaft gemacht. Alles geprüft und für nicht geschehen befunden.«

»Tja, dann bleibt uns nichts weiter zu tun, als diesem *zwielichtigen Herrn* einen Besuch abzustatten, was meint ihr?«

Gecks nannte ihnen die Adresse.

»Ach ja, was den Mann auf dem Phantombild angeht, ist die Suche in allen unseren Systemen negativ ausgefallen. Entweder, die Zeichnung ist nicht gut genug, oder

der Kerl ist wirklich noch nie in irgendeiner Form aufgefallen.«

»Aber die Fahndung läuft doch?«

»Groß und laut und honigdick«, gab Gecks säuerlich zurück.

»Gut. Das wäre dann alles«, wollte Lenz ihn verabschieden, hatte jedoch noch ein weiteres Anliegen an seinen Kollegen.

»Versuch doch mal herauszufinden, was aus der ersten Frau von Rudolph Gieger geworden ist. Sie soll angeblich in einem Pflegeheim gelandet sein, aber das ist nirgends belegt.«

»Also willst du, dass ich die Nadel im Heuhaufen suche.«

Lenz klopfte ihm auf die Schulter.

»Wenn es einer schafft, dann doch du, RW.«

»Gottverdammter Schleimer«, murmelte Gecks, verabschiedete sich und wandte sich zum Gehen. Dann jedoch blieb er stehen und drehte sich noch einmal um.

»Die Lippenleserin hat übrigens abgesagt, weil sie plötzlich krank geworden ist. Ich bin aber, neben den ganzen anderen Aufgaben, die ich zu erledigen habe, dabei, einen Ersatz für sie aufzutreiben.«

Damit verließ der grauhaarige, untersetzte Polizist endgültig die Bank.

*

»Die Nummer mit diesem Eisenberg klingt schon irgendwie komisch, was meinst du?«, wollte Hain von seinem Boss wissen, nachdem er den Kombi gestartet und sich in den Verkehr eingefädelt hatte.

»Lass ihn uns ansehen und mit ihm reden, Thilo. Vielleicht gibt es für die Diskrepanz zwischen seinem Einkommen und seinem Lebensstil eine ganz einfache Erklärung.«

»Ja, vielleicht«, murmelte der junge Oberkommissar, während er die linke Hand an die Düse der Klimaanlage hielt, um zu testen, ob schon etwas kühle Luft in den brütend heißen Innenraum gelangte.

Den Rest der Fahrt in den Stadtteil Wilhelmshöhe brachten die beiden Kriminalpolizisten schweigend hinter sich. Jeder hing seinen Gedanken nach, schwitzte und sehnte sich nach etwas Kaltem zu trinken. Dann hatten sie die ruhige Seitenstraße erreicht.

»Ich rolle einmal kurz durch«, erklärte Hain seinem Boss, »damit wir uns ein Bild machen können, wie der Herr wirklich lebt. Vielleicht ist sein Anwesen in der Realität ja gar nicht so schnieke wie auf RWs Foto.«

Diese These musste er allerdings kurz darauf, unterlegt mit einem neidischen Pfiff durch die Zähne, zurückziehen, denn schon von Weitem war dem Gelände anzusehen, dass hier nicht mit dem Rotstift in der Hand gebaut worden war. Neben dem großzügig geschnittenen, im Bungalowstil errichteten Haus, das von hoch gewachsenen Büschen von der Straße abgeschirmt wurde, gab es eine riesige Doppelgarage und in deren Anschluss einen Carport für das von Gecks bereits beschriebene, unglaublich luxuriös anmutende silbern glitzernde Wohnmobil.

»RW hat recht, das Ding kostet garantiert eine halbe Million«, raunte Lenz seinem Kollegen zu, der langsam an dem Grundstück vorbeifuhr und den Japaner am Wendehammer der Sackgasse ausrollen ließ.

»Tja, so weit kommt man offensichtlich mit lumpigen 25.000 Euro, wenn sie von der Nordhessenbank überwiesen werden«, spottete Lenz.

»Nur kein Neid. Wir können uns etwas Derartiges zwar nicht leisten, dafür müssen wir aber auch keine Angst haben, dass die Bullen überraschend an der Tür klingeln und dumme Fragen stellen.«

»Auch wieder wahr.«

»Gehen wir die paar Schritte, oder soll ich umdrehen?«

»Nein, lass uns zu Fuß gehen.«

Sie stiegen aus und machten sich auf den Weg zu dem etwa 300 Meter hinter ihnen liegenden Haus. Die Grundstücke, an denen sie vorbeikamen, hatten eindrucksvolle Dimensionen und ließen darauf schließen, dass es in diesem Quartier Kassels keinen sozialen Wohnbau gab. Allerdings lag die ganze Straße wie ausgestorben in der Mittagshitze, nicht einmal ein Hund ließ sich in einem der riesigen Vorgärten blicken, um sein Reich zu verteidigen. Auf etwa der Hälfte des Weges bemerkte Hain in einem blauen VW-Passat mit Hamburger Kennzeichen auf der gegenüberliegenden Straßenseite einen Mann, der auf der Fahrerseite sitzend in einer Zeitung las. Der Polizist drehte den Kopf, sah erneut hin, konnte das Profil jedoch nicht einordnen. Im gleichen Augenblick bog ein großes, dunkles Mercedes-Coupé in die Straße ein, beschleunigte kurz, bremste ab und kam schließlich vor dem sich leise öffnenden Garagentor der Eisenbergschen Garage zum Stehen. Als das Tor am oberen Anschlag angekommen war, rollte der Wagen langsam die kurze Steigung hinauf, dann wurde der Motor abgestellt und eine Tür geöffnet.

»Los, Opa, ich habe einen Bärenhunger«, rief ein Kind gedämpft.

Eine weitere Tür öffnete sich.

»Herr Eisenberg?«, sprach Hain den älteren Mann an, der im Halbdunkel der Garage gerade ein Mädchen auf seinen rechten Arm hob.

»Ja.«

»Können wir Sie kurz sprechen?«

»Warum? Wer sind Sie?«

»Wir sind von der Kriminalpolizei und würden Ihnen gern ein paar Fragen stellen.«

»Kriminalpolizei …«

Er setzte das ängstlich in die Richtung der Polizisten starrende Mädchen auf dem Boden ab, schlug die Tür zu und senkte den Kopf.

»Geh schon mal rein, Louise. Der Opa muss noch kurz mit den Männern reden, dann kommt er auch zum Essen.«

»Aber du weißt«, betonte sie mit erhobenem Zeigefinger, »dass die Oma es nicht leiden mag, wenn man zu spät zum Essen kommt.«

»Ich weiß und ich brauche auch nicht lang.«

»Sollen wir schon anfangen mit Essen?«

»Ja, natürlich, fangt schon an.«

Er gab ihr einen Klaps auf den Hintern.

»Aber lasst mir noch was übrig, ich habe nämlich auch einen Riesenhunger.«

»Machen wir«, rief sie lachend, hob den Ranzen auf die Schulter und verschwand durch eine seitlich angebrachte Tür direkt im Haus.

»So, und nun zu Ihnen. Was genau wollen Sie von mir?«

»Wir hätten ein paar Fragen zu Ihrem Verhältnis zur Nordhessenbank«, antwortete Lenz.

Eisenberg kam langsam auf die Beamten zu, sodass sie

sein faltiges, von tiefen Furchen durchzogenes Gesicht sehen konnten.

»Ja, und welche?«

»Zunächst würde uns interessieren, was genau Sie für die Nordhessenbank machen, Herr Eisenberg.«

»Warum wollen Sie das wissen?«

Hain versenkte die Hände in seinen Jeans und sah den braun gebrannten, weißhaarigen Mann mit den tiefliegenden Augen skeptisch an.

»So kommen wir nicht weiter, Herr Eisenberg. Es ist besser, wenn wir uns darauf konzentrieren, dass wir die Fragen stellen und Sie darauf antworten. Okay?«

»Ich werde mich doch wohl noch danach erkundigen dürfen, warum Sie mir diese Fragen stellen wollen. Liegt irgendetwas gegen mich vor?«

»Wie es im Moment aussieht«, erwiderte Lenz, »eher nicht. Wir ermitteln im Fall eines Gewaltverbrechens und haben die Hoffnung, dass Sie uns vielleicht weiterhelfen können.«

»Und was hat das mit meiner Tätigkeit für die Bank zu tun?«

»Nun, wir ermitteln in alle Richtungen, wie man das von uns erwartet. Und in diesem Zusammenhang würde uns einfach interessieren, was genau Ihre Aufgabe für die Bank ist.«

Eisenberg dachte mit versteinerter Miene ein paar Sekunden nach.

»Ich berate die Bank in Sicherheitsfragen«, gab er dann sichtlich genervt zurück. »Gibt es daran irgendetwas auszusetzen?«

»Nein, sicher nicht«, beschwichtigte Hain. »Und seit wann genau machen Sie das?«

»Schon viele Jahre.«

»Geht es etwas genauer?«

Wieder eine Phase des Nachdenkens.

»Etwa 25, 30 Jahre.«

»Und Sie machen das hauptberuflich?«

»Ja.«

»Keine anderen Kunden, die Sie beraten?«

»Nein«, brummte der Mann am rechten hinteren Kotflügel des Mercedes.

»Also sind Sie hauptberuflicher Sicherheitsberater der Nordhessenbank?«

Eisenberg atmete tief durch.

»Was sollen diese dummen Fragen?«, wollte er von Lenz wissen. »Schafft Ihr Kollege es nicht, ein wenig Struktur in sein Verhör zu bringen?«

»Aber das ist doch kein Verhör, Herr Eisenberg«, bemerkte Lenz lächelnd und sah sich in der Garage um. »Mein Kollege will sich vermutlich vorsichtig der Frage nähern, wie viel man als Sicherheitsberater der Nordhessenbank verdient, um sich das alles hier leisten zu können.«

»Es war immer genug, wenn Ihnen das reicht.«

»Ja, klar reicht das. Was mich allerdings noch interessieren würde, ist, was genau Sie für die Bank machen. Sind das mehr so Detektivarbeiten, oder übernehmen Sie vielleicht auch das Inkasso?«

»Weder noch. Ich bekleide eine Stabsstelle und bin ausschließlich Herrn Direktor Gieger weisungsgebunden. Was genau sich mit meiner Tätigkeit verbindet, darüber kann ich leider nicht sprechen, ohne Betriebsgeheimnisse zu offenbaren, was ich natürlich keinesfalls machen werde.«

»Selbstverständlich, klar, das erwarten wir auch nicht von Ihnen. Können Sie uns vielleicht sagen, wann Sie Herrn Gieger zum letzten Mal gesehen haben?«

Eisenberg dachte wieder eine Weile nach.

»Vor drei Tagen. Wir hatten etwas zu besprechen, ich war in der Bank.«

»Sind Sie oft in der Bank?«

Die beiden Polizisten konnten deutlich die mahlenden Backenknochen des Mannes sehen, während er überlegte.

»Früher mehr, heute deutlich weniger. Ich bin bald 70 Jahre alt und will meine Tätigkeit langsam ausklingen lassen.«

»Ach, interessant. Gibt es schon einen Nachfolger?«

»Nein. Und ob die Stelle wieder besetzt wird, entzieht sich meiner Kenntnis.«

»Kenntnis ist ein gutes Stichwort«, mischte Hain sich wieder ein. »Haben Sie Kenntnis davon, dass es in der Nordhessenbank eine Überwachungsanlage gibt?«

Eisenberg schluckte, atmete tief aus und lehnte sich an den Wagen.

»Natürlich gibt es in der Halle eine Überwachungsanlage. Immerhin handelt es sich um eine Bank.«

»Nein, ich meine nicht die in der Halle. Ich meine die, mit der den Mitarbeitern sogar auf der Toilette nachspioniert wurde.«

Wieder ein Schlucken.

»Nein, davon ist mir nichts bekannt.«

»Sind Sie sicher? Immerhin sind Sie nach eigener Aussage der Sicherheitsberater der Nordhessenbank.«

»Ja, ich bin natürlich sicher!«, erwiderte er mit einem Blick zur Uhr. »Und wenn Sie mich jetzt bitte entschuldigen würden, Sie haben ja von meiner Enkeltochter gehört, dass meine Frau es nicht mag, wenn ich zu spät zum Essen erscheine.«

»Ja natürlich«, bat Hain um Entschuldigung, während er das Phantombild aus seiner Sakkotasche zog.

»Eine letzte Frage noch, dann sind Sie uns auch schon wieder los.«

Er ging auf Eisenberg zu, der noch immer mit dem Gesäß an der Heckklappe seines Mercedes lehnte, und hielt ihm die Zeichnung vor die Nase.

»Kommt Ihnen dieser Mann hier bekannt vor?«

Eisenberg setzte die Lesebrille, die, wie immer, wenn er sich Zuhause aufhielt, an einem Band um seinen Hals baumelte, auf die Nase, und warf einen Blick auf das Bild, wobei Hain den Eindruck hatte, dass der weißhaarige Mann im Augenblick des Erkennens für den Bruchteil einer Sekunde die Augen aufgerissen hatte. Dann jedoch sah er dem Kommissar völlig ruhig ins Gesicht.

»Nein, tut mir leid, den Herrn kenne ich nicht. Hat er was ausgefressen?«

»Ach, nein, nichts Schlimmes.«

»Dann ist es ja gut. Und wenn ich Sie jetzt bitten dürfte …«

Sein Arm fuhr nach oben, und eine gelbe Warnlampe begann zu leuchten.

»In zehn Sekunden schließt sich das Tor. Sie müssten sich also etwas beeilen, meine Herren.«

Lenz und Hain sahen den Sicherheitsberater an, der nun wieder völlig entspannt dastand, nickten ihm zu und traten vor das Tor, das im gleichen Augenblick anfing, sich zu senken.

»Der Kerl hat Dreck am Stecken«, murmelte Hain, noch bevor die schwere Konstruktion den Boden erreicht hatte.

»Das mag sein, aber kannst du es ihm auch beweisen?«

Der Oberkommissar funkelte seinen Boss an.

»Nein, leider noch nicht. Aber ich versichere dir, dass ich auch Überstunden machen würde, um diesem Arschloch etwas anhängen zu können.«

»Na, na«, gab Lenz tadelnd zurück, während er sich langsam von dem Grundstück entfernte. »Wir wollen uns doch nicht von der bloßen Antipathie leiten lassen, mein Freund.«

»In diesem Fall würde mir das schon reichen.«

»Ich sehe es dir an, aber es hilft nichts. Wir können im Augenblick nicht mehr tun, als ihm die Steuerfahndung auf den Hals zu hetzen, aber das war es auch schon. Ob uns das nun gefällt oder nicht, steht auf einem anderen Blatt.«

Sie gingen mit langsamen Schritten, um nach dem Aufenthalt in der kühlen Garage nicht sofort wieder ins Schwitzen zu geraten, den Weg zurück, den sie gekommen waren. Auf Höhe des blauen Passats mit dem Hamburger Kennzeichen, an dessen Steuer noch immer der Mann saß, dessen Kopf komplett von der Zeitung verdeckt war, in der er las, drehte Hain sich nach links und versuchte, etwas von dessen Gesicht zu erkennen, doch es gelang ihm nicht.

»Der hat schon hier gesessen, als wir gekommen sind«, bemerkte er leise.

»Na, ja, bis er die komplette *Süddeutsche* gelesen hat, wird es wohl Abend sein«, frotzelte Lenz.

»Ja, das mag sein. Aber warum hockt er sich dafür in seine Karre? An seiner Stelle würde ich mich doch lieber auf eines der vielen Mäuerchen setzen, die sich hier finden lassen.«

Er sah seinen Kollegen kurz an und bog dann nach links ab.

»Mensch, Thilo, lass das doch. Wir haben echt Wichtigeres zu tun.«

Hain hob den Arm zum Zeichen, dass er seinen Kollegen zwar verstanden hatte, auf dessen Meinung aber keinen Wert legte, und ging schnurstracks auf den Passat zu.

Blödmann, murmelte Lenz, und folgte ihm widerwillig.

Obwohl die Zeitung sich während der ganzen Zeit nicht einen Millimeter bewegt hatte, fühlte Hain sich doch irgendwie beobachtet. Dann hatte er die Fahrertür erreicht, hob die Hand, und klopfte mit dem rechten Zeigefinger gegen die Seitenscheibe.

29

Norman Wachter hatte gewusst, wo er Manfred Eisenberg finden würde, weil er ihm schon öfter zu dieser Schule und zu seinem Zuhause gefolgt war. Es war eines seiner herausragendsten Merkmale, dass er ständig versuchte, über alle Menschen, mit denen er zu tun hatte, möglichst gut informiert zu sein. Und so hatte er einen seiner besten Auftraggeber im vergangenen Jahr, als er ein paar Tage nichts zu tun hatte, ein wenig observiert; war ihm in den Golfclub gefolgt und zu der Werkstatt, die sein Wohnmobil betreute. Hatte ihn beim Essen in seiner Lieblingspizzeria ebenso beobachtet wie beim Besuch einer Prostituierten, die den alten Mann in knapp einer viertel Stunde abgefertigt hatte. Und er hatte von der Anwesenheit der kleinen

Enkeltochter erfahren, die Eisenberg, so oft es ging, zur Schule fuhr und auch von dort wieder abholte.

Eigentlich war er mit der festen Absicht in Frankfurt gestartet, Eisenberg langsam und quälend zu töten. Mit dem kleinen, schmutzigen Geheimnis allerdings, das ihm Werner Bellof in Lollar anvertraut hatte, erschien es ihm plötzlich wesentlich interessanter, sich mit einem lebenden Manfred Eisenberg auseinanderzusetzen. Von einem lebenden, oder besser überlebenden Manfred Eisenberg den Lohn für seinen letzten Job zu bekommen, und womöglich noch einiges mehr. Vielleicht würde ja das, was er mit seinem neu erworbenen Wissen aus dem alten Mann herauspressen konnte, reichen, um nie mehr für Geld einen Menschen töten zu müssen.

Als der weißhaarige Mann dann vor der Schule aufgetaucht war, hatte es ihm fast leidgetan, diesem miesen Schwein nicht doch das Leben nehmen zu können, und für einen Moment war ihm der Gedanke gekommen, ihn nach Abschluss der finanziellen Dinge einfach über den Haufen zu schießen, so tief saß seine Enttäuschung über das Geschäftsgebaren seines Auftraggebers. Es war nicht gut, mit ihm einen solchen Tanz zu wagen, dazu war Norman Wachter erstens zu gut in dem, was er machte, und zweitens deutlich zu nachtragend.

Nun hatte er vor Eisenbergs Haus Position bezogen und wollte einen ersten Testballon mit seinem neuen Druckmittel steigen lassen. Direkt beim Mittagessen würde er einfach klingeln, den Hausherrn anlachen, ihm auf den Kopf zusagen, was er wollte, und dass er es *auf jeden Fall* kriegen würde. Etwas mehr als zehn Minuten hatte er schon im Wagen gewartet, als plötzlich dieser japanische Kombi mit den zwei Komikern darin aufgetaucht war. Ein junger, drahtiger Typ und ein etwas älterer, die langsam durch die kleine Seitenstraße gerollt waren, parkten und dann an ihm vorbeischlenderten. Für einen Moment hatte Wachter den Gedanken gehabt, dass es sich bei den beiden um Bullen handeln könnte, diesen Verdacht jedoch sofort wieder verworfen, weil hessische Polizisten nie und nimmer mit einem Toyota-Kombi unterwegs waren. Die hessische Polizei wurde vorzugsweise in Rüsselsheim vorstellig, wenn es um neue Einsatzfahrzeuge ging, vielleicht auch in Untertürkheim, München oder Wolfsburg, aber niemals in Toyota in Japan, davon war Wachter felsenfest überzeugt. Sein Blick fiel zurück zu dem Zeitungsartikel, den er gerade gelesen hatte, und in dem es um den Abzug von weiteren 700 deutschen Soldaten aus Afghanistan ging.

Völlig irre, dachte Wachter. *Die kriegen das in 100 Jahren nicht hin, wenn die NATO-Truppen erst weg sind.*

Nachdem er aus dem aktiven Dienst bei der Bundeswehr ausgeschieden war, hatte er zuerst einmal vier Wochen Urlaub gemacht. Tauchurlaub, um genau zu sein. Hatte sich das Great Barrier Reef in Australien so detailliert angeschaut wie wenige Nichtaustralier vor ihm. Und er hatte ernsthaft überlegt, sich in Australien niederzulassen und dort zu arbeiten. Dann jedoch, als er gerade in Sidney nach einer Bleibe suchte, rief ihn ein ehemaliger Ausbilder an, der gehört hatte, dass Wachter ausgeschieden war, und machte ihm ein Angebot, das nur ein Idiot abgelehnt hätte. So kam es, dass Norman Wachter keine sechs Wochen darauf im Irak landete, diesmal jedoch unter völlig anderen Vorzeichen als bei seinen Afghanistan-Einsätzen, denn er war nun Angestellter eines großen amerikanischen Sicherheits- und Militärunternehmens, in dessen Auftrag er Diplomaten und deren Häuser beschützte, Konvois absicherte und Kasernen bewachte. Zum ersten Mal in seinem Leben verdiente er so viel Geld, dass er Pläne für ein Haus oder eine schöne Wohnung in Sidney schmieden konnte und mehr als heimlich davon träumte, eine Tauchschule zu eröffnen. Diesen wirklich geilen Job hätte er sicherlich noch ein paar Jahre gemacht, wenn nicht das US-Verteidigungsministerium nach ein paar unschönen Vorfällen, mit denen er zwar nichts zu tun hatte, aber bei denen mehrere Zivilisten das Leben verloren hatten, den Vertrag mit seinem Arbeitgeber zum Ende 2009 einfach nicht verlängert hätte. So stand er an einem lausig kalten Januarmorgen 2010 am Frankfurter Flughafen mit einer Reisetasche in der Hand, einem prall gefüllten Portemonnaie und der Gewissheit, dass es zwar nicht für eine Tauchschule in Australien, auf jeden Fall aber für ein sorgenfreies Jahr reichen würde. Immerhin wusste er schon auf der Taxifahrt in die City, dass er so schnell wie möglich abhauen würde in den Sommer auf der anderen Seite der Erdhalbkugel, dorthin, wo ihn zu dieser Zeit über 30 Grad Luft- und 22 Grad Wassertemperatur erwarteten.

Doch wieder kam es anders, und wieder nahm Norman Wachters Leben eine Wendung, die er nie und nimmer für möglich gehalten hatte. Denn kaum, dass er sein möbliertes Appartement in der Innenstadt bezogen hatte, meldete sich sein Mobiltelefon, und der gleiche ehemalige Ausbilder, der ihm schon den Job im Irak angeboten hatte, bot ihm eine neue Beschäftigung an. Diesmal jedoch unter gänzlich anderen Vorzeichen und zu Konditionen, die ihn beim Gedanken daran erschaudern ließen.

Es wäre ein völlig neues Betätigungsfeld für dich, hatte Watzke, der Anrufer, ihm während eines Treffens im Grüneburgpark erklärt. *Wenn du es machen würdest, müsstest du vermutlich dein komplettes bisheriges Leben hinter dir lassen.*

Wachter hatte sich alles genau erklären lassen, jede Einzelheit nachgefragt und dann herzhaft gelacht.

Ich bin doch kein verdammter Killer, war seine empörte Reaktion gewesen, nachdem er das detaillierte Angebot kurz rekapituliert hatte.

Doch, hatte der Ausbilder geantwortet, *genau das bist du. Bis jetzt hast du für eine Sache oder von mir aus auch für dein Vaterland getötet, und ab jetzt würdest du es für Geld machen, für verdammt viel Geld. Menschen mit deiner Ausbildung und deinen Fähigkeiten wachsen nicht auf den Bäumen, also nutze das alles und sieh zu, dass du das Beste daraus machst.*

Bei allem Respekt, konterte Wachter seinerzeit, *aber da sehe ich schon noch einen ziemlichen Unterschied. Ich werde mir nämlich nicht meinen Lebensunterhalt damit verdienen, dass ich irgendwelche Unschuldigen abknalle.*

Watzke hatte ihn mit gekräuselter Stirn angeschaut.

Klar, bisher konntest du auch immer zu 100 Prozent sicher sein, dass der, den man dir als Bösewicht präsentiert hat, auch wirklich einer von den Bösen war. Oder hast du vielleicht auch da manchmal Zweifel gehabt?

Sie hatten mit immer kälter werdenden Händen und Füßen noch mehr als zwei Stunden dagesessen und geredet, und mit jeder Minute konnte Wachter merken, wie seine innere Ablehnung kleiner wurde und schließlich kaum mehr spürbar war. Dann hatten sie sich auf einen sogenannten Pilotauftrag geeinigt, eine einfache Sache.

Und keine zwei Wochen darauf hatte Norman Wachter in London seinen ersten Job als Auftragskiller erledigt, bei dem es um einen russischen Millionär ging, der sich ganz offensichtlich mit den falschen Leuten angelegt hatte. Und er hatte gemerkt, dass es ihm letztlich wirklich scheißegal war, wen er vor seinem Zielfernrohr hatte. Es war ein Kopf, den er traf, und es war egal, ob dessen Hautfarbe weiß, schwarz oder bronzen war. Seit diesem nebligen Tag in England hatte Norman Wachter rund um den Globus 23 Menschen getötet, immer Männer, mit einer einzigen Ausnahme. Ein paar Monate zuvor hatte er eine mexikanische Drogenbaronin während eines Kuraufenthalts in der Schweiz exekutiert, und zwar so, dass nie jemand auf die Idee gekommen wäre, dass die als brutal und jähzornig verschriene Dame nicht eines natürlichen Todes gestorben wäre.

Seine Leistungen und sein professionelles Vorgehen hatten sich in der Branche herumgesprochen, und so kam es, dass immer neue Auftraggeber an Watzke herantraten, um sich Wachters Dienste zu sichern. Unter denen war auch Manfred Eisenberg gewesen, den der ehemalige KSK-Soldat im Sommer 2011 persönlich kennengelernt hatte, nachdem Watzke nach einem Schlaganfall im Koma lag und er seine Aufträge von nun an selbst akquirieren musste, was ihm jedoch auf Grund seiner Reputation nicht sonderlich schwerfiel.

Ein paar Sekunden, nachdem die beiden Männer seinen Mietwagen passiert hatten, war Eisenbergs Mercedes am Anfang der Seitenstraße aufgetaucht und kurz darauf in der Doppelgarage verschwunden, gefolgt von den beiden Unbekannten, die offenbar etwas mit ihm zu besprechen hatten. Wachter sah noch einmal in den Rückspiegel, um erneut einen Blick auf den japanischen Kombi zu werfen.

Keine besondere Antenne, keine anderen Auffälligkeiten. Nein, das sind keine Bullen!

Noch ein Blick in den Außenspiegel.

Vielleicht Privatermittler, aber ganz sicher keine Polizisten.

Es vergingen etwa vier Minuten, während denen er nur abwechselnd den einen oder anderen Rücken der Männer sehen konnte, die am Eingang der Doppelgarage standen und sich, so zumindest seine Vermutung, mit Eisenberg unterhielten. Dann fuhr unvermittelt das Tor nach unten, und die beiden mussten sich jeweils mit einem schnellen Schritt aus der Gefahrenzone bringen.

Wahrscheinlich gibt es eine ganz harmlose Erklärung für diesen Auftritt, vermutete der Mann im Passat gut gelaunt, während die Besucher langsam auf ihren Wagen zugingen.

Dann jedoch veränderte sich die Situation schlagartig. Der Jüngere fixierte ein paar Augenblicke lang seinen Wagen, wechselte einige Worte mit seinem Kumpel und kam dann mit schnellen Schritten auf ihn zu. Der andere folgte ihm, so sah es zumindest aus, widerwillig und mit ein wenig Abstand.

Lasst es sein, Jungs!

Die in Frankfurt erbeutete Glock mit dem Schalldämpfer lag im Handschuhfach, seine eigene Waffe, eine Heckler&Koch P8 Combat befand sich, vor neugierigen Blicken geschützt durch ein helles Stofftuch und schnell erreichbar, im Ablagefach der Fahrertür. Wachter tat noch immer, als würde er einfach lesen, doch alle seine Sinne waren in höchstem Alarmzustand.

Drei Meter, zwei Meter, ein Meter. Ein Klopfen an der Scheibe.

30

Thilo Hain sah, dass sich die Zeitung senkte und das braun gebrannte Gesicht eines etwa 35- bis 40-jährigen Mannes dahinter auftauchte, der allein im Wagen saß, in dem außer einer ungewöhnlich großen zitronengelben Reisetasche auf dem Rücksitz nichts Auffälliges zu sehen war. Der Polizist machte mit dem Zeigefinger der rechten Hand eine kreisende Bewegung, die dem Fahrer des Passats verdeutlichen sollte, dass er die Seitenscheibe öffnen solle. Dessen Arm fuhr nach links, worauf ein Surren einsetzte, und das Glas nach unten fuhr.

»Guten Tag«, begann Hain freundlich, griff in die Innentasche seines Sakkos und hielt seinen Dienstausweis hoch. »Allgemeine Verkehrskontrolle. Kann ich bitte Ihren Führerschein und die Fahrzeugpapiere se …«

Der junge Polizist stockte, griff nach hinten, um an seine Waffe zu gelangen, doch dazu kam es nicht mehr, denn noch in der Bewegung erstarrte er, weil er in das große, schwarze und bedrohlich wirkende Laufende einer Pistole blickte.

»Machen Sie keinen Scheiß«, forderte er leise und hob dabei die Arme in die Luft.

Lenz, der noch immer hinter ihm herkam, verstand zunächst nicht, was da in etwa vier Meter Entfernung vor sich ging, doch dann hatte er die Situation erfasst und wollte nach seiner Waffe greifen.

»Lassen Sie das, wenn Sie diesen herrlichen Tag überleben wollen«, befahl der Mann durch die offene Seitenscheibe.

Der Hauptkommissar blickte ihm ins Gesicht, hob ebenfalls die Arme, und trat langsam neben seinen Kollegen.

Verdammte Scheiße, dachte er, *das ist der Typ vom Phantombild. Das ist der mutmaßliche Mörder der beiden Banker!*

»Und jetzt nehmen Sie gefälligst die Hände runter, was sollen denn die Leute denken«, forderte der Mann mit der Waffe im Anschlag völlig cool, öffnete dabei die Tür und trat auf die Straße.

»Wenn Sie keinen Unsinn machen, wird keinem ein Haar gekrümmt. Wenn Sie sich nicht an diese Vorgabe halten, könnte es Tote geben, und ich werde heute sicher nicht sterben. Die Entscheidung liegt bei Ihnen.«

Mit schnellen, präzisen Bewegungen entwaffnete er die Kripobeamten, warf die Pistolen durch das offene Seitenfenster in den Passat und griff sich im Anschluss ihre Handschellen. Als Nächstes folgten die Mobiltelefone, die im hohen Bogen auf den Bürgersteig flogen, wo beide in 1000 Stücke zerbarsten. Während der gesamten, mit beeindruckender Geschwindigkeit abgelaufenen Aktion hatte Hain immer auf einen günstigen Moment gewartet, um dem Mann mit einem schnellen Faustschlag oder einer anderen Attacke zusetzen zu können, doch der deckte seinen Körper so geschickt mit der Waffe ab, dass an einen erfolgreich vorgetragenen Angriff nicht zu denken war.

»Wenn Sie jetzt …«, wollte Lenz einen Satz beginnen,

doch eine schnelle, drohende Bewegung mit der Waffe in seine Richtung ließ den Hauptkommissar abbrechen.

»Schon gut.«

»Schön. Ich habe nämlich keine Zeit für Belehrungen.«

Er trat hinter die Kripobeamten.

»Nach vorn, los.«

Die beiden Polizisten sahen sich unschlüssig an, trabten dann jedoch langsam vorwärts. Als sie auf dem Bürgersteig vor ein paar undurchsichtigen, dicht gewachsenen Büschen anhielten, wurden hinter ihnen ihre eigenen Handschellen einsatzbereit gemacht.

Er ist oder war vermutlich einer von uns, dachte Lenz. *Auf jeden Fall weiß er mit Handschellen umzugehen.*

Er spürte eine Berührung am Rücken.

»Arme nach hinten, los!«

Im gleichen Augenblick, in dem der Leiter von K11 seine Arme langsam um die Hüfte herum führte, schien es, als erfasste ein Zucken Hains Körper, doch Lenz schüttelte kurz den Kopf.

»Lass es, bitte«, forderte er leise von seinem Kollegen.

Der Oberkommissar schnaufte kurz durch, während Lenz die Hände zusammengebunden wurden, dann war er selbst an der Reihe. Er musste seine Arme unter denen seines Chefs hindurchschieben, sodass sie nahezu Rücken an Rücken standen. Als die letzte Schelle ratschend eingerastet war, drehte der Mann aus dem Passat sich um und wollte zur Fahrertür gehen, überlegte es sich jedoch offenbar anders, denn er kam wieder auf die Polizisten zu. Ein kurzes Schubsen in Richtung der Büsche, dann ein hässliches, knackendes Geräusch, und Hain sackten die Beine weg. Lenz wollte nach rechts zu seinem Kollegen sehen, doch im gleichen Moment wurde ihm wegen des Schmerzes, der von seinem Genick aus in den gesamten Körper ausstrahlte, brutal schlecht. Und ein paar hundertstel Sekunden später sackte auch er auf den Teer des Bordsteins.

*

»Paul! He, Paul!«

Er hatte keine Ahnung, wie lang er bewusstlos gewesen war, aber als er die Augen öffnete und in Thilo Hains besorgtes Gesicht sah, erfasste ihn ein zutiefst glücklich machendes Gefühl der Erleichterung.

»Mensch, Thilo.«

Erst jetzt nahm der Hauptkommissar die uniformierten Kollegen wahr, von denen sie umgeben waren.

»Der Krankenwagen müsste gleich da sein«, erklärte Hain seinem Boss.

»Und was ist mit dir?«

»Bei mir hat er nicht 100-prozentig getroffen. Ich war, zumindest in meiner Wahrnehmung, nur ein, zwei Minuten ohne Strom im Kopf.«

»Und ich?«

»Könnten schon einige Minuten mehr gewesen sein insgesamt.«

»Ist er weg?«

»Ja. Die Fahndung läuft.«

Lenz setzte sich aufrecht und fasste sich an den Hinterkopf, wo eine große Beule zu ertasten war.

»Scheint gar nicht so schlimm zu sein, wie es sich zuerst angefühlt hat.«

Er versuchte aufzustehen, was ihm allerdings nur mit der Hilfe seines Kollegen gelang.

»Boah, hab ich Wackelbeine.«

»Dann bleib halt sitzen.«

Erst jetzt nahm Lenz die Sirenen wahr, die überall in der Stadt zu hören waren.

»Er hat keine Chance«, erklärte Hain. »Alle Ausfallstraßen sind dicht, nicht mal eine Maus könnte die Stadt verlassen.«

»Er scheint ein Profi zu sein, vergiss das nicht.«

»Profi hin oder her, das ist mir scheißegal. Spätestens heute Abend will ich dieser Arschgeige in einem unserer Verhörräume gegenübersitzen.«

»Die Kollegen wissen, dass er bis an die Zähne bewaffnet ist?«

»Klar.«

Lenz sah sich um.

»Hast du sie eigentlich verständigt?«

»Nein, das war ein Junge, der hinten im letzten Haus an der Ecke wohnt und von der Schule nach Hause wollte. Ich war zwar schon wieder bei mir, konnte mich aber wegen der blöd verknoteten Handschellen schlecht bewegen. Der Knirps hat dann zuerst die Kollegen angerufen und mir dann meine Handschellenschlüssel aus der Hosentasche geholt und die Dinger aufgeschlossen.«

Der Oberkommissar machte ein mitleidiges Gesicht.

»Du hast ja an mir gehangen wie ein nasser Sack. Und wach werden wolltest du auch nicht.«

»He, immerhin hat er mir viel fester auf die Rübe gehauen als dir.«

»Ja, schon klar.«

Lenz hob den Kopf und sah hinüber zu Eisenbergs Grundstück, wo der Hausherr auf der Terrasse stand und völlig emotionslos die sich ihm bietende Szenerie beobachtete.

»Und jetzt gehen wir rüber zu diesem feinen Herrn und nehmen ihn fest. Den Grund dafür überlegen wir uns später, aber dem will *ich* möglichst schnell in einem Verhörraum gegenübersitzen.«

»Der läuft uns nicht weg, Paul. Zuallererst müssen wir jedoch das Phantombild ein wenig korrigieren, weil das, was dieser Schwarzfahrerjunge da angegeben hat, zwar schon recht zutreffend war, aber ein wenig Arbeit im Detail schon noch vonnöten ist. Und, um auf deine Idee mit der Festnahme zurückzukommen, glaube ich nicht, dass wir diesen Eisenberg wirklich erschrecken können damit. Der wird sich hinsetzen, schweigen und nach seinem Anwalt rufen. Denk halt einfach noch mal darüber nach, ob wir so etwas heute wirklich brauchen.«

Lenz tastete erneut über die Beule an seinem Hinterkopf.

»Hast du auch so ein Horn wie ich?«, wollte er wissen.

»Nein«, erwiderte Hain seelenruhig, »mich hat er deiner Meinung nach ja nur gestreichelt, wie sollte ich also zu einer Beule gekommen sein?«

»Blödmann.«

Der Hauptkommissar blickte erneut hinüber zu dem Mann auf der Terrasse, der noch immer in der gleichen Haltung dastand.

»Wenigstens fragen, ob er etwas gesehen hat, könnten wir ihn. Und ob er sich vorstellen kann, dass der Typ hier auf ihn gewartet hat.«

»Das hätte was«, stimmte Hain seinem Boss zu, »allerdings sollten wir auf den Arzt warten, damit er dir erklären kann, dass du dich mit dieser fiesen Gehirnerschütterung, die er dir verpasst hat, besser gleich ins Bett legen solltest.«

»Quatsch, ich hab keine Gehirnerschütterung. Mir ist weder schlecht, noch habe ich irgendwelche Aussetzer. Ich kann mich an jedes Detail erinnern, bevor er zugeschlagen hat.«

»Wie du meinst.«

Manfred Eisenberg ließ die beiden Polizisten mehr als eine Minute warten, bis er endlich an der Tür auftauchte.

»Gibt es noch etwas?«, fragte er ohne irgendeine Begrüßungsformel.

»Ja, durchaus«, erwiderte Lenz spitz. »Wir würden gern von Ihnen erfahren, warum der Mann, nach dem wir im Zusammenhang mit dem Mord an zwei Bankangestellten suchen, sich vor Ihrem Haus herumdrückt.«

Eisenberg sah ihn erstaunt an.

»Wenn ich die Situation richtig deute, hat der Mann, von dem Sie sprechen, sich keinesfalls *vor meinem Haus* herumgedrückt. Er war, ganz im Gegenteil, ziemlich weit weg von meinem Haus. Also, was soll diese Unterstellung?«

Hain holte erneut das Phantombild aus der Jacke und hielt es Eisenberg unter die Nase.

»Sie wollen uns also wirklich weismachen, dass Sie diesen Mann nicht kennen?«

»Wenn ich mich recht erinnere, hatten wir das doch vorhin schon. Aber bitte, auch auf mehrmaliges Nachfragen Ihrerseits kenne ich diesen Herrn nicht. Ich habe ihn nie in meinem Leben gesehen.«

Hinter dem Rücken der Kommissare ertönte das typische Stakkato von Stöckelschuhen.

»Was ist denn hier los, Papa?«, wollte gleichzeitig eine etwa 35-jährige Frau wissen, die mit schnellen Schritten auf den Hauseingang zukam. »Mir wurde verboten, in die Straße einzufahren. Ist mit euch alles in Ordnung?«

»Ja, Bianca, es ist alles in Ordnung. Hier hat sich offenbar etwas Ungesetzliches ereignet, was es genau war, kann ich dir allerdings nicht sagen, weil ich es nicht gesehen habe.«

»Mit Louise ist auch alles okay?«

»Ja, sie ist hinten im Garten.«

Die Frau warf Lenz und Hain einen missbilligenden Blick zu.

»Und was wollen Sie konkret von meinem Vater, wenn er nichts gesehen hat?«

Hain hielt seinen Ausweis hoch und ging einen Schritt auf Eisenbergs Tochter zu.

»Dürfte ich zunächst erfahren, mit wem wir das Vergnügen haben?«

»Mein Name ist Bianca Gieger.«

»Gieger?«, echote der Polizist überrascht.

»Ja, Gieger. Was ist daran so merkwürdig?«

»Verwandt oder verschwägert mit Rudolph Gieger, dem Boss der Nordhessenbank?«

»Das ist mein Schwiegervater.«

»Aha.«

Manfred Eisenberg warf seiner Tochter einen strengen Blick zu.

»Bianca, lass uns hinein …«

Weiter kam er nicht, denn in diesem Augenblick wurde hinter ihm Kindergeschrei laut, und die kleine Louise Gieger stürmte, gefolgt von ihrer Oma, auf ihre Mutter zu.

»Mama, da bist du ja endlich. Wir haben schon auf dich gewartet.«

Damit sprang sie ihrer Mutter an den Hals, die fast nach hinten umgefallen wäre.

»Louise!«

»Hast du die ganzen Polizeiautos gesehen?«, wollte das Kind wissen. »Und weißt du, warum die hier sind?«

»Nein, das weiß ich nicht. Und jetzt gehen wir rein, ich habe nämlich seit heute Morgen noch nichts gegessen und hoffe, dass ihr mir etwas vom Mittagessen übriggelassen habt.«

»Nein, wir haben alles aufgegessen«, strahlte das Mädchen ihre Mutter an in der Hoffnung, ihr Flunkern würde zunächst nicht aufgedeckt.

»Na, du schummelst doch nicht etwa, oder?«, spielte die junge Frau Gieger das Spiel tatsächlich mit.

Währenddessen war Hain auf Eisenbergs Frau zugetreten, hatte sich kurz vorgestellt und das Phantombild hochgehalten.

»Haben Sie diesen Mann schon mal gesehen, Frau Eisenberg?«

Sie warf einen kurzen Blick auf das Gesicht und schüttelte schnell den Kopf.

»Nein, tut mir leid.«

Der Oberkommissar ließ nicht locker.

»Sind Sie ganz sicher?«

»Ja, das bin ich.«

Die kleine Louise hatte den Kopf gedreht und neugierig auf die weiße Rückseite des Blattes in der Hand des Polizisten geschaut. Nun sprang sie vom Arm ihrer Mutter und steuerte wieder ihre Oma an.

»Was hat der Mann da?«, wollte sie ohne jegliche Schüchternheit wissen.

»Nichts«, warf Manfred Eisenberg von der Seite ein. »Zumindest nichts, was eine junge Dame wie dich angeht. Und jetzt komm rein, die Männer müssen sowieso gehen.«

»Warum will er wissen, ob Oma einen Mann kennt?«, fragte sie, ohne auf seine Intervention einzugehen.

Hain drehte sich um, ging in die Knie und lächelte sie an.

»Wir suchen nach jemandem, doch ich bin mir sicher, dass du uns da leider nicht helfen kannst. Damit dir aber der Tag nicht verdorben ist, darfst du auch einen Blick auf das Bild werfen.«

Sorgfältig faltete er das Blatt wieder auseinander und hielt es ihr hin. Sie warf einen kurzen Blick darauf und lachte zuerst ihre Großmutter und dann ihn an.

»Natürlich kann die Oma den Mann nicht kennen. Die war ja gar nicht dabei, als der Opa sich letztes Jahr mit ihm im Park getroffen hat. Aber ich, ich war dabei.«

31

»Wie können Sie es wagen, die Aussage einer Achtjährigen zur Basis Ihres Handelns zu machen?«, tobte Manfred Eisenberg, während Lenz ihm dieselben Handschellen anlegte, mit denen er eine knappe Stunde vorher selbst gefesselt worden war.

»Weil diese Aussage nur das Bild vervollständigt, das wir ohnehin schon hatten. Wir sind der festen Überzeugung, dass es zwischen Ihnen und dem Mann, der unten im Wagen gesessen hat, eine wie auch immer geartete Verbindung gibt. Und bisher haben Sie wirklich nichts getan, um uns vom Gegenteil zu überzeugen.«

Der Kommissar zog die Schultern hoch.

»Und weil wir der Meinung sind, dass wir erstens recht haben und sich zweitens an Ihrer Haltung nichts ändert, nehmen wir Sie nun wegen des dringenden Verdachts der Beteiligung am Tod der beiden Bankmitarbeiter Specht und Yildirim fest.«

Er klärte den wütenden Eisenberg über seine Rechte auf.

»Das können Sie sich alles schenken, weil ich nun schon seit mehr als einer halben Stunde versuche, Ihnen zu erklären, dass Louise sich irrt. Ich habe mich in ihrem Beisein mit einem Mann getroffen, allerdings mit einem ganz anderen.«

Der Weißhaarige schloss für ein paar Sekunden die Augen und schüttelte dabei mehrmals den gesenkten Kopf.

»Es mag sein, dass mein Geschäftspartner diesem Herrn ganz entfernt ähnlich sieht, aber es handelt sich bei ihm um einen wirklich honorigen Geschäftsmann.«

»Dessen Identität Sie allerdings nicht preisgeben wollen?«

»Ich kann es nicht«, rief Eisenberg laut. »Ich kann es einfach nicht.«

»Dann bleibt uns leider nichts anderes übrig, als Sie vorläufig festzunehmen. Kommen Sie bitte.«

»Das wird Ihnen noch leidtun, das versichere ich Ihnen.«

»Tja, wenn dem so sein sollte, werden Sie es als Erster erfahren. Einverstanden?«

Er wandte sich an die zwei Uniformierten, die an der Tür Posten bezogen hatten.

»Bringt ihn aufs Präsidium. Wenn es irgendwelchen Ärger geben sollte, meldet euch bitte sofort bei mir.«

»Wird gemacht.«

»So richtig viel weiter hilft uns die Aussage der Kleinen auch nicht, obwohl sie natürlich recht interessant ist«, stellte Hain fest, nachdem die beiden Kommissare das Haus verlassen hatten. Im Inneren waren die weinende Ehefrau, die Zeter und Mordio schreiende Tochter und das den Polizisten verstört nachblickende Enkelkind zurückgeblieben.

»Ich hab einen fetten Brummschädel«, sinnierte Lenz, ohne auf den Gedankengang seines Kollegen einzugehen.

»Sag ich doch, dass du eine Gehirnerschütterung hast.«

»Und ich sag immer noch, dass du damit auf dem Holzweg …«

Der Hauptkommissar stockte und sah erstaunt zu einem der uniformierten Kollegen, der sich mit einem Mobiltelefon in der Hand näherte.

»Für Sie, Herr Kommissar«, ließ der Streifenpolizist den Kripobeamten wissen, der mit gerunzelter Stirn nach dem Gerät griff.

»Ja, Lenz.«

»Ich bin's, RW. Stimmt es, was ich gehört habe?«

»Was weiß ich, was du gehört hast.«

»Dass der Kleine und du was auf den Schädel gekriegt habt und eure Telefone sich in ihre Bestandteile aufgelöst haben.«

»Das ist soweit richtig, ja.«

»Und, wie geht es euch damit?«

»Ich hab mächtig Schädelweh, bei Thilo sieht es besser aus; der Drecksack, der dafür verantwortlich ist, hat sich wohl bei ihm nicht getraut, so richtig zuzulangen.«

Er wich Hains finsterem Blick durch eine Drehung nach rechts aus.

»Und wie steht es bei der Fahndung nach ihm?«

»Bis jetzt nichts Neues. Alles, was laufen kann, ist an der Suche beteiligt, aber bislang ohne Erfolg.«

»Ich verstehe das nicht, RW. Der Kerl kann höchstens vier, fünf Minuten Vorsprung gehabt haben.«

»In dieser Zeit könnte er schon auf der Autobahn gewesen sein. Wir haben zwar die Kollegen in Nordrhein-Westfalen sofort gebeten, uns zu unterstützen, aber du weißt ja selbst, dass so etwas nicht innerhalb von Sekunden umzusetzen ist.«

»Bleib auf jeden Fall dran, RW. Wir sprechen hier mit an Sicherheit grenzender Wahrscheinlichkeit vom Mörder der beiden Banker.«

»Ich weiß.«

»Und das ist alles, was du wolltest? Oder gibt es sonst noch etwas?«

»Ja, klar«, erwiderte Gecks. »Ich habe herausgefunden, wo sich Rudolph Giegers erste Frau aufhält.«

Lenz schnalzte mit der Zunge.

»Du bist mein Held, RW. Wo steckt sie?«

»In einem Pflegeheim in Lohfelden.«

Gecks gab seinem Boss die Adresse durch.

»Und wie bist du da nun wieder so schnell draufgekommen, RW?«

»Ach, als ich erst einmal ihren Vornamen wusste, der übrigens Margot ist, war das gar nicht mehr so schwer. Über die Krankenkasse hat es noch nicht geklappt, aber bei der Pflegeversicherung bin ich dann fündig geworden.«

»Cleveres Kerlchen.«

»Stimmt. Aber was willst du eigentlich von der Frau? Meinst du, sie erinnert sich an Dinge, die wichtig für uns sein könnten?«

Lenz dachte einen Moment nach.

»Ich habe, offen gesagt, nicht die geringste Ahnung, ob sie uns in irgendeiner Form helfen kann oder könnte. Aber irgendetwas sagt mir, dass der Versuch, mit ihr zu reden, interessant sein könnte.«

»Na, wenn du diese Eingebung hast, dann geh ihr von mir aus nach; obwohl ich denke, dass es im Augenblick wichtigere Dinge zu tun gäbe.«

»Das mag wohl sein, aber es wird nicht länger als maximal eine Stunde dauern. Vielleicht ist sie ja auch in einem Zustand, der uns gleich wieder umdrehen lässt.«

Es dauerte mehr als eine Stunde, bis Lenz und Hain überhaupt die Stadtgrenze erreicht hatten. An jeder Straßenecke standen Polizeiwagen, und vor jeder Kreuzung sahen schwer bewaffnete Polizisten mit schusshemmenden Westen über den kurzärmeligen Hemden in die künstlich verlangsamten Autos. Nach einer kurzen Fahrt durch die Innenstadt und dem Abbiegen in eine Reihenhaussiedlung kamen sie an einem modernen Zweckbau an, wo jedoch kein Schild darauf hinwies, dass es sich dabei um ein Pflegeheim oder etwas Ähnliches handelte. Lediglich die doppelflügelige Eingangstür und die uniforme Ausgestaltung der Fenster ließen vermuten, dass sich hinter den Mauern keine normale Wohnanlage verbarg. Hain parkte den Kombi direkt vor dem Eingang und stellte den Motor ab.

»Willst du das nicht allein machen?«, jammerte er. »Ich fühle mich im Moment gar nicht nach Siechtum und nahem Tod.«

»Nichts da, du kommst mit.«

»Aber die Idee, der Frau einen Besuch abzustatten, ist letztlich allein auf deinem Mist gewachsen. Also solltest du auch allein …«

Der Oberkommissar brach ab, öffnete die Tür und stieg aus.

»Hat ja eh alles keinen Zweck«, murmelte er resignierend.

Im Inneren des Gebäudes roch es nach Desinfektionsmitteln und warmgehaltenem Essen. Da niemand zu sehen war, gingen die beiden Polizisten durch die nächste Glastür und folgten einem langen Flur, an dessen Ende Stimmen zu hören waren. Als sie um die Ecke bogen, drehten zwei in weißen Jacken und Hosen steckende Frauen, die vor einem halben Dutzend alter Männer und Frauen standen, interessiert die Köpfe. Die alten Menschen würdigten die Besucher keines Blickes.

»Ja, was können wir für Sie tun?«, fragte die linke, deutlich kräftiger als ihre Kollegin wirkende, Bedienstete argwöhnisch.

»Wir würden gern mit Frau Gieger sprechen«, eröffnete Hain ihr freundlich. »Margot Gieger.«

»Mit Frau Gieger?«

Sie und die andere Frau in Weiß tauschten einen raschen Blick.

»Das ist ja mal was ganz Neues. Die hat, seit sie hier ist, nicht ein Mal Besuch gehabt, glaube ich.«

Die andere nickte.

»Und warum wollen Sie ausgerechnet Frau Gieger sprechen?«

Die beiden Polizisten hielten ihre Dienstausweise hoch.

»Das ist nichts für die große Glocke. Wir hätten einfach ein paar Fragen an sie, es dauert sicher auch gar nicht sehr lang.«

Wieder ein schneller Blickkontakt zwischen den beiden Frauen.

»Vielleicht«, gab die andere nun zurück, »wissen Sie nicht, in welchem Zustand Frau Gieger sich befindet. Das ist nicht so einfach, wie Sie sich das vielleicht denken.«

»Warum ist das denn nicht so einfach, wie wir uns das denken?«

»Frau Gieger ist sehr, sehr krank und …«

Ihr Blick flog fragend zu ihrer Kollegin, die zustimmend nickte.

»Irgendwie auch ziemlich verstockt. Die meiste Zeit des Tages will sie nicht angesprochen werden, und wenn sie es dann zulässt, dann kommt da nicht viel Sinnvolles bei raus, auch, weil sie an schwerer Diabetes leidet. Außerdem ist sie seit ganz vielen Jahren querschnittgelähmt.«

»Aber theoretisch ist es möglich, mit ihr zu reden?«

»Ich wüsste nicht, was dagegen spräche. Aber rechnen Sie nicht mit viel, da ist nämlich, wie gesagt, nicht mehr viel Segen drin.«

»Schon klar. Wo finden wir sie?«

Die Kräftige setzte sich in Bewegung.

»Ich bring Sie hin, kommen Sie.«

Margot Gieger lag in einem, wie es aussah, speziell auf ihre Bedürfnisse abgestimmten Krankenbett, das in einem fast völlig abgedunkelten, sehr kleinen Raum stand. Es gab weder einen Nachttisch noch irgendeine Form von Schrank oder Spind. Einziges weiteres Möbelstück war ein kleiner, rechteckiger Tisch, der am Fußende des Bettes stand, und auf dem ein paar Papiere und eine Flasche mit Desinfektionsmittel lagen. Neben ihrem Kopfkissen stand ein leise surrendes medizinisches Gerät, von dem aus mehrere Schläuche und Drähte unter die Bettdecke führten.

Die ehemalige Frau des Bankdirektors lag mit geschlossenen Augen auf dem Rücken und zeigte keinerlei Reaktion, als die beiden Polizisten und die Schwester das Zimmer betraten.

»Wie gesagt, sie ist die meiste Zeit des Tages geistig abwesend.«

Lenz trat neben das Bett und beugte sich nach vorn.

»Hallo, Frau Gieger, können Sie mich hören?«

Keine Antwort.

Der Hauptkommissar unternahm nach einer kurzen Pause einen weiteren Versuch.

»Hallo, Frau Gieger. Wir kommen von der Polizei und würden Ihnen gern ein paar Fragen zu Ihrem geschiedenen Mann und Ihrem … Unfall von damals stellen.«

Die Geschwindigkeit, mit der die alte Frau schlagartig die Augen aufriss, ließ Lenz kurz zurückzucken.

»Guten Tag, Frau Gieger«, sagte er schließlich mit belegter Stimme, weil nach dem Aufreißen der Augen keine weitere Regung folgte und sie einfach in seine Richtung starrte. »Können Sie mich hören?«

Ein leichtes Nicken.

Lenz drehte sich um und sah die Schwester an.

»Können wir ein wenig mehr Licht hereinlassen? Das ist ja furchtbar, diese Dunkelheit.«

Sie zuckte als Antwort mit den Schultern, ging zum Fenster und zog den Rollladen ein wenig höher, sodass deutlich mehr Helligkeit in den Raum strömte.

»Ich kenne Sie nicht«, flüsterte Margot Gieger, deren ockergelbe, ungesunde Hautfarbe den Kommissar zutiefst erschreckte. »Haben Sie mich schon einmal besucht?«

»Nein, Frau Gieger, ich war noch nie bei Ihnen zu Besuch. Mein Name ist Lenz, und ich komme von der Kasseler Polizei.«

Sie nickte erneut.

»Das sagten Sie bereits«, stellte sie mit kaum wahrnehmbarer Stimme fest. »Aber was will die Polizei von mir?«

»Mein Kollege und ich wollen Ihnen, wie gesagt, ein paar Fragen zu Ihrem geschiedenen Mann stellen, Rudolph Gieger. Erinnern Sie sich an ihn?«

Margot Gieger drehte langsam und mit großer Mühe ihren Kopf und warf dem Polizisten einen tadelnden Blick zu.

»Was fällt Ihnen ein, mein Gedächtnis infrage zu stellen?«

Lenz setzte ein möglichst entschuldigendes Gesicht auf und legte dabei die Stirn in Falten.

»Nun ja, das liegt mittlerweile so viele Jahre zurück«, erwiderte er kleinlaut.

»37 Jahre, vier Monate und ein paar Tage, um exakt zu sein.«

»Das wissen Sie so genau?«

»So genau, als sei es gestern gewesen, ja.«

»Und wollen Sie mir erzählen, was sich damals ereignet hat?«

Sie richtete den Kopf wieder geradeaus.

»Ich habe nicht mehr viel Zeit, das weiß ich, aber wenn ich jetzt mit Ihnen über die Ereignisse von damals rede, könnte es noch ein wenig schneller zu Ende sein.«

»Wie meinen Sie das?«

Die Frau sah erneut in Richtung des Polizisten.

»Können wir das unter vier Augen besprechen?«

»Meinen Kollegen würde ich gern dabei haben, wenn Ihnen das nichts ausmacht.«

»Nein, das macht mir nichts aus.«

Lenz warf der Schwester einen auffordernden Blick zu, die nach einer kurzen Denkpause lustlos und eher widerwillig das Zimmer verließ.

»Ist sie weg?«, wollte Margot Gieger wissen, nachdem sich die Tür hinter der Pflegerin geschlossen hatte.

»Ja, wir sind jetzt unter uns«, bestätigte der Hauptkommissar.

»Ich muss das fragen«, erklärte sie matt und kaum hörbar, »weil ich als Folge meiner starken Diabetes kaum noch etwas sehen kann.«

»Das tut mir leid.«

»Ach, lassen Sie mal. Wenn Sie fast 40 Jahre im Bett liegen müssen, weil Ihnen die Beine und die meisten Funktionen der Arme abhandengekommen sind, macht Sie der Verlust der Sehkraft auch nicht mehr sonderlich unglücklich. Es ist einfach ein weiterer Mosaikstein auf dem Weg in den Tod, nicht mehr und nicht weniger.«

Die klare Art, wie sie trotz ihrer Flüsterstimme die Worte aussprach, schnürte Lenz für ein paar Sekunden die Kehle zu.

»Und jetzt ist wohl der Zeitpunkt gekommen, um reinen Tisch zu machen, wie man sagt«, fuhr sie fort.

»Wenn Sie das möchten, hören wir Ihnen gern dabei zu.«

»Sagen Sie mir zuerst, ob mein Exmann noch lebt?«

»Ja, er lebt noch.«

Über das Gesicht der Frau im Bett huschte so etwas wie die Andeutung eines Lächelns.

»Ja, das stand zu erwarten. Die Giegers waren schon immer mit einem langen Leben gesegnet. Oder dazu verflucht wie ich.«

Ihre Züge wurden wieder hart.

»Ich habe damals wirklich keinen anderen Ausweg gesehen, als mein Leben zu beenden. Sechs Jahre hatte ich es in diesem goldenen Käfig ausgehalten, habe alle Schmähungen und Beleidigungen über mich ergehen lassen, die von Seiten seiner Eltern und Großeltern kamen, weil es mit einem Kind nichts geworden ist, bis ich einfach nicht mehr konnte und aus dem Fenster gesprungen bin. Und Sie können mir glauben, dass mir dieser letzte Schritt, trotz aller Leiden, die ich durchlebt hatte, nicht leichtgefallen ist.«

Sie schluckte krampfhaft.

»Wir wissen«, bemerkte Lenz leise, »dass Sie damals versucht haben, sich das Leben zu nehmen, Frau Gieger. Und es steht uns nicht an, über Ihre Beweggründe zu urteilen.«

»Wenn Sie sich vorstellen könnten, wie verzweifelt ich damals war, würden Sie mich vermutlich verstehen. Und es ist seitdem kein Tag in meinem tristen Leben vergangen, an dem ich mich nicht dafür verflucht habe, nicht noch das eine Stockwerk höher gegangen zu sein. Dann wären mir vermutlich die ganzen Jahre als Pflegefall erspart geblieben, die ich in verschiedenen Heimen erleben durfte.«

»Sie waren seitdem nie wieder zu Hause?«

»Ich hatte mit meiner Entscheidung, aus dem Leben scheiden zu wollen, mein Zuhause verlassen. Aufgegeben. So sah es zumindest die Familie Gieger.«

Die alte Frau presste die Lippen zusammen.

»Die Scheidung ging sehr schnell. Kaum ein halbes Jahr danach war ich geschieden.«

»Ein halbes Jahr? Geht das denn?«

»Vergessen Sie nicht, dass es zu dieser Zeit noch ein anderes Scheidungsrecht gab. Man wurde entweder schuldig oder nicht schuldig geschieden, das Zerrüttungsprinzip kam erst ein paar Jahre später. Ich hatte zu wählen zwischen schneller Scheidung in gegenseitigem Einvernehmen und guter Pflege, oder einem Rosenkrieg und der Aussicht, für den Rest meines elenden Dahinvegetierens mittellos dazustehen. Wie ich mich entschieden habe, können Sie an meiner heutigen Lage leicht erkennen.«

»Die Giegers zahlen immer noch für Ihre Pflege?«

»Jeden Monat, ja. Seit ein paar Jahren gibt es zwar diese sogenannte Pflegeversicherung, die etwas beisteuert, aber das deckt beileibe nicht die Kosten. Nein, was das angeht, konnte ich mich immer auf die Familie Gieger verlassen.«

»Und das haben Sie sich dadurch erkaufen müssen, dass Sie in die schnelle Scheidung eingewilligt haben?«

»Schnelle Scheidung, Verzicht auf jeglichen Vermögensvorteil und eine Schweigeverpflichtung.«

Lenz wartete ein paar Sekunden, bevor er seine nächste Frage stellte.

»Über was müssen Sie denn schweigen, Frau Gieger?«

»Über alles, was ich jemals im Zusammenhang mit der Familie erlebt und zur Kenntnis bekommen habe. Über all die krummen Geschäfte, die sie abgewickelt haben, muss ich schweigen, und über all die gesellschaftlichen Verwerfungen, die mir zu Ohren gekommen sind.«

»Aber das ist doch alles längst verjährt«, gab Lenz zu bedenken. »Und für die ganzen anderen Dinge dürfte sich heute wirklich niemand mehr interessieren. Was für uns allerdings von Bedeutung wäre, sind die genaueren Umstände dieser mysteriösen Entführung ihres Exmannes.«

In ihrem erstaunlich faltenlosen Gesicht machte sich erneut so etwas wie Erheiterung breit.

»Ach, diese Räuberpistole«, hauchte sie. »Da war doch nie auch nur einen Funken Wahrheit dran.«

»Sie meinen, Ihr damaliger Mann ist gar nicht das Opfer einer Entführung gewesen?«

»Entführt war er wohl schon, nur ob er ein Opfer war, das wage ich mal sehr zu bezweifeln.«

»Die ganze Sache war fingiert?«, fragte Lenz erstaunt, dem mittlerweile der Schweiß in Strömen über den Körper lief, und der von einem Bein auf das andere trat.

»Was heißt schon fingiert? Ich weiß, dass Rudolph sich nach seiner Heimkehr öfter mit dem Mann getroffen hat, den man landläufig als seinen Entführer bezeichnen würde, auch bei uns im Haus, und das macht man doch nicht, wenn an der Sache nicht irgendetwas faul ist, oder?«

Dem Hauptkommissar lief trotz der Hitze in dem Raum ein kalter Schauer über den Rücken.

»Rudolph Gieger hat sich … Woher glauben Sie zu wissen, dass es sich bei dem Mann, den er getroffen hat, um seinen Entführer handelte?«

»Ich habe das eine oder andere Gespräch zwischen ihnen belauscht. Und einmal habe ich gehört, wie mein damaliger Mann ihm erklärt hat, dass wirklich nicht nach ihm gesucht werden würde, weil er selbst bei den Behörden dafür gesorgt habe.«

Lenz brauchte ein paar Augenblicke, um die Brisanz ihrer Aussagen zu begreifen.

»Aber es wurde doch ein Lösegeld bezahlt, oder?«

»Davon weiß ich leider gar nichts, weil ich, nachdem ich die Polizei über die Entführung informiert hatte, in das Ferienhaus der Familie Gieger im Tessin geschickt wurde.«

Sie machte eine kurze Pause.

»Verjagt würde es besser treffen, glaube ich.«

»Und als Sie nach Kassel zurückkehrten, war Ihr Mann zu Hause und alles wieder im Lot?«

Wieder brauchte die alte Frau eine Pause, diesmal eine längere. Offenbar wurde die Befragung zur Belastungsprobe für sie.

»Genau so, ja«, kam schließlich als Antwort. »Es wurde kurz betont, dass über nichts gesprochen werden dürfe, und man ging zur Tagesordnung über.«

Ein paar schwere Atemzüge.

»Irgendwann in dieser Zeit bekam ich das Ergebnis einer Fruchtbarkeitsuntersuchung, allerdings leider nach der Familie Gieger. Damit war dann klar, dass es an mir lag, dass kein Stammhalter geboren wurde, und so erging es mir in den Wochen bis zu meinem Selbstmordversuch auch. Ich war zur Persona non grata geworden, wurde gemieden und geschnitten, besonders von meinem Ehemann. Und irgendwann habe ich diesen Zustand einfach nicht mehr ausgehalten.«

Lenz stiegen ob ihrer Erzählung die Tränen in die Augen.

»Und wie ging es weiter, nachdem Sie im Krankenhaus wach geworden waren?«

»Das hat schon ein paar Wochen gedauert, bis ich aus dem Koma erwacht bin.«

Margot Gieger rechnete kurz nach, wobei sich ihre Augenlider ein paar Mal hoben und senkten.

»Elf Wochen lag ich ungefähr im Koma, und als ich aufgewacht bin und mir über meinen Zustand klar wurde, gab es nur noch den noch sehnlicheren Wunsch, das Leben endgültig zu beenden; aber versuchen Sie das mal mit so wenig Kraft in den Armen und Händen wie ich. Also habe ich mich in mein Schicksal gefügt und mir mein Leben als Dauerpflegefall so gut es ging eingerichtet. Aber nun merke ich, dass mir so langsam auch die letzte Kraft aus meinem geschundenen Körper entweicht.«

»Können wir irgendetwas für Sie tun, Frau Gieger?«

Die Frau schloss die Augen.

»Das könnten Sie, gewiss, aber diesen letzten Dienst darf ein Polizist noch viel weniger ausführen als ein normaler Mensch. Also gibt es nichts.«

Nun musste Lenz tief durchatmen.

»Dann hätte ich zum Schluss noch eine letzte Frage. Wissen Sie den Namen des Mannes, von dem Sie glauben, dass er Rudolph Gieger zum Schein entführt hat? Und können Sie sich an ihn erinnern?«

»Das kann ich, weil ich nahezu jeden Tag über die Ereignisse von damals nachdenke. In meiner Situation lebt man nicht mehr in der Gegenwart, zumindest ist es bei mir nicht mehr so. Mein Leben spielt sich seit dieser unglücklichen Entscheidung damals nur noch in der Vergangenheit ab.«

Ihr ausgemergelter, schwacher Körper wurde von einem Hustenreiz geschüttelt. Als sie sich wieder halbwegs unter Kontrolle hatte, drehte sie ein letztes Mal den Kopf in Richtung des Polizisten.

»Der Mann, von dem wir die ganze Zeit sprechen, heißt Eisenberg. Manfred Eisenberg.«

32

Norman Wachter hob den Kopf und betrachtete durch seine dunkle Sonnenbrille das Treiben um ihn herum. Die gesamte Liegewiese des Schwimmbads in Wilhelmshöhe war voll mit vergnügt herumtobenden Kindern, lässig ohne Bikinioberteil daliegenden Frauen und ein paar vereinzelten Männern, die vermutlich entweder in Schicht arbeiteten oder deren Sommerurlaub schon begonnen hatte. Im Schwimmbecken sah es aus wie in einem Insektenhaufen, und schon auf dem Weg dorthin lief man Gefahr, von wild umherspringenden Kindern über den Haufen gerannt zu werden. Der ehemalige Elitesoldat lenkte seinen Blick auf den Eingang, wo etwa 20 Minuten zuvor zwei uniformierte Polizisten aufgetaucht waren und ein Bild herumgezeigt hatten. Nach kurzer Rücksprache mit der Kassiererin hatten sie sich jedoch entfernt und waren wieder in ihren Einsatzwagen gestiegen. Dort konnte Wachter sie nun mit geöffneten Scheiben sitzen und schwitzen sehen.

Kaum zu glauben, dass hessische Bullen mit einem japanischen Kombi unterwegs sind, dachte er mit geschlossenen Augen in Erinnerung an die Szene eine knappe Stunde zuvor. In dem Moment, in dem er die beiden Polizisten niedergeschlagen und die Straße verlassen hatte, war ihm klar gewesen, dass er höchstens vier, maximal fünf Minuten Vorsprung haben würde. Dann hätte jeder Polizist in der näheren und weiteren Umgebung seine Beschreibung übermittelt bekommen und würde mit Hochdruck nach ihm suchen. Noch im Fahren hatte er sein T-Shirt ausgezogen und nach der riesigen, unförmigen Reisetasche auf der Rückbank geangelt, in der er seine Utensilien transportierte. Dann war er auf direktem Weg zur nicht weit entfernten Orthopädischen Landesklinik gefahren, hatte den Passat in der hintersten Reihe des dortigen Parkplatzes abgestellt und war mit der Tasche in der Hand durch den Haupteingang des Krankenhauses spaziert. Im zweiten Stock hatte er eine abseits liegende Toilette gefunden, wo er sich die Haare komplett abrasierte und einen großen, weithin sichtbaren Ohrring ansteckte, abgeschnittene, ausgefranste Jeans anzog und ein auffälliges, knallbuntes

Hawaiihemd. So hatte Norman Wachter, der in dieser Aufmachung tatsächlich nicht mehr viel mit dem Mann zu tun hatte, nach dem mit Mann und Maus gefahndet wurde, die Klinik nach genau 17 Minuten durch die gleiche Tür verlassen, durch die er gekommen war.

Die beiden Polizisten saßen noch immer Wache vor dem Ausgang des Schwimmbads, die Nachmittagshitze war nahezu unerträglich, und am Horizont stiegen rasend schnell weiße Wolkenhaufen nach oben, was Wachter mit großer Zufriedenheit beobachtete.

»Aua, ich bin auf eine Wespe getreten, Mami!«, schrie ein paar Sekunden später ein kleiner Junge, dessen Mutter, die ein paar Meter von dem Auftragsmörder entfernt auf dem Rücken liegend in der Sonne döste, hektisch aufsprang. »Bitte mach was, sie hat mich gestochen.«

Der etwa sechs oder sieben Jahre alte Knirps humpelte theatralisch heulend und mit weit schwingenden Armen auf seine Mutter zu, die sich, im Zickzack über ausgebreitete Handtücher und Strandmatten springend, auf ihn zubewegte und ihn als Erstes fest in den Arm nahm.

»Mensch, Tobias, dass so was auch immer dir passieren muss«, ließ sie ihn mit einer Mischung aus Mitleid und Vorwurf wissen, machte sich von ihrem Sprössling frei und kniete sich vor ihm hin.

»Zeig mal, vielleicht ist es ja gar nicht so schlimm, wie du denkst«, meinte sie gütig, um jedoch nach einem kurzen Blick auf die gepeinigte Stelle ihre Meinung gleich wieder zu ändern.

»Oje, du hast recht, sie hat dich wirklich gestochen. Da müssen wir uns einen Fachmann suchen, der den Stachel herausholt. Ich kann das nämlich nicht.«

Das Schluchzen des kleinen Tobias schwoll bei ihren Worten zu einem Heulsturm an.

Wachter, der wie alle in der Nähe Liegenden die Szenerie mit wachsendem Interesse beobachtet hatte, stand auf und trat auf die sich hilflos umschauende Mutter zu.

»Darf ich mal sehen?«, fragte er ausgesucht höflich. »Vielleicht können wir dem kleinen Mann ja helfen, ohne dass es richtig wehtut und er am Ende auch noch zu einem Mann im weißen Kittel muss.«

Die beiden drehten sich um und sahen den kahl rasierten, muskulösen Mann an. Die Frau eher skeptisch, der Junge, der sofort sein Gebrüll eingestellt hatte, mit ebenso großen Augen voller Zuversicht.

»Kennen Sie sich mit so etwas aus?«, wollte die Mutter wissen.

Wachter nickte.

»Lassen Sie uns am besten zu Ihrer Decke gehen, da können wir alles Notwendige erledigen, um Tobias von dem kleinen Übel zu befreien.«

Sie hob den Kopf erneut und sah ihn irritiert an.

»Kennen wir uns?«

»Nein, das nicht. Aber Sie haben ihn eben bei seinem Namen genannt.«

»Ach so, deshalb.«

Die Frau stand auf und nickte ihm zu.

»Es ist sehr nett, dass Sie uns helfen wollen.«

Damit hob sie ihren Sohn auf den Arm und trabte langsam in Richtung ihres Liegeplatzes. Die anderen Schwimmbadbesucher hatten schon mit dem Auftauchen des vermeintlichen Retters und spätestens nach dem Ende der Heulattacke das Interesse an der Situation verloren.

»So, dann leg dich mal auf den Bauch und greif dir die Hand von deiner Mami«, wies Wachter den Jungen an, nachdem er aus seiner Tasche ein kleines Lederetui geholt und sich vor die Decke der beiden gekniet hatte. Der Kleine folgte ihm, ohne zu murren, und keine Minute später war die ganze Aktion auch schon erledigt.

»Jetzt muss ich noch etwas auf die Wunde sprühen, Tobi«, erklärte Wachter dem Jungen zum Abschluss. »Kann sein, dass es ein bisschen brennt, aber das hältst du doch aus, oder?«

Der Junge nickte ergeben, während seine Mutter Wachter einen dankbaren Blick zukommen ließ.

»Deine Freunde nennen dich doch bestimmt Tobi, oder?«, wollte der wissen, nachdem die Prozedur beendet war.

»Ja klar, aber die Mami will das nicht. Sie sagt immer, dass mein Name Tobias ist, und dass es nicht schön ist, den so kurz zu machen. Wie heißt du denn?«

»Das ist ein komischer Zufall, aber ich heiße auch Tobias.«

Der Blick des Mannes, der sein Etui einräumte, traf sich mit dem der Mutter.

»Aber alle meine Freunde nennen mich Tobi, und ich finde das auch gar nicht schlimm.«

»Siehst du, Mami, er findet das gar nicht schlimm, so genannt zu werden«, rief der Junge fröhlich, und es hatte den Anschein, dass der Wespenstich in seinem linken Fuß schon Lichtjahre hinter ihm liegen würde.

Wachter streckte die rechte Hand aus und hielt sie ihm hin.

»Also, hallo Tobias. Ich bin der Tobi.«

»Hallo.«

Der Arm beschrieb einen Kreisbogen und kam bei der hellblonden Frau mit dem Sommersprossengesicht an.

»Für Sie aber gern auch Tobias«, bemerkte er lächelnd.

»Und ich bin Ulla. Ulla Hansen.«

Sie erwiderte sein Lächeln.

»Und ich bedanke mich ganz herzlich für die Hilfe.«

»Dafür nicht. Es war mir eine Freude.«

»Darf ich wieder zu meinen Freunden ans Becken gehen, Mami?«, wollte Tobias wissen, der aufgesprungen war und einen Punkt am Beckenrand fixierte.

Die Frau sah Wachter fragend an, der jedoch nickte.

»Ja, aber geh heute bitte nicht mehr ins Wasser.«

Ihr Blick ging zum Himmel, wo von Westen her eine dunkle Wolkenwand aufgezogen war.

»Und wenn es noch dunkler wird, kommst du gleich zurück, weil wir dann nach Hause fahren.«

»Ja, das mach ich«, rief er und humpelte davon.

»Sind Sie Arzt oder so was?«, wollte sie wissen, nachdem das Kind im Gewühl der Menschen untergetaucht war.

»Nein, das nicht, aber Sanitäter.«

»Sanitäter? Klingt ein bisschen wie Samariter, zumindest für mich heute.«

»Ach, das würde der Sache aber nicht gerecht werden. Ich wollte einfach helfen, weil Sie, verzeihen Sie, ein wenig überfordert auf mich gewirkt haben, als der Kleine da angewackelt kam.«

»Überfordert ist genau der richtige Ausdruck«, gab Frau Hansen zurück, die erneut besorgt zum Himmel schielte.

»Es dauert noch etwa eineinhalb Stunden, bis es losgeht«, wurde sie von dem Glatzkopf mit dem großen Ring im rechten Ohr beruhigt.

»Soso, Meteorologe sind Sie auch noch.«

»Nein, das nicht gerade, aber ich interessiere mich ein wenig für das Wetter und so.«

Damit nickte er und reichte ihr die Hand.

»Ich gehe los und hole mir etwas zu trinken. Darf ich Sie vielleicht zu etwas einladen?«

Die Frau wollte ihrem ersten Impuls folgen und ablehnen, warf ihm dann jedoch einen freundlichen Blick zu und nickte dabei.

»Ja, warum nicht. Eigentlich müsste ich mich bei Ihnen revanchieren, aber ich habe gerade nicht die geringste Lust, mich in diese Menschenmassen zu stürzen. Wenn Sie mich wirklich einladen wollen, nehme ich eine Cola.«

Eine Stunde später saßen Ulla Hansen und ›Tobias‹ noch immer nebeneinander auf ihrer Decke. Die Frau hatte ihm von ihrer kurz zurückliegenden Scheidung und den Belastungen als alleinerziehende Mutter erzählt, Wachter hatte die Legende von einem fitnessaffinen Rettungssanitäter gesponnen, der einen alten Freund in Kassel besucht hatte und einfach mal für ein paar Tage die Seele baumeln lassen wollte.

»Wie ist das so als Rettungssanitäter?«, wollte sie wissen.

»Es ist ein Job wie jeder andere, mit der Ausnahme, dass ich manchmal Menschen sterben sehe. Ansonsten macht er mir viel Spaß, und ich freue mich über jeden und jede, die wir retten können.«

Er blickte in Richtung des Beckens, wobei sein Blick auch den Streifenwagen erfasste, der noch immer mit geöffneten Scheiben vor dem Ausgang des Schwimmbades stand, und in dessen Innenraum weiterhin die Besatzung schwitzend die das Bad verlassenden Besucher auf etwaige Übereinstimmungen mit dem Fahndungsfoto überprüfte.

»Und wenn es nur ein Knirps ist, dem ich einen Stachel aus dem Fuß hole«, setzte er augenzwinkernd hinzu.

Frau Hansen nippte am Rest der mittlerweile lauwarmen Koffeinbrause und sah erneut zum immer dunkler werdenden Himmel.

»Ich hole mal Tobias. Er hat bei Gewitter immer ziemliche Angst, und ich wäre gern zu Hause, bevor es richtig losgeht.«

»Das kann ich verstehen.«

Wachter stand auf und reichte ihr die Hand.

»Es war sehr angenehm, Sie kennengelernt zu haben. Vielleicht sehen …«

Er brach seinen Satz ab, weil sie ein wenig abwehrend die Hand gehoben hatte.

»Tobias hat sich für nach dem Schwimmbad einen Hamburger gewünscht. Wollen Sie uns nicht Gesellschaft leisten? Ich würde mich besser fühlen, wenn ich mich in irgendeiner Form für Ihre Hilfe bedankt hätte.«

»Das ist aber wirklich nicht nötig«, erwiderte er.

»Das weiß ich, und wenn Sie keine Lust oder keine Zeit haben, kann ich das gut verstehen. Aber Sie würden mir damit wirklich eine Freude machen.«

»Dann«, entgegnete er, ohne nachzudenken, »ist es mir auch eine Freude.«

15 Minuten darauf war Tobias, der sich darüber freute, dass ›Tobi‹ sie begleiten würde, umgezogen, alle Utensilien in dem großen Korb verstaut, und die drei machten sich auf den Weg zum Ausgang, wo sich schon viele Besucher drängten, die vor dem Beginn des nahenden Gewitters auf dem Heimweg sein wollten.

»Ich kann nicht mehr laufen, Mami«, ließ Tobias seine Mutter auf etwa der Hälfte der Strecke wissen.

»Und ich werde dich keinen Millimeter tragen«, teilte sie ihm energisch mit. »Wer den ganzen Tag im und am Becken herumtollen kann, der braucht keine Hilfe.«

»Aber der Stich tut jetzt wieder ganz arg weh«, quengelte er.

»Keine Diskussionen, Tobias.«

»Ich will mich ja nicht einmischen«, tat Wachter genau das, »aber ein bisschen kann ich den Tobi schon verstehen. So ein Wespenstich tut auch nach dem Entfernen des Stachels noch ziemlich weh.«

Er drehte sich um und sah den Jungen mit verständnisvollem Gesichtsausdruck an. »Soll ich dich bis zum Ausgang auf die Schulter nehmen?«

»Au ja, das wäre echt klasse.«

So verließen die drei gegen 16.30 Uhr das Freibad Wilhelmshöhe in einer Traube von Menschen, die alle in großer Eile zu ihren Autos drängten, und die beiden Streifenpolizisten hegten nicht den geringsten Argwohn gegenüber dem glatzköpfigen Vater mit seinem Sohn auf den Schultern, der riesigen gelben Tasche an der Seite und der Frau im Schlepptau, die fröhlich giggelnd an ihrem Streifenwagen vorbeihasteten und auf einen bunt bemalten Ford Fiesta zu hielten.

33

Manfred Eisenberg saß breitbeinig hinter dem Vernehmungstisch, als Lenz und Hain den Raum betraten. In seinem Gesicht war keine Emotion zu erkennen, als er die

Beamten kurz ansah und den Kopf danach wieder geradeaus richtete.

»Hallo, Herr Eisenberg«, begrüßte Lenz den Mann. »Wir haben eine gute und eine schlechte Nachricht für Sie. Welche darf's denn zuerst sein?«

»Sie können beide meinem Anwalt erzählen«, gab der weißhaarige Mann zurück, ohne eine Miene zu verziehen. »Ich bin nicht interessiert an Ihren Nachrichten.«

»Och, wie schade«, meinte Hain sarkastisch. »Wo wir Ihnen die Sache so gern persönlich erklärt hätten.«

Eisenberg hob den Kopf und sah dem jungen Oberkommissar mit festem Blick in die Augen.

»Sie haben nichts, was mich auch nur im Geringsten interessieren könnte, junger Mann. Also lassen Sie mich am besten jetzt gehen, nachdem Sie und Ihr Kollege sich für meine Unannehmlichkeiten entschuldigt haben.«

Hain schüttelte den Kopf.

»Wir können Ihnen nachweisen, dass Sie zusammen mit Rudolph Gieger dessen eigene Entführung vorgetäuscht und damit ein Lösegeld von seiner Familie erpresst haben. Was halten Sie davon?«

Der Mann hinter dem Tisch richtete sich auf und blickte wieder stur geradeaus.

»Wer hat Ihnen denn diesen Unsinn erzählt?«

»Das hat uns ein Zeuge geflüstert.«

»Und wann soll sich diese *Entführung* nach Meinung Ihres Zeugen abgespielt haben?«

»Das liegt schon lang zurück.«

»Aha. Wie lang denn, wenn ich fragen darf?«

»Mehr als 37 Jahre.«

Nun hob der angebliche Sicherheitsberater der Nordhessenbank den Kopf und fing süffisant an zu grinsen.

»37 Jahre? Sie wissen schon, dass Sie sich lächerlich machen, wenn Sie mir etwas vorhalten, was so lang zurückliegt. Nach meinen beileibe nicht besonders ausgeprägten rechtlichen Informationen verjährt der Straftatbestand der räuberischen Erpressung nach 20 Jahren, wenn dabei niemand ums Leben kommt.«

»Das wissen wir. Allerdings …«

Er brach ab, weil Lenz ihm mit der Hand ein Zeichen gegeben hatte.

»Lass uns mal bitte kurz vor die Tür gehen, Thilo.«

Der Oberkommissar bedachte seinen Boss mit einem unschlüssigen Blick, nickte dann jedoch und folgte ihm nach draußen auf den Flur.

»Ich weiß, dass wir ihn deswegen nicht mehr drankriegen können, das haben wir ja auf der Fahrt hierher ausgiebig besprochen. Aber …«

Wieder stockte er, weil Lenz ihn erneut unterbrach.

»Darum geht es mir gar nicht, Thilo. Ich hätte ihm die gleichen Fragen gestellt und die gleichen Vorhaltungen gemacht wie du, aber mir geht es um etwas ganz anderes.«

Hain machte ein genervtes Gesicht.

»So? Da bin ich ja gespannt wie ein Flitzebogen.«

»Als du ihn mit dieser ollen Story konfrontiert hast, hat er sofort die Verjährungsfrist für *erpresserischen Menschenraub* ins Spiel gebracht. Wenn es damals allerdings wirklich um eine getürkte Entführung gegangen sein sollte, hätte nie ein Menschenraub stattgefunden. Verstehst du?«

»Nicht wirklich.«

»Wenn Margot Gieger recht hätte, und die beiden wirklich damals eine Entführung vorgetäuscht haben, dann würde der Typ nicht im Entferntesten über erpresserischen Menschenraub fabulieren, weil er ganz genau wüsste, dass der nie passiert ist. Er würde uns etwas von der Verjährungsfrist bei Vortäuschung einer Straftat oder so erzählen, um die es ja dann gehen würde, aber keinesfalls von erpresserischem Menschenraub.«

»Meinst du nicht, dass dir da die Phantasie ein wenig durchgeht?«, wollte Hain nach einer kurzen Phase des Nachdenkens skeptisch wissen.

»Nein, ganz und gar nicht. Ich glaube viel mehr, dass sich die Entführung damals wirklich abgespielt hat, allerdings nicht mit dem Ende, das solche Geschichten normalerweise nehmen.«

»Du meinst, dass Eisenberg diesen Gieger zwar gekidnappt, es sich im Lauf der Entführung aber anders überlegt hat?«

»Genau das meine ich.«

»Also klassisches Stockholm-Syndrom, oder was?«

»Woher soll ich die genauen Einzelheiten wissen, Thilo? Ich glaube nur, dass die Schlussfolgerungen, die Giegers damalige Frau gezogen hat, nicht die richtigen sind. Und ob Gieger und Eisenberg sich nach dem Vorbild des

Stockholm-Syndroms nun angefreundet haben, oder sonst irgendetwas passiert ist, was das alles befördert hat, ist mir eigentlich scheißegal. Ich will nur nach seiner letzten Einlassung zu der räuberischen Erpressung nicht mehr glauben, dass es eine getürkte Entführung gewesen ist.«

Hain dachte wieder eine Weile nach.

»Wenn du wirklich recht haben solltest, wie passt dann der vor seiner Tür wartende vermeintliche Mörder von Yildirim und Specht ins Bild? Und warum mussten die beiden überhaupt ins Gras beißen?«

Der Hauptkommissar machte ein trauriges Gesicht.

»Dazu habe ich wirklich nicht die geringste Idee.«

»Und was, meinst du, sollen wir jetzt mit dem unsympathischen Kerl da drin machen? Mit der alten Geschichte können wir ihn nicht unter Druck setzen, das weiß er, und das wissen wir. Die Tatsache, dass sein achtjähriges Enkelkind behauptet, ihn im vorigen Jahr mit dem mutmaßlichen Mörder der beiden Banker gesehen zu haben, bringt uns bei jedem Staatsanwalt der Republik höchstens höhnisches Gelächter und bei einem halbwegs renommierten Strafverteidiger nicht mal das ein. Also, was machen wir?«

»Wir könnten ihn laufen lassen und hoffen, dass er einen Fehler macht.«

»Nein«, widersprach Hain vehement, »wir *müssen* ihn laufen lassen und hoffen, dass er einen Fehler macht. Weil wir absolut keinen Grund dafür haben, ihn weiter hier festzuhalten. Von einem Haftbefehl will ich gleich gar nicht reden.«

Der junge Oberkommissar atmete tief durch.

»Das Einzige, was halbwegs infrage käme, wäre seine Beteiligung an den illegalen Filmaufnahmen in den Räumen der Bank, aber das steht auch auf ganz tönernen Füßen. Und einen großen Sieg würde das ohnehin nicht darstellen, wenn du mich fragst.«

»Du hast recht«, gestand Lenz kleinlaut ein. »Und selbst, wenn wir der Bande nachweisen könnten, dass Eisenberg mehr von der Bank bekommen hat, als er offiziell dem Finanzamt gegenüber angegeben hat, wird daraus nicht mehr als eine miese, ordinäre Steuerhinterziehung.«

Er betrat das zu dem Vernehmungsraum gehörende Vorzimmer und griff nach dem Hörer eines an der Wand hängenden Telefons. und drückte eine Kurzwahltaste.

»Ja, Gecks«, dröhnte es aus dem kleinen Lautsprecher an seinem Ohr.

»Hallo RW, hier ist Paul. Hast du schon was wegen der Auswertung der ersten Videoaufzeichnung erreicht?«

»Du meinst den Lippenleser?«

»Ja, wenn es ein *Leser* ist, soll es mir auch recht sein.«

»Der Kerl ist noch dabei. Wie läuft es bei euch?«

»Schleppend. Wahrscheinlich können wir diesem Eisenberg nichts Weltbewegendes nachweisen, zumindest sieht es im Augenblick nicht danach aus.«

»Schade. Hast du schon mit Marnet gesprochen?«

»Nein. Du?«

»Nicht direkt, aber einer seiner Mitarbeiter hat sich vor einer knappen halben Stunde bei uns in der Abteilung gemeldet und uns darüber informiert, dass die Durchsuchung abgeschlossen ist. Alle Kameras sind sichergestellt, dazu haufenweise Papiere und Datenträger. Deren Auswertung dürfte sich allerdings über Wochen hinziehen.«

»Einen Raum oder so etwas, in dem die Videoaufnahmen gesammelt und ausgewertet worden sind, haben sie nicht gefunden?«

»Nein, definitiv nicht.«

»Gut. Wir machen jetzt hier weiter, wobei ich glaube, dass wir relativ schnell fertig sein werden und dann bei dir auflaufen. Bis später dann.«

Er beendete das Gespräch und warf den Hörer auf die Gabel.

»Keine Spur von dem Raum, in dem ausgewertet wird?«, wollte Hain wissen.

»Nicht die Bohne. Es scheint, als ob die sich, was das angeht, wirklich wasserdicht abgeschottet hätten. Wenn wir Glück ha…«

Hain hatte den Arm gehoben und seinen Kollegen damit zum Schweigen gebracht.

»Die naheliegendste Adresse oder Person, bei der solche Daten gesammelt werden, sollte doch jemand sein, der für die Sicherheit in der Bank zuständig ist, oder?«

Lenz riss die Augen auf.

»Das könnte die beste Idee sein, die du seit langer Zeit hattest, Thilo«, rief er überschwänglich. »Wir müssen sofort Marnet erreichen.«

»Das ist bestimmt wichtig, da gebe ich dir recht«, stimmte der Oberkommissar einschränkend zu und hielt seinem Kollegen seine und dessen aus dem auf dem Bürgersteig zerschellten Telefonen unversehrt geretteten SIM-Karten unter die Nase, »aber zuallererst holen wir uns unsere neuen Telefone. Ich hab nämlich keine Lust, ohne Anbindung an die Welt auf dieser unterwegs zu sein.«

»Noch bessere Idee, absolut richtig.«

Die Zuteilung der Diensttelefone dauerte eine Viertelstunde, die Ausfertigung des Durchsuchungsbeschlusses für Manfred Eisenbergs Privathaus genau 55 Minuten. Dann fuhren Lenz, Hain und drei weitere Beamte der SoKo *Bankberater*, unterstützt von einem jungen Staatsanwalt und sechs uniformierten Kollegen, unter ihnen zwei weibliche Beamte, zurück nach Wilhelmshöhe, wo ihnen die völlig verdatterte Ehefrau des noch immer im Polizeipräsidium festgehaltenen Hausherrn die Tür öffnete.

»Ja bitte?«, fragte sie mit einem weißen Stofftaschentuch in der rechten Hand und deutlichen Spuren von Tränen im Gesicht.

Lenz überreichte ihr den Beschluss und forderte sie auf, ihn und die anderen Beamten ins Haus zu lassen.

»Ich weiß nicht. Geht das denn so einfach? Wo ist mein Mann?«

»Ja, das geht so einfach«, gab der Kommissar entschlossen zurück, ohne sich um ihre Frage zu kümmern, und drängte sie zur Seite.

»Auf geht's, Leute.«

Die an der Durchsuchung beteiligten Beamten strömten ins Haus und verteilten sich in die einzelnen Räume.

»Wann kommt mein Mann wieder nach Hause?«

»Das steht noch nicht ganz sicher fest und hängt auch ein wenig von den Ergebnissen unserer Aktion hier ab«, antwortete Lenz der Frau, hatte jedoch den Eindruck, dass sie ihm gar nicht zuhörte.

»Hat Ihr Mann ein Arbeitszimmer?«, wollte Hain von Frau Eisenberg wissen, während er ihr in die Küche gefolgt war, wo sie nun am Tisch saß und ihr dicke Tränen über das Gesicht rollten.

»Ja natürlich.«

»Und wo finden wir das?«

»Oben, neben unserem Schlafzimmer.«

»Zeigen Sie es uns bitte!«

»Warum passiert das denn alles?«, fragte sie abwesend, ohne auf die Aufforderung des Polizisten einzugehen. »Wir haben doch niemandem etwas getan. Wir sind alte Leute, die in Ruhe ihr Leben leben wollen.«

»Ja, das verstehen wir, Frau Eisenberg. Und jetzt zeigen Sie uns bitte das Arbeitszimmer Ihres Mannes.«

Die Frau schüttelte den Kopf und fing gleichzeitig an zu schluchzen.

»Wir haben doch nie irgendjemandem etwas getan«, wiederholte sie klagend.

»Komm«, sagte Lenz leise und ging zunächst in den Flur und dann über die Treppe in das Obergeschoss. Dort standen die beiden Kommissare kurz darauf in einem knapp vier Quadratmeter kleinen, karg eingerichteten Raum, an dessen kürzerer Seite ein gläserner Schreibtisch mit einem Laptop darauf vor dem Fenster stand. Daneben gab es nur einen kleinen Aktenschrank und einen alten Röhrenfernseher.

Hain trat an den Computer und überprüfte die Eingänge.

»Kein Netzwerkkabel, also kein LAN.«

Dann kramte er sein Mobiltelefon aus der Tasche, drückte ein paarmal auf dem kleinen Monitor herum und wartete.

»Wie es aussieht, gibt es auch kein WLAN im Haus, zumindest keins, das bis hier oben reicht. Oder es ist nicht eingeschaltet.«

Ein weiterer Blick auf den Laptop.

»Und irgendwie kann ich mir auch nicht vorstellen, dass diese olle Gurke von Steinzeitnotebook hier die Schaltzentrale sein soll, nach der wir fahnden.«

»Dann müssen wir unser Glück woanders suchen«, meinte Lenz ein wenig unzufrieden und verließ mit seinem Kollegen im Schlepptau das Zimmer.

»Gibt es in Ihrem Haus so etwas wie einen Technikraum?«, wollte Hain von Frau Eisenberg wissen.

»Was soll das denn sein?«, fragte sie mit rot geränderten Augen zurück.

»Na, einen Raum, wo die Haustechnik zusammenläuft. Elektrische Anschlüsse und so etwas.«

»Nein, so etwas haben wir nicht.«

»Aber Sie haben doch bestimmt Kabelfernsehen?«

Sie nickte.

»Und wo kommt die Leitung an?«

»Das weiß ich nicht. Ich weiß es wirklich nicht.«

»Ja, ich glaube Ihnen ja.«

»Hat Ihr Mann vielleicht so etwas wie einen Hobbykeller, Frau Eisenberg?«

Wieder ein Nicken.

»Und wo finden wir den?«

Sie setzte sich langsam in Bewegung und führte die Beamten über eine geflieste Treppe mit schmiedeeisernem Geländer ein Stockwerk tiefer, wo es leicht nach Heizöl roch.

»Da vorn, am Ende des Flurs links.«

Sie deutete auf eine Feuerschutztür, an der ein Schild hing, auf dem in großen Buchstaben

BETRETEN STRIKT VERBOTEN, LEBENSGEFAHR!

zu lesen war.

»Aber seien Sie vorsichtig, mein Mann sagt, dass es da drin gefährlich ist, weil es Starkstrom gibt.«

Die beiden Kripobeamten sahen sie fragend an und wiederholten ihr letztes Wort wie aus einer Kehle.

»*Starkstrom*?«

»Ja, so hat er es mir erklärt. Ich darf da auch nicht rein, um sauber zu machen, das macht er immer selbst.«

Hain legte die Hand auf die Klinke, drückte sie herunter und zog an der Tür, die sich jedoch keinen Millimeter bewegte.

»Sie ist abgeschlossen. Haben Sie einen Schlüssel?«

»Nein, den hat mein Mann.«

Der Oberkommissar warf einen kurzen Blick auf das handelsübliche Sicherheitsschloss, kramte sein kleines Lederetui aus der Jacke und zog ein an eine flache Häkelnadel erinnerndes Werkzeug heraus, das er in das Schloss einführte und es sanft hin und her bewegte, während er mit der anderen Hand die Klinke gedrückt hielt und leicht daran zog. Nach etwa 15 Sekunden ertönte ein leises Klacken, und die Tür schwang ihm entgegen.

»Bingo«, murmelte er, packte das Etui weg und suchte mit der rechten Hand nach einem Lichtschalter. Als er ihn gefunden hatte, und der Raum nach einem kurzen Flackern der Neonröhren an der Decke hell erleuchtet vor ihm lag, konnte er sich ein anerkennendes Zungenschnalzen nicht verkneifen.

»Voila! Nicht gerade das Bernsteinzimmer, aber immerhin die Überwachungszentrale der Nordhessenbank.«

Lenz drängte sich an seinem Kollegen vorbei und hielt angesichts dessen, was sich ihm darbot, für ein paar Wimpernschläge die Luft an.

In dem etwa zwölf Quadratmeter großen Raum hingen an der langen Wand, jeweils zwei übereinander, acht moderne LCD-Monitore. Davor war ein Schaltpult mit so vielen Knöpfen und Schaltern aufgebaut, dass der Hauptkommissar unwillkürlich an die Liveübertragung einer Fernsehsendung denken musste, und irgendwie traf es das ja auch. Links davon an der Wand befanden sich mehrere Racks, jeweils prall gefüllt mit elektronischen Geräten, und auf der rechten Seite stand ein Schrank mit mehreren Computern.

»Das ist vermutlich der Server«, wies Hain auf das größte der Geräte. »Auf dem laufen die Aufnahmen aus der Bank in Echtzeit ein. Oder besser *liefen* ein, weil damit ja nun Schluss ist.«

»Unglaublich«, brummte Lenz.

Frau Eisenberg, die sich langsam der offen stehenden Tür genähert hatte, betrachtete mit vor dem Mund liegender rechter Hand, in der sich das Taschentuch befand, den Inhalt des *Hobbykellers* mit völligem Unverständnis.

»Was sind das alles für Geräte?«, fragte sie leise.

»Das müssen wir prüfen«, erwiderte Lenz. »Und Sie hatten wirklich keine Ahnung, wie es hier drin aussieht?«

»Ich schwöre, nein!«

Erneut begann sie zu schluchzen.

»Was ist nur los bei uns? Das ist alles so furchtbar.«

»Wenn wir etwas mehr wissen, sagen wir es Ihnen, Frau Eisenberg. Im Augenblick ist es vielleicht besser, wenn Sie oben in der Küche warten.«

Sie nickte und setzte sich schlurfend in Bewegung.

»Arme Sau«, flüsterte Hain, nachdem die Frau außer Hörweite war. »Vermutlich hatte sie wirklich keine Ahnung, was ihr Göttergatte hier so getrieben hat.«

Lenz schüttelte den Kopf.

»Es fällt mir wirklich schwer, das zu glauben, wenn man unter einem gemeinsamen Dach lebt. Mit Maria könnte ich so was auf keinen Fall abziehen.«

Hain, der über den Hauptschalter die Monitore und das Schaltpult in Gang gesetzt hatte, fing an zu lächeln.

»Es ist aber auch schon ziemlich weit hergeholt, deine Maria mit dieser verhärmten, verängstigten und vermutlich seit Jahrzehnten von ihrem Mann klein gehaltenen Frau zu vergleichen.«

»Das mag sein, ja.«

Der Oberkommissar drückte vorsichtig ein paar Tasten, doch es blieb bei den verrauschten, gleichförmigen Bildern auf allen Bildschirmen.

»Wir hätten die Kameras hängenlassen sollen«, mutmaßte er, »dann wären wir jetzt vermutlich komplett mit der Bank verdrahtet.«

Seine rechte Hand fuhr suchend über ein Tastenfeld.

»Was wir jetzt bräuchten, wäre ein Hinweis, wo die

Daten gespeichert wurden. Dann könnten wir zum Beispiel nachsehen, was genau auf dem Video gesprochen wurde, dass wir zugespielt bekommen haben.«

Er beugte sich nach rechts und öffnete einen Rollschrank, in dem sich allerdings ausschließlich Blue-Ray-Rohlinge befanden.

»Jede Menge Rohlinge«, stellte er triumphierend fest. »Wo die sind, gibt es bestimmt auch bespielte Kumpels von ihnen.«

Allerdings fand er auch nach intensivster Suche keine gebrannten Disks.

»Also alles auf Anfang. Vermutlich hat er die Daten auf Festplatten gespeichert, was auch viel ökonomischer wäre.«

Wieder beugte er sich zur Seite und nahm die vorhandenen Geräte unter die Lupe.

»Hier gibt es leider jede Menge Festplatten. Wenn du mich fragst, können wir das nicht so auf die Schnelle hier und jetzt auswerten.«

»Das ist doch auch gar nicht notwendig«, stimmte Lenz ihm zu. »Wir wissen jetzt, dass sich die Schaltzentrale der Überwachung hier im Haus befindet, und den ganzen Rest können wir später sichten. Vielleicht hilft es ja, um Eisenberg ein wenig gesprächiger zu machen.«

»Wow«, kam es in diesem Augenblick von hinter ihnen, wo Oberstaatsanwalt Marnet in der Tür aufgetaucht war.

»Meinen herzlichen Glückwunsch, meine Herren.«

Lenz und Hain bedankten sich, und die Drei tauschten die neuesten Erkenntnisse ihrer jeweiligen Aktionen aus.

»Die Fahndung nach dem Mann, der Sie niedergeschlagen hat, war bis zum jetzigen Zeitpunkt leider noch immer erfolglos, aber das wird schon. Und mit Ihrem Fund von hier können wir Rudolph Gieger nun richtig in die Zange nehmen. Ob die anderen Dinge, die wir in der Bank sichergestellt haben, zu weiteren Ermittlungserfolgen führen, vornehmlich natürlich bezüglich der Falschberatung oder des Betruges, müssen die Auswertungen zeigen.«

Er sah die beiden Kriminaler sorgenvoll an.

»Sie sehen übrigens beide nicht sehr gut aus, wenn ich das so sagen darf.«

Lenz nickte.

»Für heute war es das auch. Ich bin müde, habe mächtige Kopfschmerzen und will eigentlich nur noch in die Badewanne und anschließend ins Bett.«

»Dito«, ergänzte Hain trocken.

»Allerdings würde ich mich auch nicht schlechter fühlen, wenn ich noch ein kurzes Gespräch mit Herrn Eisenberg führen könnte, um ihm ein wenig die Luft aus seiner arroganten Verpackung zu lassen.«

Hain stöhnte auf.

»Diesen Triumph kannst du dir doch auch morgen früh noch gönnen, Paul.«

»Ja, das könnte ich sicher. Aber ich will sicherstellen, dass er die ganze Nacht über seine Situation nachdenkt. Ich will, dass ihm klar wird, wie beschissen seine Lage ist.«

»Gut«, stimmte der Oberkommissar zu. »Aber keine lange Vernehmung und kein langes Gedöns mit dem Kerl.«

»Versprochen.«

34

Diesmal saßen die Polizisten schon am Tisch, als Manfred Eisenberg von einem Uniformierten in den Raum geführt wurde. Er bedachte die Polizisten mit dem gleichen missbilligenden Blick wie ein paar Stunden zuvor.

»Die Nachrichten werden nicht besser, Herr Eisenberg«, begann Lenz das Gespräch. »Und Ihr Anwalt hat sich auch noch nicht gemeldet, wenn ich recht informiert bin.«

»Das geht Sie nichts an, oder?«

»Ganz sicher nicht. Ist nur komisch, wo Sie doch schon kurz nach Ihrem Eintreffen hier nach ihm telefoniert haben.«

Sein Schweigen musste als Antwort genügen.

»Ja, und jetzt kommen wir direkt von Ihrem wunderschönen Haus, das Sie vermutlich für eine ganze Weile nicht mehr sehen werden.«

Eisenberg hob den Kopf und verengte die Augen zu schmalen Schlitzen.

»Was haben Sie in meinem Haus zu schaffen?«

»Ach«, erwiderte Hain seelenruhig, »wir haben uns mal Ihren Hobbykeller angesehen. Interessante Ausstattung, unsere Gratulation dazu. Normalerweise stehen in solchen Kellern ja höchstens mal Modelleisenbahnen herum und vielleicht eine alte Drehbank; aber das, was wir bei Ihnen vorgefunden haben, ist schon eine ganz andere Kategorie.«

Während der junge Polizist gesprochen hatte, war jegliche Farbe aus dem Gesicht des Sicherheitsberaters der Nordhessenbank gewichen.

»Und die ganzen Videos, die es da zu sehen gab«, bluffte

Lenz. »Wirklich interessant. Besonders die Szene mit den Herren Vontobel, Yildirim und Specht. Alle Achtung, das hätte ein Regisseur nicht besser inszenieren können.«

Eisenbergs Adamsapfel bewegte sich hektisch auf und ab.

»Das beweist gar nichts«, krächzte er. »Für so etwas landet ein unbescholtener Bürger wie ich nicht mal im Gefängnis.«

»Wenn Sie meinen. Allerdings könnte ein unvoreingenommener Beobachter auf den Gedanken kommen, dass die Hintergründe dieser Aufnahmen ein glänzendes Motiv für die Morde an den Herren Specht und Yildirim darstellen. Und wenn man dann noch hinzu addiert, dass Ihre Enkelin Sie und den mutmaßlichen Mörder, der sich heute auch noch vor Ihrem Haus herumtrieb, im letzten Jahr zusammen gesehen hat, dann zeichnet sich eine Anklage wegen Beihilfe oder Mittäterschaft mehr als deutlich vor meinem geistigen Auge ab.«

»Mit der Aussage meiner Enkelin können Sie absolut nichts anfangen. Das Kind wird kein Richter auf der ganzen Welt als Zeugin akzeptieren.«

»Was abzuwarten bleibt. Allerdings glaube ich, dass es für Sie an der Zeit wäre, reinen Tisch zu machen, wenn Sie nicht den Rest Ihres Lebens hinter Gittern verbringen wollen.«

Der weißhaarige Mann lachte laut auf.

»Sie machen sich lächerlich, Herr Kommissar. Ich bin spätestens morgen früh hier raus, das ist so sicher wie das Amen in der Kirche.«

»Ui«, reagierte Hain süffisant, »Sie hoffen vermutlich auf die Hilfe und die Kontakte Ihres Freundes Rudolph Gieger.«

Er sah sich provozierend um.

»Aber wie es aussieht, lässt Ihr alter Kumpel Sie hängen, wenn nicht sogar fallen, Herr Eisenberg. Wenn dem nämlich nicht so wäre, würden uns hier schon ein halbes Dutzend Anwälte auf den Füßen stehen, oder?«

Manfred Eisenberg schloss die Augen und fing an zu grinsen.

»Sie wissen gar nicht, was für einen Unsinn Sie reden, junger Mann. Und jetzt ist diese Unterhaltung für mich beendet.«

Damit stand er auf und positionierte sich neben der Tür.

*

»Feierabend für heute«, erklärte Lenz seinem Kollegen müde. »Ich fühle mich, als sei ein Güterzug über meinen geschundenen Körper hinweggerollt.«

»Dito.«

»Bringst du mich nach Hause?«

»Nichts lieber als das.«

Drei Minuten später standen die beiden Polizisten vor dem japanischen Kombi, auf dessen Dach die Wassertropfen des vergangenen Gewitters standen. Der Himmel allerdings war längst wieder blau, nur ein paar dampfende Pfützen auf dem Boden erinnerten noch an den Regenguss knapp zwei Stunden zuvor. Und die Temperatur war um ein paar Grad nach unten gegangen.

»Irgendwie ist der Tag nicht schlecht gelaufen, aber irgendwie auch nicht so richtig gut«, sinnierte Lenz an der offenen Beifahrertür stehend, während Hain schon den Motor startete.

»Komm rein und hör auf zu philosophieren«, brummte

der Oberkommissar. »Um diese Uhrzeit und in deiner Verfassung kommt dabei eh nur noch Unsinn heraus.«

»Wie spät ist es eigentlich?«, wollte Lenz wissen.

»Gleich 19.00 Uhr, warum? Hast du doch noch nicht genug für heute? Dann steig besser gar nicht erst ein und lass mich allein in den vermutlich bald anstehenden, herrlichen Sonnenuntergang fahren.«

»Nein«, widersprach der Leiter der Mordkommission. »Ich hab wirklich genug für heute, aber ich glaube auch, dass wir Rudolph Gieger nach unserem Fund in Eisenbergs Haus schon noch ein wenig auf die Füße hätten treten können.«

»Ach was, der streitet doch einfach ab, von dieser Sache auch nur die geringste Kenntnis gehabt zu haben.«

»Das kann sein, aber als Vorstandsvorsitzender ist er schon in der Verantwortung, und der kann er sich auch nicht so einfach entziehen. Außerdem hat er uns angelogen.«

Hain ließ den Motor absterben und beugte den Oberkörper nach rechts, um seinen Boss besser sehen zu können.

»Wenn du so redest, wie du das gerade machst, weiß ich ganz genau, dass du von hinten durch die kalte Küche kommst, Paul. Deshalb vermute ich jetzt mal ganz scharf, dass du mir irgendetwas aufs Auge drücken willst und dabei hoffst, dass es mir nicht auffällt.«

Er legte den Kopf schief und bedachte seinen Chef mit einem fragenden Blick.

»Also?«

»Na, ja, so ganz unrecht hast du nicht.«

»Was heißen soll?«

»Dass es sicher nicht so ganz dumm wäre, noch mal kurz bei Gieger vorbeizufahren, um ihn mit der Sache mit der

Überwachungsanlage zu konfrontieren. Wer weiß, vielleicht lässt er sich ja zu einem Fehler hinreißen?«

»Der? Du spinnst!«

»Und wenn schon? Immerhin würde ich danach mit einem deutlich besseren Gefühl ins Bett fallen.«

Hain dachte ein paar Sekunden nach.

»Klar hätte es einen gewissen Charme, diesen hochnäsigen Snob wissen zu lassen, dass es eng werden könnte für ihn. Aber ich bin wirklich so fertig, dass ich, genau wie du, einfach nur noch in die Kiste will.«

»Ach komm, Thilo. Die Viertelstunde extra. Sein Reich liegt keine fünf Minuten von meiner schmucklosen Hütte entfernt.«

»Da sieht man mal wieder, wie verdammt gut es dir geht, dass du dir in dieser Gegend eine Bude leisten kannst.«

»Los, Thilo, auf die Schnelle hin und gleich wieder raus. Einfach für die gute Laune zum Feierabend.«

Der Hauptkommissar beugte sich in den Wagen und sah seinen Kollegen grinsend an.

»Denk doch nur dran, wie er dich immer abgebügelt hat. Der hat dich doch gar nicht als adäquaten Gesprächspartner akzeptiert.«

»Gut«, brach Hains Widerstand komplett zusammen. »Aber nur, wenn ich das Gespräch mit ihm führen darf. Du hältst dich raus und lässt mich machen.«

»Versprochen.«

»Wirklich?«

»Ganz ehrlich.«

Die Sonne stand schon tief im Westen, als Hain den Toyota neben einem bunt bemalten Ford Fiesta abstellte, in dem eine Frau mit einem schlafenden Jungen im Arm saß, und die beiden Polizisten aus dem auf dem Weg durch die gesamte Stadt angenehm heruntergekühlten Auto stiegen. Das Anwesen der Familie Gieger musste Tausende Quadratmeter groß sein, denn allein die durch eine Mauer von der Straße getrennte Front war mindestens 150 Meter lang. Etwa in der Mitte befand sich ein großes Edelstahltor mit NATO-Draht als oberem Abschluss, zu dessen beiden Seiten bewegliche Kameras installiert waren. Die linke der beiden hatte offenbar die beiden Polizisten erfasst, denn sie vollführte einen kurzen, kaum wahrnehmbaren Ruck.

»Wir werden beobachtet«, kommentierte Hain die Szene, trat an die auf der linken Seite des Tores liegende Tür, und sah, während er klingelte, freundlich in die Fischaugenlinse der Türkamera.

»Ja bitte, Sie wünschen?«

Hain stellte sich und seinen Kollegen kurz vor und erklärte der tiefen Männerstimme, die sich gemeldet hatte, mit Rudolph Gieger sprechen zu wollen.

»Soweit mir bekannt ist, hat Herr Gieger heute keine weiteren Termine mehr«, kam als knappe Antwort.

»Ich kann Ihnen beim besten Willen nicht sagen, ob Herr Gieger heute noch Termine hat, was ich Ihnen aber mit Sicherheit sagen kann, ist, dass er mit uns keinen verabredet hat. Allerdings wäre es definitiv in seinem Interesse, wenn er sich ein paar Augenblicke Zeit für uns nehmen würde.«

»In welcher Angelegenheit, wenn ich fragen darf.«

»Nein, das dürfen Sie leider nicht fragen«, erwiderte der Oberkommissar höflich, aber bestimmt.

Es gab eine kurze Pause, bevor der offenbar ein wenig konsternierte anonyme Gesprächspartner sich wieder meldete.

»Bitte warten Sie. Ich werde fragen, wie ich mit Ihrem Anliegen verfahren soll.«

Damit knackte es leise aus dem Lautsprecher, und danach kehrte für etwa zwei Minuten Stille ein, während denen die beiden Kripobeamten schweigend von einem Fuß auf den anderen traten.

»Kommen Sie bitte zum Eingang des Haupthauses«, wurden sie schließlich aufgefordert, und ein metallisches Klacken öffnete die Verriegelung der Tür, die vollautomatisch nach innen schwang.

»Nobel, nobel«, meinte Lenz anerkennend beim Anblick des riesigen Haupthauses, der drei Nebengebäude und der Zufahrt zur unterirdischen Garage.

An der Eingangstür wartete ein livrierter Mann auf die Polizisten, der wortlos zur Seite trat, als sie ihn erreicht hatten, und ihnen mit einer sparsamen Handbewegung zu verstehen gab, dass sie ihm ins Innere folgen sollten.

Das *Innere* war weder luxuriös noch protzig, sondern einfach nur groß. Beeindruckend groß. Sie stiegen hinter dem untersetzten und Pagenfrisur tragenden Mann eine breite Treppe hoch und folgten ihm zu einem Raum am Ende des sich anschließenden Flurs. Dort klopfte er kaum vernehmbar und trat dann unaufgefordert ein.

»Die Herren, die Sie zu sprechen wünschen, Herr Gieger.«

Aus dem Zimmer drang ein unverständliches Murmeln, woraufhin der Butler sich umdrehte und die gleiche Handbewegung vollführte wie an der Eingangstür. Hier jedoch krönte er seinen kurios wirkenden Auftritt mit einem stechenden Blick.

»Bitte«, setzte er ebenso leise wie spitz hinzu.

Rudolph Gieger thronte hinter einem riesigen und ebenso massiv wie massig wirkenden Mahagonischreibtisch. In der Hand hielt er eine Zigarre, von der aus sich eine blaue Rauchfahne nach oben bewegte und unter der holzgetäfelten Decke hängenblieb. Der Rest des etwa 45 Quadratmeter großen Raums war mit schweren Teppichen, dunklen Möbeln, mit schusshemmendem Glas versehenen Fensterscheiben und Bildern an den Wänden, die wohl so etwas wie eine Ahnengalerie darstellen sollten, ausgestattet. Vor dem Schreibtisch standen zwei gepolsterte Stühle, gerade so, als würde der Bankdirektor in seiner Freizeit Eheschließungen vornehmen, und an der Fensterseite befand sich ein dunkelgrünes, vermutlich mehrere 100 Jahre altes Sofa. Und direkt an dessen oberem Ende stand, zur Hälfte verborgen von dem Sitzmöbel, eine Reisetasche, bei deren Anblick Hain ein eiskalter Schauer über den Rücken lief. Es war eine knallgelbe, auffällig große Reisetasche, wie der Oberkommissar an diesem Tag schon einmal eine gesehen hatte.

Für ein paar Augenblicke war der Polizist so verwirrt, dass er nur schwer einen klaren Gedanken fassen konnte, dann jedoch hatte er sich wieder im Griff. Mit einer schnellen Bewegung zog er seine Waffe und vollführte, die Pistole im Anschlag, mit seinem ganzen Körper eine 360-Grad-Pirouette.

»Was …?«, wollte Lenz fragen, sein Kollege kam ihm jedoch mit seiner Erklärung zuvor.

»Die Tasche, Paul! Sie lag bei dem Mann im Auto, den wir wegen des Mordes an den beiden Bankern suchen.«

Lenz riss ebenfalls seine Dienstpistole aus dem Holster und trat ein paar Schritte zurück, bis er mit dem Rücken an der Wand stand.

»Wo ist er?«, schrie er den Mann hinter dem Schreibtisch an.

Gieger, der die Aktionen der beiden Polizisten mit größtmöglicher Gelassenheit verfolgt hatte, nahm die Zigarre von der rechten in die linke Hand. Dann lehnte er sich in seinen Stuhl zurück und zog daran.

»Ich habe nicht die geringste Ahnung, wovon Sie sprechen«, erwiderte er ruhig.

»Dann ist das da wohl Ihre Reisetasche?«, wies der Oberkommissar mit seiner Waffe nach links in Richtung des Gepäckstücks. »Vermutlich wollten Sie gerade zu einer Wandertour aufbrechen.«

Damit löste er seine linke Hand von der Pistole und nestelte umständlich an der Innentasche des Sakkos, um an sein Mobiltelefon zu gelangen.

»Er ist garantiert noch hier im Haus oder zumindest in der Nähe«, rief er seinem Chef zu. »Ich alarmiere die Kollegen.«

Noch immer wurde er von Gieger mit seelenruhigem Blick beobachtet und noch immer gelang es ihm nicht, das Telefon zu fassen zu kriegen.

»Lass sein, Thilo«, forderte Lenz ihn auf, der sein Telefon schon in der Hand hielt. »Ich mach das.«

In diesem Moment wurde in der linken hinteren Ecke des Arbeitszimmers eine versteckt liegende Tür aufgetreten. Gleichzeitig rollte sich ein glatzköpfiger Mann mit katzenhaften Bewegungen in den Raum, bog nach links ab und hatte Bruchteile einer Sekunde später Giegers Schreibtisch erreicht. Die Schüsse, die Lenz und Hain simultan auf ihn abfeuerten, verfehlten ihn jeweils nur um ein paar Zentimeter, aber noch bevor die Polizisten ihn erneut ins Visier hätten nehmen können, hatte er den noch immer seelenruhig dasitzenden Rudolph Gieger erreicht und verbarg sich hinter dessen schlankem Körper, die Waffe auf den Hinterkopf des Bankers gerichtet.

»Waffen runter, sonst stirbt er!«, rief der Glatzkopf, den Lenz mehr an seiner Stimme als an seinem Aussehen erkannte.

»Wenn Sie ihn erschießen, sind Sie geliefert!«, rief der Hauptkommissar, dem die Augen von dem Pulverdampf der abgefeuerten Schüsse zu tränen begannen. »Wir wissen, dass Sie für den Tod der beiden Banker verantwortlich sind, und Sie kommen hier auch nicht mehr raus. Also machen Sie keinen Quatsch und geben Sie auf.«

Gieger, der sich beim Krachen der aufgetretenen Tür und den beiden Schüssen kurz erschreckt gezeigt hatte, legte die Zigarre in den Aschenbecher und sah die beiden Polizisten emotionslos an. Dann bewegte er den Kopf so weit nach rechts, dass er zumindest die Hand und die Waffe des Mannes, der sich hinter ihm verbarg, sehen konnte.

»Erschießen Sie die beiden«, forderte er seelenruhig, und jedes seiner Worte klang trotzdem wie ein Peitschenknall. »Los, erschießen Sie sie.«

Lenz und Hain hoben ihre Waffen ein wenig höher, um auf jede Aktion des Mannes hinter Gieger reagieren zu können. Der Oberkommissar bewegte sich dabei ganz langsam nach links, um sich damit in eine bessere Schussposition zu bringen.

»Bleiben Sie genau da, wo Sie sind«, befahl der Glatzkopf. »Wenn Sie sich noch einen Millimeter bewegen, klatscht sein Gehirn an die Wand.«

Lenz schob seinen Körper zurück.

»Kein Problem«, bestätigte er leise.

»Sie sollen diese beiden Männer erschießen, sage ich«,

schrie Gieger herrisch. »Ich verdopple die Summe, wenn Sie es endlich machen. Los, sage ich.«

»Ich weiß nicht, wie Sie sich das denken, Gieger, aber Sie sollten nicht glauben, dass Sie damit durchkommen. Einer von uns beiden wird ihn treffen, und dann sind Sie wegen Anstiftung zum Mord dran.«

»Schießen Sie!«

Der Glatzkopf drückte seine Waffe ein wenig fester an den Hinterkopf des Vorstandsvorsitzenden der Nordhessenbank.

»Ruhig, alter Mann. Wer hier wen erschießt, bestimmst nicht du.«

»Das ist ein guter Anfang«, stimmte Hain ihm zu. »Also sind wir jetzt alle vernünftig, und Sie nehmen die Waffe runter und die Hände hoch.«

»Nicht so schnell, Bulle. Vielleicht sollten wir den alten Mann einfach mal fragen, warum er von mir verlangt, dass ich Sie erschieße.«

Der Druck auf die Pistole wuchs so stark, dass Gieger vor Schmerzen aufschrie.

»Los, sag den Herren von der Polizei, warum ich sie, wenn es nach dir geht, abknallen soll.«

»Wenn wir beide aus dieser Situation unbeschadet herauskommen wollen, ist das die einzige Möglichkeit«, stöhnte Gieger.

»Ach, so stellst du dir das vor. Wir beide kommen *unbeschadet aus der Situation heraus*. Das kleine Problem daran ist nur, dass nach mir die ganze Welt suchen wird, wohingegen du dir weiterhin deinen Arsch auf diesem schönen Stuhl platt sitzen kannst.«

»Ich erhöhe die Summe auf zehn Millionen, wenn Sie schießen.«

»Zehn Millionen, wow. Ich glaube, ich habe bisher viel zu wenig Geld verlangt für meine Dienste.«

Lenz holte tief Luft.

»Wenn Sie die Waffe weglegen und sich ergeben, sorge ich dafür, dass Sie Kronzeuge der Staatsanwaltschaft werden. Sie sagen gegen Ihre Auftraggeber aus, dafür bekommen Sie eine vergleichsweise milde Strafe.«

»Und das können Sie mir hier und jetzt garantieren?«

»Ja, das kann ich«, log Lenz.

»Wir wissen beide, dass diese Zusage auf eher optimistischen Annahmen beruht, also lassen Sie uns doch lieber gleich wie erwachsene Leute reden. Sie wollen die Hintergründe meines Handelns erfahren, und ich will nicht den Rest meines noch ziemlich langen Lebens im Gefängnis verbringen.«

Lenz, dessen Kopf brummte wie ein alter Trafo, und dessen vom Körper weggestreckten Arme mehr und mehr zu zittern anfingen, dachte fieberhaft nach.

»Was können Sie uns anbieten?«

»Den Kopf dieses Knaben hier, der, im wahrsten Sinn des Wortes, so großzügig mit Ihrem Leben umgeht.«

»Ein bisschen genauer brauche ich es schon.«

Es folgte eine kurze Pause, die der Glatzkopf offenbar zum Sortieren der ihm verbleibenden Optionen nutzte.

»Ein vollumfängliches Geständnis, in dem ich aussage, dass der Kerl hier bei Manfred Eisenberg den Mord an seinen beiden Mitarbeitern in Auftrag gegeben hat.«

»Was fällt …«, wollte Gieger los brüllen, doch eine kurze Bewegung des Mannes in seinem Rücken, der mit dem Mittelfinger seiner linken Hand in das rechte Auge seiner Geisel fuhr und gleichzeitig erneut den Druck mit der Waffe erhöhte, brachten den Banker schlagartig zum Verstummen.

»Wenn du auf deine alten Tage nicht noch halbseitig erblinden willst, gibst du jetzt besser Ruhe«, zischte er deutlich genervt.

»Sie wurden von Manfred Eisenberg engagiert, um die beiden Bankmitarbeiter zu … ermorden? Und Rudolph Gieger war der Auftraggeber? Stimmt das?«

»Das ist richtig, ja.«

Gieger startete einen erneuten Versuch, zu protestieren, doch eine Erhöhung des Fingerdrucks in seinem Auge ließ ihn abbrechen. Stattdessen erschlaffte seine Abwehrhaltung, was ihn jedoch nicht daran hinderte, erneut ein Angebot abzugeben.

»20 Millionen. Ich gebe Ihnen 20 Millionen, wenn Sie die Männer eliminieren.«

Er rang schwer nach Luft.

»Außerdem habe ich gute Kontakte zu vielen Menschen und Behörden. Wir finden eine Lösung für all Ihre Probleme, das verspreche ich Ihnen. Aber wenn Sie jetzt diesem Mann glauben, werden Sie nie mehr auch nur einen einzigen Tag in Freiheit verbringen, dessen können Sie absolut si …«

»Können Sie beweisen«, fuhr Lenz dazwischen, »dass er der Auftraggeber der Morde ist?«

»Selbstverständlich kann ich das. Aber am besten erklärt er es Ihnen gleich selbst, oder?«

Damit verstärkte er den Druck auf Giegers Auge erneut, der gepeinigt aufschrie.

»War doch so, oder? Du hast deinen Kettenhund Eisenberg mal wieder losgeschickt, um für freie Bahn zu sorgen.«

Der Finger fuhr ein paar Millimeter weiter in die Augenhöhle des alten Mannes.

»Stimmt's?«

»Aaaahhhh.«

»Einfach ja sagen, dann hört der Schmerz gleich auf.«

»Aaaahhhh.«

»Hören Sie auf«, brüllte Hain. »Das hat doch keinen Zweck.«

»Aaaahhhh. Ja, es stimmt! Ja! Bitte lassen Sie mein Auge los.«

»Na also, geht doch.«

Lenz und Hain warfen sich einen kurzen Blick zu.

»Und jetzt erklären Sie den beiden noch kurz, wie die Geschäftsbeziehung zu Eisenberg damals entstanden ist. Ich bin sicher, dass sich die Herren Polizisten brennend dafür interessieren.«

Gieger schüttelte den Kopf, woraufhin der Mann hinter ihm den Druck mit dem Finger erneut erhöhte.

»Ja, ich erzähle es. Ja!«

»Dann los!«

Gieger schluckte und brauchte eine Weile, bis er so weit war. Aus beiden Augen liefen dem alten Mann dabei dicke Tränen über sein faltiges Gesicht.

»Eisenberg hat mich damals entführt und wollte von meiner Familie ein Lösegeld erpressen.«

Wieder stockte er, was sofort in einer Erhöhung des Drucks an seinem Augapfel resultierte.

»Aua, bitte nicht.«

Seine Stimme hatte nun etwas Flehendes.

»Im Verlauf meiner Gefangenschaft konnte ich ihn davon überzeugen, dass es langfristig für ihn viel besser wäre, wenn er diese unsinnige Entführung beenden und stattdessen für mich arbeiten würde.«

»Was genau sollte er tun für Sie?«, fragte Hain angewidert.

Gieger wollte den Kopf schütteln, was der Arm des Glatzkopfs jedoch verhinderte.

»Er sollte für meine Sicherheit sorgen.«

»Der Bock wurde einfach zum Gärtner gemacht, oder was?«

»Na, na, das ist aber doch noch längst nicht alles gewesen, alter Mann, oder?«, wollte die Stimme hinter ihm vor Ironie triefend wissen, während der Finger sich ganz leicht bewegte.

»Nein, das war nicht alles. Er hat auch … speziellere Aufträge … ausgeführt.«

»Zum Beispiel?«

Schweigen.

»Zum Beispiel Mord und Totschlag«, kam es von hinter dem Boss der Nordhessenbank. »Eisenberg hat alle Probleme aus dem Weg geräumt, die du mit deinem Geld oder guten Worten nicht lösen konntest. Richtig?«

Ein angedeutetes Nicken.

»Manfred Eisenberg hat in Ihrem Auftrag dafür gesorgt, dass Menschen getötet werden?«, wollte Lenz es genau wissen, bekam jedoch zunächst keine Antwort.

»Stimmt das?«, setzte er nach. »Haben Sie auch Morde in Auftrag gegeben?«

Statt einer Bestätigung kam nur Gekrächze aus dem Mund des Bankers.

»Stimmt das?«, schrie Lenz.

»Ja, es stimmt«, bestätigte Rudolph Gieger leise, aber für alle im Raum Anwesenden gut verständlich.

Es vergingen mehrere Sekunden, bevor der Glatzkopf wieder das Wort ergriff.

»Ich nehme jetzt meine Waffe von seinem Kopf und lege sie neben mich auf den Boden. Dann komme ich langsam zu Ihnen rüber und lasse mich widerstandslos festnehmen. Soweit klar?«

Lenz nickte.

»Weiterhin hoffe ich, dass das, was Sie mir vorhin angeboten haben, nicht bloß heiße Luft war, aber das werden wir vermutlich nicht hier und heute klären können.«

»Ich werde mein Möglichstes tun, um Ihnen entgegenzukommen, wenn Sie mit uns zusammenarbeiten. Auch wenn Sie ein skrupelloser Mörder sind.«

»Dann mal los.«

Der Glatzkopf zog den linken Arm zurück, nahm behutsam die Waffe von Giegers Kopf, ließ sie mit einer fast elegant zu bezeichnenden Bewegung zwischen Daumen und Zeigefinger gleiten und legte sie schließlich neben sich auf den alten, glänzenden Dielen ab. Dann kam er langsam hoch, hob die Arme und legte sie in den Nacken.

»Alles klar soweit?«, fragte er skeptisch in Richtung der Polizisten, die noch immer ihre Waffen auf ihn angelegt hatten, löste sich vom Schreibtisch und trat um ihn herum. Hain steckte seine Pistole in das Holster, während Lenz sich ein paar Schritte zur Seite bewegte, um für den Fall des Falles ein besseres Schussfeld zu haben. Unterdessen nestelte der Oberkommissar seine Handschellen hervor und ging damit auf den Mann zu, der langsam seine Arme vor den Körper streckte und seine Festnahme erwartete. Was dann allerdings folgte, ging so schnell, dass weder Lenz noch Hain auch nur die geringste Chance hatten, es zu verhindern.

»Das von heute Mittag tut mir wirkli…«

Der Schuss, der seine linke Brust glatt durchschlug und ihn einen Meter nach vorn warf, hallte noch in den Ohren der Polizisten, als Lenz seine Waffe herumriss, ebenfalls feuerte und damit Rudolph Giegers rechten Oberarmknochen zertrümmerte. Dessen Waffe, eine alte Walther P1, die seit den Tagen der Entführung in der Schreibtischschublade gelegen hatte, fiel auf die Holzplatte und blieb dort rauchend liegen.

»Scheiße«, rief Hain, ließ die Handschellen fallen und beugte sich zu dem auf die Knie gegangenen Mann mit der Glatze hinunter, aus dessen Brust tiefrotes Blut pulsierte und der nun zur Seite umkippte.

»Wir brauchen einen Krankenwagen«, schrie der Oberkommissar, während er den sterbenden Killer behutsam auf den Rücken drehte, der ihm mit weit aufgerissenen Augen und hektisch zitternd ins Gesicht starrte. Dann, während Lenz nach dem Telefon auf dem Schreibtisch griff, wurden die Züge des kahl geschorenen Mannes mit einem Mal weich, sein Körper entspannte sich, und Hain hätte Stein und Bein geschworen, dass er seine Lippen zu einem Lächeln verziehen wollte, was ihm jedoch nicht mehr gelang. Nach einem weiteren Spasmus wurde sein Körper schlaff, und seine Augen blickten ins Leere.

EPILOG

Auf den Tag genau sechs Wochen nach den Ereignissen in Rudolph Giegers Haus wohnten Lenz und Hain der Beerdigung von Margot Gieger bei, dessen erster Frau. Die alte Dame hatte den Hauptkommissar in einem kurzen Brief darum gebeten, ihr diesen letzten Dienst zu erweisen. Warum, das hatte sie nicht ausgeführt, aber das war den Polizisten auch egal. Außer ihnen waren zwei Frauen anwesend, die sich als Mitarbeiterinnen des Pflegeheims zu erkennen gaben, und ein Grabredner, der eine offenbar von der Verstorbenen vorbereitete Rede vortrug. Die war allerdings so kurz, wie ihr Leben vermutlich schön, und so verließen die beiden Kommissare nach knapp zehn Minuten die Grabstätte.

»Schon komisch, dass sie uns dabei haben wollte«, bemerkte Hain mit belegter Stimme, als sie durch die Reihen der frisch angelegten Gräber gingen.

»Na, ich kann sie schon irgendwie verstehen. Sie hat bestimmt Angst gehabt, dass gar niemand anwesend sein würde.«

Der Leiter der Mordkommission blieb stehen und betrachtete ein kleines Holzkreuz, das am oberen Ende eines der neuen Gräber stand. *Herbert Anselm* war darauf zu lesen sowie der Tag seiner Geburt und sein Todestag in der Woche zuvor.

»Hat er also recht gehabt mit der Zeit, die ihm verbleibt«, murmelte Lenz.

»Ja, so sieht es aus.«

»Durch ihn und seinen Mord an Vontobel ist die ganze

Sache erst so richtig ins Rollen gekommen«, sinnierte der Hauptkommissar weiter.

»Meinst du, die beiden anderen Banker würden noch leben, wenn er das nicht gemacht hätte?«

»Die Antwort darauf weiß vermutlich nur Rudolph Gieger, aber der verweigert sich nun mal jeglichen Gesprächs.«

Hain wandte sich ab, hob den Kopf und betrachtete den strahlend blauen Himmel, von dem die Sonne trotz der frühen Stunde schon erbarmungslos herunterbrannte.

»Ja, und wenn wir diesen Eisenberg nicht zum Geständnis hätten überreden können, würden wir, was die weiter zurückliegenden Fälle angeht, vermutlich mit leeren Händen dastehen, weil Giegers Geständnis mit der Waffe im Genick nichts wert ist.«

Lenz winkte ab.

»Das soll nicht mehr unsere Sorge sein, Thilo. Ich hätte zwar auch gern gewusst, warum die beiden armen Schweine eigentlich ins Gras beißen mussten, aber auch dieses Geheimnis wird Gieger, wenn ich es recht überblicke, mit ins Grab nehmen, nachdem er den Rest seines Lebens im Knast verbracht hat.«

»Ja, aber diese Tatsache ist, zumindest für mich, ein nicht zu unterschätzender Trost. Und dass es die Nordhessenbank in ihrer jetzigen Form in Zukunft nicht mehr geben wird, macht mich, wie viele andere vermutlich auch, ebenfalls nicht gerade unglücklich.«

Der junge Polizist holte tief Luft und schloss für einen Moment die Augen.

»Vermutlich haben diese beiden Kerle ihr Leben wegen einer Sache verloren, die ein anderer vielleicht als gar nicht so gravierend einordnen würde. Was mir wirklich auf den Senkel geht, ist die Tatsache, dass die beiden mit Billigung oder sogar auf Weisung der Bank durch und durch dreckige Geschäfte gemacht haben, dass sie Menschen belogen, betrogen und abgezockt haben. Aber, dass sie letztlich gekillt wurden wegen etwas, was, wie zu befürchten steht, viel weniger eklatant wäre.«

»Vielleicht finden wir es ja noch heraus, Thilo. Und wenn nicht, dann müssen wir auch damit leben.«

Sie warfen einen letzten Blick auf die Ruhestätte des Mörders von Sven Vontobel und verließen danach den Friedhof.

Zur gleichen Zeit betrat eine komplett in schwarz gekleidete junge Frau mit einem Säugling auf dem Arm das Rathaus der Stadt Kassel und steuerte zielstrebig auf das Standesamt zu. Dort wurde sie nach ein paar Minuten Wartezeit in eines der Dienstzimmer gebeten und nach ihrem Anliegen gefragt.

»Ich möchte gern meine neugeborene Tochter anmelden«, erklärte Silke Specht der Rathausmitarbeiterin.

»Ach, das ist aber schön. Alles gut gelaufen?«

»Ja, danke«, erwiderte die junge Mutter freundlich, aber reserviert.

Danach wurden ihre Personaldaten aufgenommen.

»Sind Sie verheiratet, Frau Specht?«

»Nein, ich bin Witwe.«

»Oh, das tut mir leid«, gab die etwa 45-jährige Frau hinter dem Schreibtisch betroffen zurück.

»Wann ist Ihr Mann verstorben?«

»Vor sechs Wochen etwa.«

»Aber er ist der Vater des Kindes, oder?«

Silke Specht zögerte ein paar Sekunden, bevor sie antwortete.

»Nein, das war er nicht.«
»Aber Sie wissen, wer der Vater der Kleinen ist?«
»Ja, das weiß ich ganz genau.«
»Wollen Sie es mir auch sagen?«
»Ja, natürlich. Sein Name ist Vontobel. Sven Vontobel.«

ENDE

Weitere Krimis finden Sie auf den folgenden Seiten und im Internet: www.gmeiner-verlag.de

Matthias P. Gibert
Menschenopfer
978-3-8392-1237-0

»Wieder schafft es Matthias P. Gibert hochaktuelle Themen in einem authentischen Kriminalroman zu verpacken!«

Hideo Asami, Küchenhilfe in einem Sushi-Restaurant in Kassel, plagen Unwohlsein und Übelkeit. Als ihm die Haare büschelweise ausgehen, verschwindet er plötzlich spurlos. Wenige Tage später werden drei verkohlte Leichen in einer Laube entdeckt, Hauptkommissar Paul Lenz übernimmt die Ermittlungen. Ein weiterer Angestellter des Sushi-Restaurants leidet unter den gleichen Beschwerden wie sein Kollege, weigert sich jedoch zum Arzt zu gehen, da er sich illegal in Deutschland aufhält und nicht krankenversichert ist. Als auch er verschwindet, verschärft sich die Situation dramatisch …

GMEINER

Wir machen's spannend